Fidèle à sa volonté de maintenir vivant l'ensemble du catalogue et de continuer à rendre accessible à tous la richesse de son contenu, Les marques du groupe L'Harmattan proposent les ouvrages, même s'ils sont épuisés dans leur premier tirage, et les impriment à la demande.
Au vu de l'ancienneté de ce titre, un exemplaire original a été numérisé pour être réimprimé, ce qui pourrait altérer légèrement la qualité de certains passages.

LES RETRAITES ET L'ÉCONOMIE

Une mise en perspective historique XIXe-XXe *siècle*

ISBN : 2-7384-5251-5

Anne REIMAT

LES RETRAITES ET L'ECONOMIE

Une mise en perspective historique XIXe-XXe siècles

Préface de Florence LEGROS

Éditions L'Harmattan
5-7, rue de l'École-Polytechnique
75005 Paris

L'Harmattan Inc.
55, rue Saint-Jacques
Montréal (Qc) – CANADA H2Y 1K9

Collection "Logiques Economiques"
Dirigée par Gérard Duthil

DJELLAL Faridah, *Changement technique et conseil en technologie de l'information.*
DUMEZ Hervé et JEUNEMAITRE Alain, *Diriger l'économie : l'Etat des prix en France (1936-1986).*
DU TERTRE Christian, *Technologie, flexibilité, emploi : une approche sectorielle du post-taylorisme.*
DUTHIL Gérard, *Les entreprises face à l'encadrement du crédit.*
DUTHIL Gérard, *Les politiques salariales en France, 1960-1992.*
GROU Pierre, *Les multinationales socialistes.*
GUILHON Bernard, *Les dimensions actuelles du phénomène technologique.*
JANY-CATRICE Florence, *Les services aux entreprises dans la problématique du développement.*
JULIEN P.-A., LEO P.-Y., PHILIPPE J. (eds), *PME et grands marchés. PME québécoises et françaises face à l'ALENA et au Marché unique.*
LE BOLLOC'H-PUGES Chantal, *La politique industrielle française dans l'électronique.*
MAHIEU François-Régis, *Les fondements de la crise économique en Afrique.*
MARCO Luc, *La montée des faillites en France.*
MAYOUKOU Célestin, *Le système des tontines en Afrique. Un système bancaire informel.*
MIGNOT-LEFEBVRE Yvonne, LEFEBVRE Michel, *La société combinatoire. Réseaux et pouvoir dans une économie en mutation.*
PINARDON François, *La rentabilité, une affaire de points de vue.*
VATIN François, *L'industrie du lait. Essai d'histoire économique.*
WILLARD Claude-Jacques, *Aspects actuels de l'économie quantitative.*
ZARIFIAN Philippe, PALLOIX Christian, *La société post-économique : esquisse d'une société alternative.*
ZARIFIAN Philippe, *La nouvelle productivité.*
WILMOTS A., *Crises et turbulences du commerce international*
ABDELMALKI Lahsen, COURLET Claude, *Les nouvelles logiques du développement.*
PALLOIX Christian, *Société et économie ou les marchands et l'industrie.*
GALAND Gabriel, GRANDJEAN Alain, *La monnaie dévoilée*
KEYNES John Maynard, *Comment payer la guerre.*

L'auteur remercie la Caisse des Dépôts et Consignations pour son concours à la publication de cet ouvrage.

L'auteur tient également à remercier Madame le Professeur Florence Legros (*Université de Perpignan*), Monsieur Jean-Louis Escudier, chargé de recherche CNRS (*Université de Montpellier I*), Monsieur Louis Fontvieille, Directeur de recherche CNRS (*Université de Montpellier I*), Messieurs les Professeurs Pierre Dockès (*Université Lyon II*), Alain Marchand (*Université Montpellier III*), Jean-Marie Rousseau (*Université Montpellier I*), et l'ensemble des membres de l'équipe de recherche « Histoire Quantitative et Théories du Long Terme » (*Université Montpellier I*), pour leurs encouragements et leurs conseils.

L'auteur reste seul responsable de l'approche développée dans cet ouvrage.

PREFACE

La question des retraites fait l'objet depuis une quinzaine d'années d'une attention accrue de la part des politiciens et des économistes.

Les premiers ont été sensibilisés à l'effet de ciseau entre la croissance des dépenses mue par la part de plus en plus importante des retraités dans la population et la baisse des ressources des régimes due à la faiblesse de la croissance des revenus dans un contexte de fort chômage. Ils ont donc été conduits à remettre en cause le système existant, remise en cause effectuée soit au travers des paramètres légaux présidant à la fixation du montant des contributions comme des pensions, soit par la mise en place de systèmes de substitution : capitalisation individuelle (les fonds de pension) ou collective (le fonds tunnel de Bérégovoy).

Les seconds ont utilisé une grande part de l'attirail théorique dont ils disposent afin d'expertiser les propositions des premiers, notamment en termes d'équité et d'arbitrage entre le social et l'efficacité économique. Les études portent alors sur l'impact du vieillissement des populations (les anglo-saxons parlent de « aging economics ») sur l'épargne, la croissance ..., sur l'arbitrage capitalisation-répartition ...

On se polarise sur les rôles respectifs de la démographie, des écarts de croissance et/ou de productivité des facteurs ainsi que sur leur complémentarité, sur l'existence d'effets de seuil en ce qui concerne les taux de cotisation, sur les rendements comparés selon les hypothèses démographiques, sur l'égalité de traitement des générations et sur les effets redistributifs directs ou indirects induits par les mutations démoéconomiques.

Ces développements ont été accompagnés d'une série de questions sur la régulation par le comportement des agents et en particulier par les risques qui leur sont attachés.

On mentionne l'échec du marché à rendre équitable un monde où ces risques sont hétérogènes et variables dans le temps. L'assurance sociale obligatoire traite ce problème par la mutualisation entre classes de risques, c'est-à-dire entre individus et entre générations.

En revanche, assurances privées et publiques sont réputées connaître les mêmes difficultés face au risque moral qui peut, pour ce qui concerne la retraite, se caractériser massivement par la mise à l'écart par l'entreprise des travailleurs âgés pour résoudre des problèmes de sureffectifs.

De la même façon, plus indirectement, d'aucuns parlent de risque moral lorsque l'existence d'une prise en charge institutionnelle de la vieillesse modifie les comportements de prévoyance traditionnelle des agents : épargne en vue de la retraite, mise au monde d'une descendance qui serait à même de prendre en charge les vieux jours des parents.

On peut ainsi, semble-t-il, mettre en évidence des phénomènes qui, dans cette logique, peuvent être interprétés comme des coasssurances : la contribution dite « contribution Delalande » sanctionnerait les entreprises qui ont trop recours à la mise à la retraite anticipée, les allocations familiales rétribueraient les efforts de fécondité.

Le travail d'Anne Reimat a ceci de remarquable qu'utilisant l'outil qu'est l'histoire économique, non seulement il aborde différemment la problématique de la retraite mais, en outre, fédère l'ensemble des réflexions économiques que nous venons de décrire brièvement.

En effet, retraçant l'histoire de la prise en charge de la vieillesse et en particulier la manière dont celle-ci a atteint l'ampleur que nous connaissons, elle met en évidence le caractère indissociable du facteur travail et de la protection sociale, effectue une démonstration du potentiel d'incitation de la couverture vieillesse, montre comment la mutualisation des risques a été le fondement de la protection sociale moderne.

Dans la société dite traditionnelle, la prise en charge de la vieillesse était essentiellement familiale. Elle ne s'externalise qu'avec la montée du salariat et le passage à un statut de salarié. En effet, jusqu'à la fin du XIXe siècle, le salariat représente une situation non seulement peu enviable mais également temporaire : dès que les individus le peuvent, ils retournent à la terre ou accèdent à la propriété artisanale ou commerciale. C'est donc tout naturellement la possession enviée d'un patrimoine professionnel qui tient lieu d'assurance vieillesse. L'âge de la vieillesse est celui où l'on se retire du monde du travail au profit de ses enfants qui prennent en retour en charge leurs parents.

Peu à peu ces modes de prise en charge vont disparaître : le salariat devient un statut à vie. Parallèlement, les positions libérales des économistes conduisent à démontrer l'inutilité et le caractère néfaste de l'assistance : l'épargne libre demeure le moyen privilégié de faire face à la vieillesse sans que cette prévoyance volontaire soit à la portée de tous.

La CNR (Caisse nationale des retraites) naît donc en 1850 dans ce climat où la question sociale émerge parallèlement à la grande industrie mais où chaque intervention constitue une « entorse à la règle libérale ».

Des calculs effectués par Anne Reimat démontrent l'échec de ces dispositifs : les contributions sont soit le fait de spéculateurs, soit celui de collectivités, grandes entreprises ou administrations. Le « système » de prévoyance est un échec d'autant plus visible que l'assistance est précaire. Elle est le fait des hospices, bureaux de bienfaisance, ... mais demeure à un stade embryonnaire : l'assistance aux vieillards représente 0,10 % du P.I.B. de 1850 à 1910 pour plafonner ensuite aux alentours de 0,25 %.

C'est l'urbanisation et la participation massive de la population française à l'industrie et aux services qui induiront une reconnaissance de la « question de la retraite ouvrière ». Cette question des retraites ouvrières devient le problème social du changement de siècle ; on assiste à une intervention accrue de l'Etat. La Caisse nationale des retraites connaît un abaissement du seuil de versement autorisé, l'épargne subsidiée se développe aussi bien à la CNR que dans la mutualité, l'assistance médicale gratuite aux indigents devient obligatoire pour les départements.

Le changement de siècle voit donc la mise en place de systèmes de retraites dont le développement accompagne les transformations du salariat : ces régimes de retraite apparaissent comme un instrument d'attirance, de discipline et de fidélisation de la main-d'oeuvre. Comme l'Etat au XVIIIe siècle, le patronat du début du vingtième siècle va gérer son besoin de stabilité par la mise en place de systèmes de pensions de retraites. Aussi, est-ce dans les secteurs les plus gourmands en discipline et en productivité que les premiers régimes apparaissent : les mines, les chemins de fer puis la grande industrie. Inversement, ce sont vers ces secteurs que se tournent en priorité les ouvriers les plus qualifiés.

Généralement, il n'y a pas d'âge de la retraite à proprement parler mais un âge à partir duquel les travailleurs, jugés inaptes au travail, sont écartés et pensionnés. Au développement des caisses de retraites correspond donc un rajeunissement sensible de la main-d'oeuvre ... effet de ciseau d'une étonnante modernité.

Malgré ce contexte, la loi sur les retraites ouvrières et paysannes sera un échec. Ou bien le principe d'obligation est bafoué, ou bien les versements s'avèrent trop bas pour pouvoir constituer une rente. Il n'en demeure pas moins que le besoin de retraite est désormais exprimé par tous.

C'est entre les deux guerres que cette expression trouvera une réponse.

Plusieurs phénomènes ont contribué à la constitution, en France, de l'assurance vieillesse que nous connaissons : tout d'abord, à l'exemple de l'Allemagne, nos voisins se sont largement dotés de systèmes de retraites ; ensuite, l'inflation a littéralement laminé les retraites de la CNR déjà faibles ; en outre, le nombre de retraités a crû d'une manière impressionnante entre les deux guerres, soit qu'en cette période de crise les employeurs se soient servis de la retraite pour gérer leur trop plein de travailleurs, soit que les systèmes existants soient arrivés à maturité ; par ailleurs, il convient de trouver un financement aux pensions de nombre de personnes âgées n'ayant jamais cotisé.

Les assurances sociales nées en 1930 organisent donc un système de retraite obligatoire (en deçà d'un plafond de salaire), collectif et géré d'abord de manière mixte, associant répartition et capitalisation, puis uniquement en répartition afin de faire face aux pensions non contributives.

Les assurances sociales jusqu'alors balbutiantes se généralisent durant les « trente glorieuses » et accompagnent cette période d'exceptionnelle croissance. D'une part, elles constituent un pilier important de l'instauration de l'Etat-providence source indiscutable de la consommation de masse qui absorbe la production de masse d'après-guerre, d'autre part, elles contribuent au compromis social :

la retraite est à la fois un avantage lié au salariat et une contrepartie de celui-ci.

On assiste à une généralisation et à une augmentation des régimes de retraites : « L'âge d'or des retraites » n'est pas loin.

Age éphémère ? Le livre d'Anne Reimat se termine sur une constatation - la crise du système économique a accru la crise du système de retraite - et une question - comment échapper aux remèdes comptables (augmentations de cotisations, baisse des prestations) jusqu'alors apportés à cette crise ?

Le développement des systèmes de retraite a été le résultat et la condition du développement du salariat ; Anne Reimat suggère de penser les réformes en terme de nouveaux modèles.

Il reste à remercier Anne Reimat qui nous offre une approche originale de la retraite, une fresque historique remarquablement documentée, un ouvrage d'actualité et aussi un grand plaisir de lecteur.

Florence LEGROS

INTRODUCTION

UNE APPROCHE GLOBALE ET HISTORIQUE

Les incessants débats actuels sur le système de retraite - et de façon plus générale, sur l'ensemble du système de prise en charge de la vieillesse, intégrant la gestion des salariés âgés, la santé du grand âge et la dépendance - mettent en évidence les difficultés croissantes rencontrées par celui-ci. Les discussions sur la charge que représentent les retraites pour l'économie, sur les problèmes de financement, l'exacerbation, réelle ou supposée, des conflits entre générations (les actifs accepteraient de plus en plus mal les retenues effectuées sur les richesses qu'ils créent) en sont quelques exemples.

Ces remarques invitent à une réflexion plus profonde sur les liaisons qu'entretient le système économique avec le système de protection de la vieillesse. Notamment, il semble clairement établi que la crise structurelle affectant le système de prise en charge de la vieillesse est en relation étroite avec la crise que connaît le système économique depuis le début des années soixante-dix. Le souligner est certes banal, pourtant, l'analyse des difficultés actuelles du système de prise en charge de la vieillesse n'est pas toujours replacée dans les difficultés d'ensemble du système économique. Il en est ainsi, par exemple, lorsque l'on préconise un relèvement de l'âge de la retraite alors que les difficultés d'emploi des travailleurs âgés n'ont jamais été aussi importantes.

Aussi, une interrogation sur la nature et l'importance de ce lien semble susceptible d'apporter des éléments de réflexion sur la dynamique du système de prise en charge de la vieillesse, sur sa situation actuelle, mais également, dans l'optique d'une démarche prospective, de rendre plus intelligibles les évolutions futures.

Pour analyser ce lien, la démarche suivie est globale et historique, et s'inspire très librement des analyses développées par la théorie de la régulation.

A notre sens, le processus de développement du système de prise en charge de la vieillesse obéit à une logique de la globalité où l'interaction de diverses forces, forces économiques, mais aussi forces sociales et politiques, déterminent, pour une période donnée, les orientations et les formes prises par le système de prise en charge de la vieillesse.

Or, ce choix d'une approche globale apparaît immédiatement indissociable du recours à l'histoire et au temps long. Interpréter l'articulation entre système de prise en charge de la vieillesse et système économique - et saisir la nature et les enjeux de la période actuelle - nécessite selon nous l'introduction de la dimension historique. Ainsi, cet ouvrage vise à construire un schéma global de l'articulation entre système de protection de la vieillesse et système économique en longue période (depuis le début du XIXe siècle), défini comme une succession historique de différentes phases caractérisées par des modes de prise en charge de la vieillesse différents mais dont les formes sont liées au système socio-économique dans lequel ils s'insèrent[1].

---

1 . Toutefois, cette liaison n'est pas « stricte », ou, si l'on préfère, le système socio-économique ne détermine pas entièrement le système de prise en charge de la vieillesse. D'une part, le système de prise en charge de la vieillesse possède une dynamique propre, un développement autonome. Une fois mises en place, certaines mesures ne peuvent plus être remises en question. En outre, les pouvoirs publics préfèrent souvent ne pas prendre de nouvelles mesures que renoncer à des anciennes. D'autre part, il existe un décalage entre les besoins exprimés et les formes « correspondantes » ou appropriées que pourraient prendre le système de prise en charge de la vieillesse. Les exemples sont ici nombreux : à l'heure actuelle, on parle énormément du grand âge, de la grande dépendance, mais les solutions pour répondre à ces besoins en sont encore au stade de l'exploration. Il est normal que les besoins s'expriment et que ne soient trouvées que par la suite, et sous leur pression, les solutions appropriées. Au-delà de cette généralité, les spécificités mêmes de la prise en charge de la vieillesse induisent une inertie et les effets sont parfois tardifs ; là encore, les exemples sont nombreux. Pour n'en citer qu'un seul, signalons que les assurances sociales, mises en place en 1930, n'auraient dû servir les premières retraites « pleines » qu'en 1960.

Ceci étant, l'économie et l'histoire ont toujours eu des rapports difficiles, conflictuels[2], et le débat sur la possibilité de théoriser en histoire n'est pas clos. Déjà, F. Simiand avait largement nourri ce débat à propos des conflits entre « l'histoire traditionnelle » (ou encore « histoire historisante »), alors représentée par C. Seignobos, et la « nouvelle science sociale » où l'abstraction est considérée comme légitime, et même nécessaire[3].

P. Dockès et B. Rosier s'interrogent également sur l'apparente contradiction qui existe entre la singularité des faits historiques et la démarche explicative, et plaident pour une « histoire raisonnée », permettant à la théorie économique « d'affronter le changement irréversible et l'événement ou l'état singulier »[4]. Selon ces auteurs, l'histoire est utile à l'analyse économique à trois niveaux. Tout d'abord, l'histoire économique fournit les « faits ». Ensuite, l'histoire, définie comme discipline théorique du singulier et du changement irréversible, suppose la construction de schémas explicatifs du singulier, et fournit un type de théories nécessaires à l'économiste. Enfin, l'histoire peut permettre de construire - sur la base de ces schémas explicatifs du singulier - des théories plus générales, des théories de l'apparition, du fonctionnement ou du développement de

---

2 . CF. S. LATOUCHE, « Histoire et économie : d'un mariage raté à un divorce impossible. Les malentendus d'une cohabitation conflictuelle », Communication au Colloque « *Economie historique. Bilan et perspectives* », 1 et 2 décembre 1994, Paris. M. BEAUD, « Economie, théorie, histoire : essai de clarification », *Revue Economique*, vol. 42, mars 1991, pages 155 à 172.

3 . F. SIMIAND, « Méthode historique et science sociale », in M. MARGAIRAZ (éd.), *Histoire économique XVIIIe-XXe siècle*, Larousse, coll. Textes à l'appui, pages 27 à 35 (initialement paru dans *Revue de synthèse historique*, 1903, tome VI).

Dans un compte rendu de l'Année sociologique, F. Simiand notait ainsi que « ce n'est pas s'éloigner du réel et se jeter dans les constructions logiques et artificielles que d'analyser ce réel avec des catégories claires, mais précises - et que d'y étudier des relations à forme générale, bien que toujours proches de la donnée de fait : seules, ces catégories et ces relations donnent une intelligence véritable de la complexité même de ce réel », *L'Année sociologique*, 1905-1906, compte rendu critique de la thèse de P. Mantoux, page 540.

4 . P. DOCKES, B. ROSIER, « Histoire "raisonnée" et économie historique », *Revue Economique*, vol. 42, n°2, mars 1991, pages 181 à 208.

phénomènes de même nature, la singularité radicale n'étant pas absolue[5].

Ainsi, nombreux sont ceux qui plaident pour que la connaissance économique, l'effort de connaissance de la réalité économique, ne se développent que dans une démarche réussissant à combiner observation de la réalité, élaboration théorique et regard historique. J. Bouvier remarque d'ailleurs que la plupart des rencontres conscientes, voulues, entre les interrogations des économistes et les projets des historiens, sont le fait des économistes[6].

L'approche développée ici fait largement appel à l'histoire quantitative, c'est-à-dire la reconstruction de séries longues relatives à la protection de la vieillesse. L'approche quantitative permet de mesurer l'importance réelle des dispositifs de prise en charge de la vieillesse mis en place, en quantifiant le nombre des personnes concernées, les dépenses suscitées, le niveau global de la protection. Un travail d'histoire quantitative mené antérieurement a ainsi permis de reconstruire, depuis le milieu du XIXe siècle, l'évolution des dépenses consacrées à la prise en charge socialisée de la vieillesse[7]. Pour les années antérieures à 1950, les dépenses prennent en compte les dépenses d'assistance aux vieillards, les pensions servies par les institutions de retraites fonctionnant en capitalisation (Caisse nationale des retraites, sociétés de secours mutuels), les pensions des premiers régimes spéciaux de retraites (mines, chemins de fer, pensions civiles et militaires, ...), les pensions des premiers régimes de retraites « généraux » - par opposition à « spéciaux » -, les retraites ouvrières et paysannes, les assurances sociales, puis le régime général. Après 1950, les statistiques sont plus fiables, elles ne nécessitent plus

5 . P. DOCKES, B. ROSIER, « Histoire "raisonnée" et économie historique », *op. cit.* P. DOCKES, B. ROSIER, *L'Histoire ambiguë. Croissance et développement en question*, PUF, coll. « Economie en liberté », 1988, « Théoriser l'histoire ? », pages 39 à 70.

6 . J. BOUVIER, « A propos de l'histoire dite "économique" », in M. MARGAIRAZ (éd.), *Histoire économique, XVIIIe - XXe siècle*, Ed. Larousse, 1992, pages 90 à 98.

7 . Les matériaux statistiques utilisés ont été publiés dans le cadre de notre thèse de doctorat. (A. REIMAT, *La dynamique de longue durée du système français de prise en charge de la vieillesse dans sa relation au développement du système économique*, vol. 2 « Histoire quantitative de la prise en charge de la vieillesse en France, 1850-1990 », Université de Montpellier I, 1996, 387 pages). On y retrouve les séries chronologiques qui, pour des raisons de place, n'ont pas pu être reprises ici. A la fin de cet ouvrage, les principales sources statistiques permettant de construire les séries sont indiquées.

d'évaluation ou de correction. Ces dépenses de prise en charge de la vieillesse ont été mises en relation avec le P.I.B.[8] (graphique 1).

Graphique 1
Part des dépenses vieillesse dans le P.I.B., 1850-1990

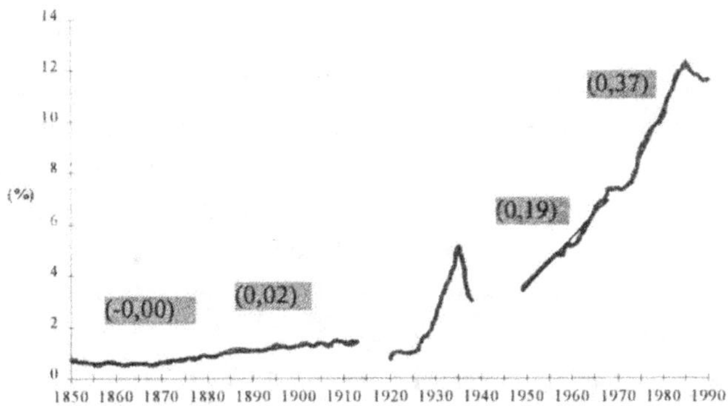

De 1850 à 1880, les dépenses vieillesse stagnent dans le P.I.B.. A partir des années 1880, on observe une première « poussée » des dépenses vieillesse (la pente de la droite de régression sur la période 1870-1912 est 0,02). L'entre-deux-guerres est une période de transformations importantes : après un temps de « rattrapage », le pourcentage observé avant la guerre est retrouvé en 1927, date à partir de laquelle se produit une hausse importante des dépenses vieillesse rapportées au P.I.B.. Evidemment, le P.I.B. stagne sur cette période, mais cela ne suffit pas pour expliquer l'extraordinaire croissance des dépenses vieillesse. La baisse des dépenses pour les années 1935, 1936, 1937, 1938 s'explique par une hausse importante du P.I.B. en francs courants, due à une forte inflation sur ces années. Après la seconde guerre mondiale, s'ensuit à nouveau un certain temps de rattrapage ; il faut attendre 1950 pour retrouver les niveaux les plus élevés observés durant l'entre-deux-guerres (4,5 %). Par la suite, les

---

8 . Pour les années 1850 à 1938, le P.I.B. est celui estimé par J.-C. TOUTAIN (« Le P.I.B. de la France de 1789 à 1982 », *Economies et Sociétés*, série « Histoire quantitative de l'économie française », tome XXI, n°5, mai 1987). A partir de 1949, la source pour le P.I.B. est l'INSEE.

dépenses dans le P.I.B. connaissent une forte croissance, avec semble-t-il plusieurs phases. Pour la période 1948 à 1968, la pente de la droite de régression est 0,19 ; sur les années 1968-1973, se produit une cassure, le P.I.B. et les dépenses stagnent. Après 1973, une nouvelle étape de croissance est observée (la pente de la droite de régression est 0,37). La fin des années 1980 marqueraient un ralentissement de la progression des dépenses vieillesse dans le P.I.B. (elles plafonnent alors à 12 %).

Notre démarche vise à comprendre ce processus de développement du système de prise en charge de la vieillesse en analysant les mécanismes de transformation, les mécanismes à l'origine du passage d'un mode de prise en charge à un autre. A ce titre, elle se rapproche des analyses développées par le groupe de « l'école de la régulation », dont la démarche globale et historique est évidente.

En effet, et de façon générale et très schématique, la théorie de la régulation vise à étudier la logique, la genèse puis le dépérissement des formes sociales, des formes institutionnelles, et elle impulse de nouvelles formes de relation entre l'histoire et l'analyse économique. Elle vise à réfléchir aux moyens d'intégrer l'histoire dans la (re)formulation des hypothèses de la théorie économique[9]. De son point de vue, le recours nécessaire à l'histoire ne constitue pas la finalité de l'approche mais simplement l'un des moyens essentiels d'une démarche analytique ayant pour objet de penser et comprendre la transformation sociale, tout en évitant les pièges de l'historicisme.

La théorie de la régulation s'attache de ce fait à élaborer un ensemble de concepts et de méthodes permettant d'analyser le changement structurel, d'étudier la dynamique contradictoire de transformation et de permanence d'un mode de production. Ceci implique qu'elle

---

9 . R. BOYER, « Economie et histoire : vers de nouvelles alliances ? », working paper, *CEPREMAP*, n°8925, septembre 1989, 80 pages. Une large partie de cette note est reprise sous le même titre dans le numéro 6 de décembre 1989 des *Annales Economies Sociétés Civilisations*.

entend bénéficier des apports de disciplines voisines, non seulement l'histoire, mais aussi la sociologie ou les sciences politiques[10].

A un premier niveau d'analyse, la théorie de la régulation vise à démontrer, pour une période particulière, l'existence d'un certain mode de régulation qui lui soit spécifiquement rattaché. Ainsi, se seraient succédés le mode de régulation concurrentiel, correspondant à la situation du système économique au cours du XIXe siècle, puis le mode de régulation monopoliste né dans la grande crise de la fin du XIXe. L'étude d'un certain mode de régulation consiste alors à montrer comment sont assurées de façon temporaire la stabilité et la cohérence du système économique. A partir de là, il est donc possible de dégager des lois générales, d'une validité limitée dans le temps et dans l'espace, permettant de caractériser le système économique à un moment donné.

Postuler la domination d'un certain mode de régulation sur une période donnée ne signifie pas pour autant qu'il soit le seul. B. Rosier et P. Dockès insistent sur le fait que chaque société est constituée de plusieurs formations économiques et sociales : « dans une même société, contemporaine, nous trouvons la formation principale, hégémonique (en Angleterre, au XIXe siècle, la formation capitaliste), d'autres héritées du passé (paysannerie autonome ou tenancière, artisanat ...) qui subsistent soumises et dégradées, d'autres encore qui peuvent se révéler porteuses d'avenir, certaines de simples essais qui resteront inaccomplis. Chacune de ces formations sociales a ses spécificités, son mode de production, son idéologie ...[11] »

Si certaines formes sont en voie de disparition, d'autres au contraire perdurent et finissent par s'imposer. Cela pose le problème de la recherche d'une périodisation « efficace », c'est-à-dire de nature à faire bien ressortir toute l'originalité et les caractéristiques de la

---

10 . Ainsi, selon R. Boyer, la logique, la genèse puis le dépérissement des formes institutionnelles font parties intégrantes d'une autre façon d'aborder l'économie : « Tel est précisément le point de départ des théories de la régulation. Elles font de la croissance et des crises, de leur variabilité dans le temps et dans l'espace la question centrale de l'analyse économique et rattachent ces phénomènes aux formes sociales en vigueur. » R. BOYER, *La théorie de la régulation : une analyse critique*, Agalma/ La Découverte, 1986, page 8.

11 . B. ROSIER, P. DOCKES, *Rythmes économiques. Crise et changement social. Une perspective historique*, La Découverte/Maspéro, 1983, page 13.

période considérée. En matière de prise en charge de la vieillesse, s'il existe sur une période donnée une forme sociale dominante, elle est rarement unique ; ainsi au XIXe siècle, coexistent des formes de prise en charge de la vieillesse variées : famille, retraites pour les fonctionnaires et les militaires, assistance pour les plus démunis, pensions acquises par épargne et capitalisation, etc.

Dans un second temps, la théorie de la régulation cherche à interpréter les périodes durant lesquelles un mode de régulation succède à un autre : « Les régulationnistes considèrent que le changement est au moins aussi important que l'invariance et qu'en fait l'un et l'autre doivent être analysés simultanément.[12] » Elle suppose alors l'explication de la genèse de ce nouveau mode : comment il se développe progressivement dans l'ombre du précédent, puis comment il s'impose. Par exemple, la grande crise de la fin du XIXe est le moment où se met en place un mode de régulation qualifié de « monopoliste », au détriment du mode de régulation concurrentiel. Et, si « la crise est fondamentalement l'arrivée aux limites et la montée des contradictions au sein du mode de régulation antérieur »[13], elle est également le moment de la recomposition d'un nouveau système : « Bien avant le blocage et la crise du processus de reproduction, dans les béances et les inefficiences de l'ancien système, s'étaient mis en place les éléments et les liaisons d'un nouveau système. Après la "crise finale", les anciens éléments sont réinterprétés par les nouvelles relations d'un système en formation, initialement caractérisé par la présence simultanée de formes diverses et concurrentes, de relations tâtonnantes, d'expériences foisonnantes et contradictoires. L'origine, puis la mort de l'ordre ancien ont laissé place à un nouveau désordre, créatif. Dés lors peut recommencer le processus de développement et de mise en ordre - donc finalement de mise à mort - du nouveau système.[14] »

---

12 . R. BOYER, Y. SAILLARD, « Un précis de la régulation », in *Théorie de la régulation. L'état des savoirs*, ouv. coll. sous la dir. de R. BOYER et Y. SAILLARD, Ed. La Découverte, coll. « Recherches », 1995, pages 58 à 68.

13 . R. BOYER, *La théorie de la régulation : une analyse critique*, Agalma/La Découverte, 1986, page 23.

14 . B. ROSIER, P. DOCKES, *Rythmes économiques, crise et changement social. Une perspective historique*, La découverte/Maspéro, 1983, page 9.

Le « passage » d'une forme sociale dominante à une autre se heurte également au problème de la datation. Ainsi, si le système de la répartition existe très tôt pour les pensions des fonctionnaires et des militaires, on considère qu'il ne se substitue vraiment au système de la capitalisation que dans l'entre-deux-guerres.

L'approche développée dans cet ouvrage, sans se référer explicitement à un courant précis de la régulation[15], se caractérise néanmoins par la volonté d'inscrire l'analyse du système de prise en charge de la vieillesse dans le cadre d'une perspective globale et de longue période, dont la finalité est de faire apparaître une logique d'ensemble souvent masquée, soit par des analyses de court terme, soit par des analyses de phénomènes isolés.

Dans cette perspective, l'ouvrage est divisé en sept chapitres chronologiques faisant apparaître les différentes formes de prise en charge de la vieillesse, leur genèse et leur développement.

Les deux premiers chapitres couvrent la période 1830-1870. Le premier chapitre insiste sur le fait que les solidarités traditionnelles permettaient de prendre en charge la vieillesse sans créer d'institutions spéciales, alors que naît, avec le « décollage industriel », une population dont la gestion relève d'une logique différente ; cela soulignera, par opposition, pourquoi ces modes de prise en charge s'avèrent inefficaces pour cette partie de la population.

En effet, dans une France « traditionnelle », encore peu touchée par le capitalisme industriel, les structures familiales, les solidarités de

15 . Il existe en France trois courants de théorie de la régulation. L'école marxiste ou systémique, fondée par P. Boccara, vise à expliquer les transformations systémiques (P. BOCCARA, *Etudes sur le capitalisme monopoliste d'Etat, sa crise et son issue*, Eds. Sociales, Paris, 1ère éd. 1973). L'école parisienne ou « école française » est initiée par M. Aglietta et R. Boyer (M. AGLIETTA, *Régulation et crise du capitalisme - l'expérience des Etats-Unis*, Ed. Calman-Levy, Paris, 1976. R. BOYER, *La théorie de la régulation : une analyse critique*, *op. cit.*). L'école de Grenoble ou des lois du taux de profit, est animée principalement par G. de Bernis et F. Di Ruzza (G. BERNIS (de), « Crise et régulation de l'économie capitaliste », in GRREC, *Crise et régulation. Recueil de textes 1977-1983*, PUG, Grenoble, 1983, pages 54 à 79.). Cf. B. CORIAT, « La théorie de la régulation, origines, spécificités et perspectives », in *Ecole de la régulation et critique de la raison économique*, ouv. coll., L'Harmattan, coll. « Futur antérieur », 1994, pages 101 à 152. On trouvera une analyse des relations existant entre les trois écoles dans P. BOCCARA, « Aperçu sur la théorie de la régulation systémique », *Actuel Marx*, n°17, PUF, 1995, pages 49 à 58.

voisinage ou la charité paroissiale tiennent généralement lieu de « sécurité sociale » pour la vieillesse. La gestion de la vieillesse ne peut alors être séparée des structures familiales et du patrimoine. Ces deux éléments sont d'ailleurs liés, car souvent les structures familiales s'organisent en fonction des formes de production, et le mode de transmission du patrimoine y joue un rôle déterminant.

Dans cette « forme initiale », l'idée d'une prise en charge « socialisée » de la vieillesse n'a que peu de sens. Quel que soit le modèle de la famille, « nucléaire », ou « patriarcal », les « vieux », moyennant le dessaisissement de leurs biens ou de leur outil de travail, le plus souvent au profit de leurs descendants, bénéficient d'une prise en charge.

Cette forme de gestion de la vieillesse va rester dominante aussi longtemps que les modes de production traditionnels perdureront, et ne disparaîtra que tardivement.

Le deuxième chapitre aborde les transformations induites par l'émergence d'une nouvelle catégorie de travailleur - l'ouvrier des grands centres urbains ou des grands sites industriels - pour laquelle la gestion de la vieillesse va se poser de façon différente, en même temps que les régulations traditionnelles vont devenir inopérantes. Les premières réponses à ces questions, basées sur l'épargne individuelle et volontaire, leur adéquation avec le problème qu'elles sont censées résoudre, sont alors analysées. Dès le milieu du XIXe siècle, des institutions d'épargne-retraite sont créées (la Caisse nationale des retraites en 1850, le fonds de retraite de la mutualité en 1856), dans le but explicite de constituer des pensions aux ouvriers, à la « classe populaire ».

Toutefois, la solution « épargne » correspond également à une mauvaise perception des nouvelles réalités sociales : elle n'est manifestement pas adaptée à la population à laquelle elle s'adresse (faiblesse des salaires, longueur du processus de capitalisation, absence d'obligation).

Les chapitres 3 et 4 s'intéressent aux changements en matière de prise en charge de la vieillesse qui s'opèrent dans les dernières décennies du XIXe siècle et au début du XIXe siècle. Le chapitre 3 étudie les transformations économiques et sociales - et notamment les transformations du salariat - qui vont aboutir à poser la « question des retraites ouvrières », et les réponses que cette question suscite au sein des systèmes de prise en charge mis en place dans la période précédante : des améliorations vont être apportées aux systèmes de prise en charge de la vieillesse existants, souvent grâce à l'impulsion décisive de l'Etat. L'épargne est encouragée par divers procédés - subventions, législations, ... - l'assistance aux vieillards devient obligatoire par une loi de 1905.

Le chapitre 4 analyse l'émergence des premiers systèmes de retraites là où naît plus précisément le besoin de retraite, c'est-à-dire dans la grande entreprise. Dans la grande entreprise industrielle, sur la fin du XIXe siècle, naît en effet un nouveau modèle de gestion de la vieillesse, sous la conjonction de deux phénomènes. D'une part, dans la grande entreprise, dans la grande industrie, il est plus difficile de sortir de la condition de salarié, de s'installer à son compte : il existe une corrélation entre la taille des établissements et la présence de nombreux ouvriers âgés. Ces « salariés à vie » vont être demandeurs de sécurité sociale au sens large, sécurité qu'ils ne peuvent plus guère obtenir par le biais de la propriété. D'autre part, le patronat des grandes entreprises se trouve en proie à des difficultés pour gérer son personnel, les problèmes de recrutement et de stabilisation du personnel semblent avoir été des problèmes cruciaux. Dans ce contexte, le patronat va chercher à s'attacher son personnel, à le fidéliser. Or, pour ce faire, les « compléments sociaux du salaire » - et en particulier la retraite qui suppose un engagement à long terme - s'avèrent bien plus efficaces que de simples augmentations de salaire.

Cette politique se développe lorsqu'un personnel abondant et de qualité doit être recruté. L'Etat en avait été l'initiateur avec ses propres employés : les fonctionnaires et les militaires ont été les premiers à bénéficier de retraites. Les compagnies de chemins de fer, les compagnies minières, les grandes entreprises industrielles vont se doter de caisses patronales de retraite. Si ce modèle est encore tout à fait minoritaire au début du siècle, il est porteur de logiques nouvelles. Il est en effet cohérent, efficace, il conjugue aspirations des salariés et ambitions patronales.

Le chapitre 5 couvre la période de l'entre-deux-guerres, dans laquelle le nouveau rapport social caractérisé par l'instauration de la retraite comme mode de prise en charge de la vieillesse, simplement amorcé sur le tournant du siècle, va se développer. Le modèle de la retraite tel qu'il a été créé dans les grandes entreprises va alors accompagner les restructurations industrielles : il va servir à améliorer la productivité en « débarrassant » les grandes entreprises de la partie la moins efficace de leur personnel. Le nombre de retraités augmente, de nouveaux régimes spéciaux sont créés, le niveau des pensions s'améliore, les conditions d'obtention d'une pension deviennent moins restrictives et les retraites, perdant leur caractère de récompense, deviennent un droit pour les salariés. Pourtant, ce modèle a encore du mal à s'étendre à l'ensemble de la population salariée : les assurances sociales adoptées en 1930, bien qu'admettant le principe de l'obligation, resteront très limitées, tant du point des bénéficiaires que du point de vue des prestations servies.

Toutefois, l'entre-deux-guerres marque bien la fin du modèle antérieur de la prévoyance individuelle par capitalisation. L'inflation et la nécessité de servir des pensions à un nombre important de personnes n'ayant jamais, ou très peu, cotisé, conduisent à l'adoption du mécanisme de la répartition.

Les deux derniers chapitres sont consacrés à l'après seconde guerre mondiale. Le chapitre 6 explique comment se réalise l'extension du bénéfice des retraites à l'ensemble de la population âgée. Si l'adoption de mesures de politiques sociales avait jusqu'alors toujours été difficile, par contre, après la guerre, l'idée de sécurité sociale semble acquise.

Cette période réalise en effet une « symbiose » entre l'économique et le social, qui s'entretiennent l'un l'autre : un compromis social s'instaure véritablement, permettant une croissance relativement harmonieuse et durable. Dans le modèle « fordiste » de l'après-guerre, les « compléments sociaux du salaire », le salaire indirect, vont devenir de véritables instruments de politique économique.

Toutefois, si dans les trente années qui suivent la fin des hostilités, les retraites se sont généralisées à l'ensemble de la population âgée (principalement par le biais de la mise en place de pensions non contributives, et la création de régimes pour les non salariés), les pensions restent d'un faible montant. La retraite est assimilée à la vieillesse et la vieillesse à la pauvreté. Il faudra attendre l'allongement de la durée de vie, la diminution de l'âge de la retraite et l'amélioration du niveau de vie des retraités pour que les retraités et les retraites acquièrent une image plus positive.

Le chapitre 7 met en évidence la crise du système de retraite. A la fin des années soixante, le cercle vertueux créé par la régulation fordiste s'enraye, et le système économique entre alors dans ce que l'on appelle - faute de mieux - la « crise ». Système économique et système social cessent de se développer dans une complémentarité harmonieuse. Ces difficultés se traduisent par des problèmes de financement pour le système de retraite, par des questionnements de plus en plus poussés sur sa viabilité future.

Cependant, cette crise se caractérise surtout par le fait que les solutions autrefois apportées lors des difficultés passagères (comme l'augmentation des prélèvements obligatoires) ou les solutions visant à restreindre la protection (par la mise en place de conditions plus restrictives, la diminution des pensions) s'avèrent soit inefficaces, soit difficiles à mettre en œuvre, soit empreintes de contradictions.

Dès lors, plus qu'un hypothétique retour à l'équilibre antérieur, il semble bien que ce soit toute une nouvelle cohérence entre protection sociale et système économique et social qu'il convienne d'explorer.

CHAPITRE 1

DE LA « VIEILLESSE TRADITIONNELLE » A LA « VIEILLESSE INDUSTRIELLE »

Pour comprendre pourquoi la prise en charge de la vieillesse va progressivement être posée hors du traditionnel champ de la famille et des solidarités de voisinage, il est nécessaire de se pencher sur les réalités économiques et sociales dans lesquelles cette mutation s'inscrit.

Généralement, on situe le « décollage économique » de la France durant les quatre décennies qui séparent le début de la Monarchie de Juillet et la fin du Second Empire. Si la réalité de ce décollage n'est pas à mettre en doute, il faut bien voir qu'il ne touche encore qu'une petite partie de la France. Celle-ci reste, globalement, quantitativement, très « traditionnelle », c'est-à-dire que son économie demeure basée sur l'agriculture, la production artisanale. Le travail industriel, le salariat, ne concernent encore qu'une minorité de la population.

Ce développement contrasté éclaire la façon dont est perçue et prise en charge la vieillesse : la condition de celle-ci dépend souvent de l'économie de la communauté familiale dans son ensemble et toujours de la propriété qu'elle détient.

LA GESTION DE LA VIEILLESSE DANS LA SOCIETE TRADITIONNELLE

De la Monarchie de Juillet jusqu'au Second Empire, l'impression domine que la société française se caractérise, *à la fois*, par la permanence de structures économiques et sociales encore héritées de l'Ancien Régime, et par l'avènement de la société industrielle. En France, l'industrialisation sera lente, très lente, souvent non désirée et parfois même repoussée.

Société traditionnelle et « indécision » des structures sociales

La prédominance d'une France paysanne, rurale, le maintien de la production artisanale et d'une structure de petites unités se traduisent par l'imprécision du concept de salariat. La population salariée est hétérogène. Pour elle les espoirs d'ascension sociale, d'accession à la propriété des moyens de production sont toujours vivaces et ne se démentent - peut-être - pas encore.

Une France « traditionnelle »

Jusque dans les années 1880, la France reste largement agricole et rurale et toutes les statistiques le confirment ; l'importance de l'agriculture dans l'économie française peut être appréhendée à partir du nombre de personnes qu'elle emploie, et de la part de la richesse nationale qu'elle représente. En 1851, sur 1000 personnes actives, plus de la moitié travaille encore dans l'agriculture. L'agriculture représente 35 % du PIB en valeurs constantes en 1845/1854, et certainement plus en valeurs courantes, le passage aux prix constants valorisant le produit industriel[1]. De ce fait, la population française vit largement en zone rurale ; selon la définition traditionnelle, la population urbaine est la population des communes ayant au moins 2000 habitants agglomérés au chef-lieu de la commune ; celle-ci représente 20,5 % de la population en 1831, 25,5 % de la population en 1851 et 31,1 % en 1872.

La population rurale, en nombre absolu, aurait connu son apogée au cours de la décennie 1840, période où l'on comptait 26,7 millions de ruraux[2].

---

1 . J.-C. TOUTAIN, « Le P.I.B. de la France de 1789 à 1982 », *Economies et Sociétés*, série "Histoire quantitative de l'économie française", tome XXI, n°5, mai 1987.

2 . O. MARCHAND et C. THELOT, *Deux siècles de travail en France*, Insée Etudes, Paris, 1991, page 169.

Les secteurs de l'artisanat, du commerce et de la petite industrie sont également prépondérants. Selon les récents travaux de O. Marchand et C. Thélot, il y aurait eu, au début des années 1830, 2,6 millions d'indépendants non agricoles, dont 1,6 millions d'hommes, soit 18 % des actifs et 48 % des actifs non agricoles[3]. En 1866, 35 % des actifs non agricoles étaient encore artisans, commerçants ou industriels.

Pour P. Sorlin, l'artisanat tient encore une place prépondérante dans les années 1850, et son déclin ne commencera véritablement qu'à la fin du Second Empire. Le recensement de la population de 1866 et l'enquête de 1860 sur les établissements industriels confirment l'importance de l'industrie artisanale. D'après le recensement de 1866, les effectifs de l'industrie totalisent 4,7 millions de personnes, soit près de 30 % de la population active, divisés en 1,6 millions de patrons et 2,9 millions d'ouvriers (salariés). Plus du tiers des travailleurs de l'industrie se trouve dans la catégorie des patrons, signe de la prédominance des petits ateliers sur les grandes structures. L'ouvrier y travaille seul, ou éventuellement avec un apprenti ou un compagnon : « Le monde ouvrier est donc d'abord, à côté de l'usine, jusqu'aux années 1880, celui des métiers. Il apparaît sous sa forme traditionnelle dans les industries faiblement concentrées et mécanisées, largement diffuses sur le territoire avant que de véritables régions industrielles ne se constituent dans le troisième tiers du siècle. [4] »

L'enquête de 1860 sur les établissements industriels, même si ses résultats ne sont pas comparables avec ceux du recensement, confirme l'importance de l'industrie artisanale, puisqu'elle dénombre 1780000 ouvriers répartis entre 123357 établissements, soit en moyenne 14 ouvriers par établissement.

Même si le nombre d'emplois par atelier est une définition discutable de l'artisanat - il vaut mieux, selon P. Sorlin[5], le définir par la technique artisanale, où l'outillage compte moins que l'habileté professionnelle - ces statistiques indiquent bien la prépondérance des

---

3 . O. MARCHAND, C. THELOT, *op. cit.*, page 96.

4 . A. DEWERPE, *Le monde du travail en France, 1800-1950*, A. Colin, coll. Cursus, 1989, page 11.

5 . « Il ne s'agit pas d'une question de nombre, toujours discutable, mais d'un état d'esprit », P. SORLIN, « La société française, 1840-1914 », tome I, Arthaud, coll. "Sociétés contemporaines", 1969, page 168.

petites structures. La technique artisanale supplante encore la technique industrielle.

L'indécision des structures sociales et la mobilité professionnelle

Dans les premiers temps du développement industriel, les frontières entre travail agricole et travail industriel, entre artisanat et travail en usine, sont floues. Les termes de salariés ou d'ouvriers n'ont pas encore un contenu très précis. Souvent, l'état de salarié est lié aux débuts de la vie professionnelle et la profession exercée varie au cours du cycle de vie : on est salarié avant le service militaire, tant que l'on est célibataire ; on devient propriétaire, on s'installe à son compte lorsque l'on se marie, le plus souvent en succédant à ses parents.

J. Dupaquier et J.-P. Pelissier, qui ont étudié, sur tout le XIXe siècle, les professions déclarées par les maris, les pères et les beaux-pères lors des mariages pour 3000 familles[6], notent le décalage existant, toutes choses égales par ailleurs, entre les professions des fils, saisies au début de leur carrière professionnelle, et les professions des pères et des beaux-pères alors en fin de carrière.

Souvent, le travail salarié fait partie intégrante d'une stratégie d'établissement à son compte. Selon R.-F. Melchers, la classe ouvrière au XIXe siècle se définirait d'abord comme une classe d'âge avant de devenir une classe sociale : « La condition de salarié correspond à la jeunesse. Pendant tout le début de l'industrialisation, les entreprises n'ont d'autre choix que de profiter, pour satisfaire leurs besoins de main-d'oeuvre, de cette population désireuse de gagner de l'argent pour pouvoir s'établir à son compte.[7] »

Cette opinion est partagée par G. Duveau, qui cite un rapport émanant d'industriels français, rédigé au lendemain de l'Exposition de Londres (1862), et dans lequel on lit : « En Angleterre, on considère la position

6. L'enquête « TRA » est une vaste enquête sur l'histoire de 3000 familles représentatives dont le patronyme commence par la syllabe « TRA », et fondée en particulier sur le dépouillement des actes de mariage. « La société française au XIXe siècle » livre certains des premiers résultats de cette enquête. J. DUPAQUIER, D. KESSLER (sous la dir. de), *La société française au XIXe siècle*, Fayard, 1992.

7. R.-F. MELCHERS, *La vieillesse ouvrière, 1836-1914 : les origines de la retraite ouvrière*, Laboratoire d'Economie et de Sociologie du Travail, Aix-Marseille, 1984, page 124.

d'ouvrier de fabrique comme une profession, tandis qu'en France, au contraire, il est rare de voir de vieux ouvriers dans nos ateliers ; à 21 ans, le pays en appelle un grand nombre à l'armée, et bien peu retournent à leur métier après avoir passé sept ans sous les drapeaux ; quant aux femmes, elles ne restent guère dans l'industrie une fois mariées ; il en résulte que nos industriels français perdent leurs ouvriers quand ceux-ci pourraient leur rendre de véritables services et qu'ils sont sans cesse obligés de faire de nouveaux apprentis.[8] »

Comme le constate R. Castel dans sa « *chronique du salariat* », longtemps l'état de salarié sera considéré comme une position peu enviable : « Le salariat [...] a longtemps été une des situations parmi les plus incertaines, et aussi les plus indignes et les plus misérables. On était salarié lorsqu'on n'était rien et que l'on n'avait rien à échanger, hormis la force de ses bras. Quelqu'un tombait dans le salariat quand son état se dégradait : l'artisan ruiné, le tenancier que la terre ne nourrissait plus, le compagnon qui ne pouvait devenir maître ... Etre ou tomber dans le salariat, c'était s'installer dans la dépendance, être condamné à vivre "au jour la journée", se trouver sous l'emprise du besoin.[9] »

Pour les artisans-ouvriers, le salariat n'est dans le meilleur des cas qu'une condition passagère. Leur ambition est de quitter l'état « d'ouvrier d'établissement », de travailleur dépendant, avant l'arrivée de l'âge mûr.

Cela est encore plus frappant pour les « ouvriers-paysans ». Au XIXe siècle, A. Cottereau distingue les « passagers » et les « permanents » du travail salarié. Pour les « passagers », les projets de travail transitoire dans le salariat ouvrier permettent de soulager l'économie familiale, ils sont articulés avec le développement des exploitations familiales agricoles. Un exemple classique est fourni par les parcours des manoeuvres du bâtiment et maçons limousins pour qui les normes des migrations saisonnières ont été construites en fonction de projets de retour au pays après épargne et achat de terre ou de fonds de

8 . Exposition universelle de Londres en 1862, Rapport des membres de la section française du Jury International, t. IV, page 375, cité par G. DUVEAU, *La vie ouvrière en France sous le Second Empire*, Gallimard, 1946, page 134, pages 255 et 256.

9 . R. CASTEL, *Les métamorphoses de la question sociale - Une chronique du salariat*, Fayard, coll. « L'espace du politique », 1995, page 11.

commerce ruraux[10]. Cette catégorie de travailleurs mi-paysans, mi-ouvriers, se subdivise en deux sous-groupes importants selon G. Duveau[11]. Le premier, le plus considérable, est constitué par des ruraux qui, dans leur village ou dans leur banlieue, s'occupent à la fois d'industrie et d'agriculture. Ce type de travailleur se trouve surtout dans l'industrie textile et dans les régions du Nord, Nord-Est et Nord-Ouest. Les ouvriers saisonniers constituent le second sous-groupe. Ils vivent à la campagne pendant le printemps et l'été, et à l'automne, ils se louent dans une usine ou manufacture. G. Duveau cite le cas des paysans de la montagne du Comtat-Venaissin et de la Provence, où pendant sept mois de l'année les fabriques dans lesquelles on prépare la garance sont peuplées d'ouvriers saisonniers. Les paysans acceptent de se transplanter chaque année à partir de la mi-octobre dans les fabriques avignonnaises. Cette transplantation leur rapporte 70 à 80 francs par mois ; la moitié de cette somme suffit à leurs besoins, et ils rentrent dans leurs villages avec 250 ou 280 francs d'économies.

Comment ces paysans-ouvriers vivent-ils le travail industriel ? Quelles sont leurs aspirations, leurs ambitions ? Pour eux, le lien avec la terre demeure vivace. Le travail industriel n'apparaît que comme une activité d'appoint, ou un statut temporaire, permettant de conserver ou de reconquérir le statut de propriétaire exploitant : « Ce que nous pouvons dire sans guère courir le risque de nous tromper c'est que ce travailleur n'aborde la vie industrielle qu'avec une méfiante gaucherie. Il aime la terre, il eut voulu être tout à elle, il ne se résigne pas à rompre définitivement avec elle. Cet homme timoré et casanier porte le double poids des servitudes de la vie paysanne et de la vie industrielle.[12] »

Ce phénomène semble n'avoir rien de marginal. Dans les petites exploitations, il est difficile de vivre seulement de l'activité agricole ; d'après A. Plessis, seul un paysan sur quatre parvient à vivre de la

---

10 . A. COTTEREAU, « Usure au travail, destins masculins et destins féminins dans les cultures ouvrières en France, au XIXe siècle », *Le Mouvement Social*, juillet-septembre, 1983, n°124, pages 71 à 112.

11 . G. DUVEAU, *La vie ouvrière en France sous le Second Empire*, *op. cit.*, pages 217 et suiv.

12 . G. DUVEAU, *op. cit.*, page 318.

culture de ses propres terres[13]. En 1862, sur 7364000 chefs de famille recensés travaillant dans l'agriculture, seulement 1813000 cultivent exclusivement leur propre bien.

En 1866, lors d'une enquête sur les populations agricoles, plus d'un million de travailleurs de l'agriculture déclarèrent passer plus de 148 jours par an à des travaux non agricoles[14]. La nature des activités parallèles exercées varie selon les régions, mais il semble qu'on les retrouve partout : les paysans fournissent le gros de la main-d'oeuvre dans l'industrie textile, dans les forges, dans les fonderies, dans les mines. R. Trempé, décrivant les mineurs de Carmaux, souligne que « sans homogénéité professionnelle, sans personnalité, ni sociale, ni politique, leur groupe se distingue à peine, dans les années 1850, du milieu rural dont ils sont issus »[15].

Le salariat n'est dans le meilleur des cas qu'une condition passagère. Tout vaut mieux que la condition de salarié, et cela est encore vrai à la veille de la première guerre mondiale[16].

Mais surtout, la propriété des moyens de production, ajoutée au fait que la famille traditionnelle ou élargie soit encore vivace, implique une certaine forme de prise en charge de la vieillesse.

---

13 . A. PLESSIS, *De la fête impériale au mur des fédérés*, Ed. du Seuil, 1973, page 145.

14 . Enquête citée par A. PLESSIS, *op. cit.*, page 145.

15 . R. TREMPE, *Les mineurs de Carmaux, 1848-1914*, tome I, Les Editions Ouvrières, Paris, 1971, page 14.

16 . Pour P. Sorlin, tenir une boutique, même dans des conditions très précaires, est mieux considéré que le travail en usine : « Si le nombre des négociants continue à augmenter jusqu'à la veille de la guerre, c'est essentiellement à cause de la banlieue. A mesure que se construisent les maisons ouvrières, s'ouvrent des épiceries, des charcuteries et surtout des cafés. Le travail est dur dans ces quartiers ; la clientèle, pauvre, ne prend qu'à crédit ; le boulanger, le légumier, eux-mêmes modestes, achètent par petites quantités et ne réalisent jamais de forts bénéfices ; ils n'ont aucun moyen pour contraindre à payer les débiteurs récalcitrants. Malgré ses inconvénients, la boutique est moins repoussante que l'usine ; l'ouvrier qui accède au négoce change de monde ; il cesse de dépendre d'un employeur et, bien qu'il vive très mal, il est sorti du prolétariat. Aussi les magasins, les estaminets, sont-ils légions. » P. SORLIN, *La société française, 1840-1914*, tome I, Arthaud, coll. « Sociétés contemporaines », 1969, page 120.

La vieillesse dans la société traditionnelle

Dans la France traditionnelle, celle qui est encore proche de l'Ancien Régime, les structures familiales, les solidarités de voisinage ou la charité paroissiale permettent généralement de prendre en charge la vieillesse sans faire appel à d'autres institutions.

La position de la vieillesse dépend souvent de la structure familiale, et toujours du patrimoine et de la propriété détenus. La vieillesse est définie, dans ces conditions, non pas par l'âge, mais par le moment où l'on se défait des droits que l'on détient sur son patrimoine.

La vieillesse et les structures familiales

Dans la société paysanne, unités familiales et unités de production se juxtaposent souvent. Les modèles familiaux s'organisent en fonction des modes de mise en valeur, des types d'activité agricole et des pratiques de la transmission des biens. Le groupe familial choisit des conduites, des « stratégies » afin d'assurer les meilleures conditions de sa production économique[17]. La gestion de la vieillesse s'insère dans ces stratégies familiales et le statut de la vieillesse ne saurait être isolé des structures familiales.

La condition matérielle des personnes âgées dépend largement de leur patrimoine, même si elle est ordinairement médiocre. L'assistance fournie par la famille fait partie des pratiques en usage dans toutes les régions françaises, bien qu'il existe des différences de région à région quant aux structures familiales et aux coutumes sur l'héritage ; en effet, si la législation sur l'héritage a été harmonisée par le Code Civil, les pratiques en vigueur antérieurement continuent à subsister[18].

De façon schématique, le système nucléaire dominant dans le Nord laisse généralement les vieux seuls ; dans le système complexe du

---

17 . « En France dans la première moitié du XIXe siècle, alors que la grande majorité de la population était agricole, les différentes formes que revêtaient les modèles familiaux traduisaient aussi un effort d'adaptation aux conditions d'accès à la terre. » A. COLLOMP, « Les formes de la famille. Approche historique », in *La famille, l'état des savoirs*, ouv. coll. sous la dir. de F. de SINGLY, Ed. La Découverte, coll. « Textes à l'appui », Paris, 1991, pages 13 à 21.

18 . T. Zeldin note à ce propos que « fréquemment le Code Civil n'était pas appliqué et les coutumes traditionnelles survivaient malgré lui ». T. ZELDIN, *Histoire des passions françaises, 1848-1945*, tome I, Ed. du Seuil, coll. Histoire, 1978, page 176.

Sud, où parents et enfants cohabitent, les coutumes successorales subsistent en faveur d'un seul enfant qui supporte la charge de ses parents en contrepartie de l'héritage.

Etudiant les situations de cohabitation à Prayssas, près d'Agen, de 1836 à 1911, P. Bourdelais dresse un tableau des différentes situations familiales vécues par les personnes âgées de plus de 60 ans[19]. La vieillesse solitaire est rare, même si elle augmente au cours du temps, et si elle est un peu plus élevée pour les femmes que pour les hommes ; par contre, la proportion de couples âgés vivant seuls augmente nettement au cours du temps.

Tableau 1
Vieillesse et famille à Prayssas, 1836-1911

	Hommes de plus de 60 ans (en %)					
Années	vivant seul	seul avec conjoint	avec conjoint et autres	sans conjoint avec enfants ou parenté	autres	Total
1836/1856	6.10	19.30	56.30	15.70	2.60	100
1861/1886	8.20	25.60	42.20	22.00	2.00	100
1891/1911	8.40	29.40	42	16.30	3.90	100
	Femmes de plus de 60 ans (en %)					
1836/1856	10.60	12.10	27.80	45.90	3.60	100
1861/1886	14.80	18.10	24.50	40.00	2.60	100
1891/1911	14.40	19.70	21.30	42.00	2.40	100

Dans le système des communautés pyrénéennes, règne traditionnellement la transmission inégalitaire du patrimoine (maison familiale et terres qui en dépendent). Cette coutume de transmission inégalitaire du patrimoine foncier conduit à la cohabitation de la

19. P. BOURDELAIS, « Vieillir en France dans la France des ménages complexes (l'exemple de Prayssas, 1836-1911) », in *Annales de démographie historique*, « Vieillir autrefois », Ed. EHESS, Paris, 1985, pages 21 à 38.

famille de l'héritier avec ses parents. Ce système familial, bien qu'ébranlé par les partages consécutifs aux dispositions du Code Civil, garde encore toute sa vigueur au cours de la première moitié du XIXe siècle[20]. En Alsace, l'enfant qui a été désigné comme héritier se voit attribuer à son mariage la maison d'habitation et l'essentiel de l'exploitation agricole ; en contrepartie, il doit aussi prendre en charge ses parents[21].

Cette situation ne doit pourtant pas être perçue comme idyllique, car la condition faite aux vieux dans la famille est souvent très précaire. Mais dans tous les cas, celle-ci dépend des biens possédés : T. Zeldin cite un rapport de la commission officielle chargée d'enquêter sur l'état de l'agriculture en 1866-1870, mettant en garde les propriétaires terriens, qui seraient avisés de ne pas diviser leur propriété de leur vivant, parce que le père de famille, une fois qu'il a remis ses biens, est privé de toute autorité : « Il passe à l'état d'être méprisé, repoussé par ses enfants, rejeté du foyer domestique de chacun, envoyé de l'un chez l'autre avec une rente viagère que souvent on ne lui paye pas ou une habitation qu'on ne lui donne pas.[22] »

La prise en charge des vieux parents par les enfants est presque toujours fonction d'une contrepartie : le lien entre les générations est assuré par la transmission du patrimoine.

La sécurité-propriété : les patrimoines et leur mode de transmission

Chez les paysans, c'est généralement la transmission de la propriété qui détermine le sort de la vieillesse. Cette situation est aussi valable pour les artisans, commerçants, qui se dessaisissent de leur outil de travail moyennant une prise en charge.

La mise à exécution de cette décision - se démettre de son patrimoine - touche les intérêts de la famille tout entière. C'est généralement lors

---

20. A. FAUVE-CHAMOUX, « Vieillesse et famille-souche », in *Annales de démographie historique*, « Vieillir autrefois », *op. cit.*, pages 111 à 125.

21. M.-N. DENIS, « La place des vieillards dans l'univers domestique en Alsace au XVIIIe et au XIXe siècles », in *Annales de démographie historique*, « Vieillir autrefois », *op. cit.*, pages 303-310.

22. T. ZELDIN, *Histoire des passions françaises, 1848-1945*, tome V, Ed. du Seuil, coll. Histoire, 1978, page 243.

des contrats de mariage des enfants que s'opèrent les premières transactions : ces derniers prévoient la cohabitation éventuelle avec les parents, prévoient parfois également la transmission à venir du patrimoine. D. G. Troyanski, qui a étudié de façon précise les conditions matérielles faites aux personnes âgées, note que « le mariage des enfants fournissait en principe aux pères et aux mères la première opportunité de réfléchir à leur âge. Les termes du contrat de mariage annonçaient les orientations futures de la maisonnée ; les dons accordés dans l'immédiat, ceux promis pour l'avenir s'échangeaient contre une aide matérielle à la retraite »[23].

Analysant la situation des vieux fermiers de l'Ile-de-France, J.-M. Moriceau observe que leur protection sociale se renforce peu à peu par des clauses de donation au dernier survivant imposées par les parents dans les contrats de mariage successifs des enfants[24]. Les parents inscrivent dans les articles de mariage du dernier enfant des clauses de réserve à leur profit, la dot étant accordée au futur moyennant le logement du survivant dans la ferme cédée, la jouissance de quelques terres. Le contrat de mariage fait ainsi office d'instrument de prévoyance sociale efficace pour les parents des futurs époux.

La vieillesse dans la société traditionnelle est donc liée à l'importance du patrimoine et aux règles qui régissent sa transmission. « De fait, c'est bien autour de l'histoire de la donation qu'il faut chercher celle du statut matériel des ascendants », note J.-P. Gutton[25].

---

23 . D. G. TROYANSKY, *Miroirs de la vieillesse ... en France au siècle des lumières*, ESHEL, coll. Histoire, 1992, page 147. (publié sous le titre original *Old Age in the Old Regime : Image and Experience in Eighteeenth-Century France*, Cornell University Press, New York, 1989). « Quel que fut l'intervalle de temps séparant le mariage des enfants du décès des parents il s'agissait toujours d'une période critique pour la maisonnée, d'un moment particulièrement éprouvant puisqu'il obligeait les parents à envisager de céder la place, à penser à la retraite et à la mort », explique D.G. Troyanski (page 153). Cependant, durant le laps de temps entre le mariage des enfants et la disparition des parents, les parents âgés tentaient également de pourvoir à leur vie de retraités par divers actes notariés.

24 . J.-M. MORICEAU, « Un système de protection sociale efficace : exemple des vieux fermiers de l'Ile-de-France (XVIIe-début XIXe siècle) », in *Annales de démographie historique*, « Vieillir autrefois », *op. cit.*, pages 127 à 144.

25 . J.-P. GUTTON, *Naissance du vieillard, essai sur l'histoire des rapports entre les vieillards et la société en France*, Aubier, coll. Historique, 1988, page 126.

L'important est de se constituer un patrimoine, qui, arrivé à l'âge où les forces et l'habileté s'amenuisent, pourra être transmis en retour d'une pension viagère ou d'un engagement de soutien des héritiers. Seule la condition de travailleur indépendant, travaillant à son compte dans l'agriculture, le commerce ou l'industrie, apporte une certaine sécurité dans les vieux jours, cette sécurité prenant la forme de la possession de l'outil de travail, des terres, de l'atelier.

L'âge de la vieillesse

L'âge de la vieillesse dans la société traditionnelle n'est pas l'âge biologique, ni même forcément l'âge auquel l'usure se fait sentir, mais l'âge où l'on se défait de ses biens, le plus souvent au profit de ses successeurs : « La vieillesse traditionnelle, chez les paysans ainsi que chez les artisans, est définie en vertu d'un droit de propriété. La vieillesse, synonyme de dépendance, correspond au moment où l'on se défait de ce droit.[26] » Dans la société paysanne, écrit R.-F. Melchers, « la vieillesse n'est pas liée à l'âge, ni à l'inactivité, ni même à la maladie ou à l'invalidité, mais à la position hiérarchique occupée au sein de l'exploitation et au pouvoir hiérarchique qui s'y rattache »[27]. D. Troyansky note également que « la retraite ne dépendait pas uniquement de l'âge, elle tenait surtout aux relations de l'intéressé avec son ou ses successeurs ». Pour lui, si « vieux » n'est pas synonyme de « retraité », ces deux états sont incontestablement associés : « Dans le contexte villageois, renoncer au contrôle sur le patrimoine signifiait du même coup se retirer de la vie active adulte et se démettre du pouvoir.[28] »

L'âge de la transmission du patrimoine peut être très élevé. P. Bourdelais analyse, à partir des listes nominatives du village de Prayssas, l'âge de l'abandon de la qualité de "chef de ménage" pour déterminer le moment de la retraite des activités et responsabilités[29]. Un tiers des pères s'effacent de leur vivant au profit du fils ou du

26 . R.-F. MELCHERS, *op. cit.*, page 192.
27 . R.-F. MELCHERS, *op. cit.*, page 192.
28 . D. TROYANSKY, *op. cit.*, pages 135 et 147.
29 . P. BOURDELAIS, « Vieillir en France dans la France des ménages complexes ... », *op. cit.*, pages 21 à 38.

gendre, et l'âge médian, lors de la dernière mention de l'homme comme chef de ménage, est de 67,5 ans. Cet âge élevé laisse à penser que les transmissions sont tardives, mais une mortalité importante corrige ce phénomène et les successions interviennent généralement plus tôt.

La prise en charge des vieux par la famille va dominer tout le premier XIXe siècle, et dominera encore dans l'imaginaire jusqu'à la première guerre mondiale : même lorsque cette solution se révélera inadaptée, les acteurs sociaux continueront à prescrire une prise en charge familiale pour les vieux.

Dans un précédent paragraphe, la diversité des parcours professionnels des salariés a été évoquée : ouvriers-paysans, ouvriers temporaires, comptant s'installer à leur compte dans l'agriculture, le commerce ou l'artisanat. Mais à côté de ces salariés pour qui d'autres trajectoires sont encore possibles, naît bientôt une nouvelle catégorie d'ouvriers, peut-être pas encore une « classe ouvrière », mais au moins une « classe populaire ». Les « enquêtes sociales » constitueront un indicateur de la nouveauté de l'existence d'une classe pauvre, vivant différemment des paysans, artisans, et de la misère qui la frappe.

LA NAISSANCE DE LA « QUESTION SOCIALE »

> *« L'industrie, cette source de richesses, n'a aujourd'hui ni règle, ni organisation, ni but. C'est une machine qui fonctionne sans régulateur ; peu lui importe la force motrice qui l'emploie. Broyant également dans ses rouages les hommes comme la matière, elle dépeuple les campagnes, agglomère la population dans des espaces sans air, affaiblit l'esprit comme le corps, et jette ensuite sur le pavé, quand elle ne sait plus qu'en faire, les hommes qui ont sacrifié pour l'enrichir leur force, leur jeunesse, leur existence ».*
>
> L.-N. Bonaparte, L'extinction du paupérisme, *Oeuvres*, Paris, Ed. Napoléoniennes, Ed. de 1848, t. II, page 256 (éd. originale 1844).

La vieillesse des artisans, paysans, commerçants, ne pose pas de problèmes spécifiques à la collectivité. Quant au travail salarié, il regroupe des catégories multiples de travailleurs, ouvriers-artisans, ouvriers-paysans, qui ont en commun le désir de quitter le statut d'ouvrier. Cependant, peu à peu émerge une nouvelle catégorie de travailleurs, pour qui « s'évader » du salariat devient difficile, sinon impossible. La vieillesse de ceux-ci va se poser de façon différente, et pour eux, les régulations traditionnelles vont devenir inopérantes.

Après avoir mis l'accent sur les transformations économiques et sociales à l'origine de l'émergence de cette nouvelle catégorie de population, nous aborderons la façon dont celle-ci est perçue et son mode de gestion.

Des transformations économiques et sociales : la naissance d'une société économique « moderne »

Si, *grosso modo*, l'hypothèse des quatre types de travailleurs distingués par G. Duveau dans la France impériale peut être validée[30],

30 . G. Duveau répartit les ouvriers en quatre groupes : l'ouvrier du très grand centre urbain, comme Lyon ou Paris, l'ouvrier du grand centre manufacturier, comme l'ouvrier du Creusot, l'ouvrier des centres urbains d'importance moyenne, et l'ouvrier campagnard. G. DUVEAU, *op. cit.*, pages 225 à 229.

c'est surtout pour le travailleur des grands centres urbains ou des grands sites industriels que les régulations traditionnelles s'estompent. L'apparition du paupérisme, même si celui-ci n'a pas eu l'ampleur (quantitative) que lui ont prêtée certains de ses contemporains, et de son corollaire, « la question sociale », témoignent de ces changements et vont mettre l'accent sur ce phénomène. Une corrélation nouvelle apparaît entre la vieillesse et la pauvreté, bien que cette pauvreté ne soit pas spécifique à la vieillesse mais commune à toute une classe sociale.

Les ouvriers de la grande industrie

Si la classe ouvrière ne se structure véritablement qu'à la fin du XIXe en France[31], le système du salariat est déjà bien présent dans nombre d'industries et les ouvriers n'en sont pas moins inexistants. Cependant connaître avec précision le nombre d'ouvriers de la grande industrie s'avère être une opération délicate.

Le recensement de la Statistique Générale de la France de 1847 distingue déjà « la grande industrie » ou « manufacture » rassemblant les établissements de plus de dix ouvriers, de la « petite industrie », qu'il range dans la classe des « arts et métiers ». A cette date, le recensement comptait dans la première catégorie 71497 établissements, rassemblant 767908 ouvriers, 278837 femmes et 143665 enfants, soit un total de 1190000 personnes, et une moyenne de 17 personnes par établissement[32]. M. Moissonnier décrit une classe ouvrière en formation dans la « fabrique concentrée » dès 1820-1830 : « Nous voici au coeur même de la classe ouvrière considérée comme groupe social ne possédant que son travail à vendre et, peu à peu, installée durablement dans sa condition, même si, au départ, elle se présente comme née de l'exercice d'un « travail occasionnel qui

31 . Tous les historiens insistent sur la lente structuration de la classe ouvrière en France : « *La formation de la classe ouvrière sera lente, longtemps fondée sur les ouvriers de métier beaucoup plus que sur les prolétaires d'une grande industrie qui tarde à se développer* », R. BERTAUX, Les dimensions historiques de la gestion du social, *Les Cahiers de la Recherche sur le Travail Social*, n°18, Caen, 1990, page 111.

32 . A. DEWERPE, *op. cit.*, pages 10 et 11.

dure »[33]. En 1830 pourtant, les grandes agglomérations ouvrières sont encore peu nombreuses, hormis Paris, Lyon, Lille ou Rouen.

La progression du nombre des ouvriers sous l'Empire est un peu mieux connue. P. Sorlin estime la croissance des effectifs industriels à 15 % sur cette période[34]. Cette évolution des effectifs ouvriers est cependant très variable selon les secteurs professionnels et selon les régions.

La progression est sensible dans les chemins de fer, les mines et la métallurgie, également dans le textile. 31700 ouvriers et employés sont salariés par les sociétés de chemins de fer en 1853 et 138200 en 1869. L'effectif ouvrier des mines progresse, passant de 31800 en 1846 à 111000 en 1876. Au Creusot, la population est de 10000 en 1848, et elle atteint 24000 en 1866. Entre 1851 et 1872, la population de Roubaix, où les textiles sont presque la seule activité, passe de 35000 à 76000 habitants. A Lille, les ouvriers employés à la fabrique des fils et tissus sont au nombre de 30000 en 1850 et de 65000 en 1876[35].

Ces chiffres ne doivent cependant pas faire illusion : la forme « moderne » de la fabrique concentrée n'est pas encore, et de loin, la plus répandue. Selon G. Dupeux, les ouvriers qu'elle emploie ne représentent encore que le quart de la main-d'oeuvre industrielle en 1848 et « le prolétariat de fabrique reste comme noyé au milieu des ouvriers des vieux métiers et constitue avec eux, et aussi avec les petits patrons de l'artisanat, une "classe populaire", mais pas encore une "classe ouvrière" »[36].

Bien que faibles numériquement, les ouvriers de la grande industrie vont pourtant être au centre des préoccupations sociales dès les années 1830. En effet, ils se caractérisent par des conditions de vie très misérables et précaires, mais d'une misère cependant différente de la misère paysanne ou de la misère antérieure. Ce phénomène nouveau

33. M. MOISSONNIER, *La France ouvrière. Histoire de la classe ouvrière et du mouvement ouvrier français*, T. 1 « des origines à 1920 », ouv. coll. sous la dir. de C. Willard, Ed. Sociales, Paris, 1993, page 72.

34. P. SORLIN, *op. cit.*, page 161.

35. Sur les effectifs ouvriers sous le second Empire, voir : M. MOISSONNIER, *op. cit.*, pages 162 et suivantes ; P. SORLIN, *op. cit.*, pages 161 et suivantes.

36. G. DUPEUX, *La société française, 1789-1970*, A. Colin, coll. U, 1972, page 131.

va donner lieu à des analyses poussées d'observateurs sociaux, d'économistes.

La classe populaire, le paupérisme et la question sociale

Les enquêtes sociales constituent un indicateur de la misère ouvrière, du paupérisme, mais surtout de l'originalité de ce phénomène. Dès 1830-1850, de nombreuses enquêtes sociales sont publiées. Sous la Monarchie de Juillet, on peut citer les travaux du Baron de Gérando, de Villeneuve-Bargemont, d'E. Buret, de L.-R. Villermé, ..., dénonçant ou analysant la misère[37].

Pourtant, le paupérisme n'a pas l'ampleur et le caractère massif que laissent entendre les descriptions des observateurs sociaux ; autour de 1848, la population ouvrière peut être estimée à environ 4400000 personnes, mais la majorité de ces travailleurs reste encore bien immergée dans un environnement rural permettant le maintien des régulations sociales traditionnelles. Pour R. Castel, « cet étonnement des contemporains devant le paupérisme et les réactions qu'il suscite doit lui-même aujourd'hui susciter l'étonnement »[38].

Pourquoi ce phénomène - qui somme toute, reste quantitativement limité - va-t-il donner lieu à tant de questionnements et d'analyses ? Plusieurs raisons peuvent être invoquées.

Tout d'abord, pour la plupart des observateurs, le paupérisme est directement le fruit de la Révolution industrielle, du machinisme, des évolutions technologiques ; pour G. Berjonneau par exemple, l'auteur d'une étude sur les retraites, avec l'ère industrielle apparaît « la concurrence illimitée, l'accroissement désordonnée de la population ouvrière, la substitution des machines à la main-d'oeuvre et des grandes fabriques groupées sur des bassins houillers aux petits ateliers urbains et ruraux ; confection en masse au lieu de l'ouvrage

---

37 . J.-M. GERANDO (de), *De la bienfaisance publique*, Bruxelles, 1839, 2 vol. A. VILLENEUVE-BARGEMONT (de), *Economie politique chrétienne, ou Recherches sur le paupérisme*, Paris, 1834. E. BURET, *De la misère des classes laborieuses en Angleterre et en France*, Paris, 1840, 2 vol. L.-R. VILLERME, *Tableau de l'état physique et moral des ouvriers employés dans les manufactures de coton, de laine et de soie*, Paris, 1840, 2 vol.

38 . R. CASTEL, *Les métamorphoses de la question sociale. Une chronique du salariat*, *op. cit.*, page 225.

commandé, l'agglomération des ouvriers autour d'une grande manufacture »[39].

La substitution de la machine à l'outil a confronté l'ouvrier « de type ancien » à la concurrence des femmes et des enfants, et elle a eu pour conséquence l'apparition d'un nouveau type d'insécurité, l'insécurité ouvrière liée au fait que la demande est toujours supérieure à l'offre de travail[40].

Enfin, le paupérisme est différent de la misère antérieure. G. Procacci note un contraste frappant entre ce qu'on désigne comme pauvreté sous l'Ancien Régime et dans la société post-révolutionnaire : le paupérisme, « ce n'est plus le mendiant couvert de haillons, le plus souvent invalide ; le pauvre moderne est valide, vigoureux, "licencieux". Rarement seul, on aperçoit derrière lui un monde grouillant, fainéant, désordonné, "indécent". Il s'agit ici, surtout, de pauvres urbanisés, rôdant en masse autour des lieux de travail, mais aussi des cabarets, des lieux mal famés, dans ces quartiers infâmes qui deviennent la hantise de la ville laborieuse et policée »[41]. Parce qu'il est lié à la Révolution industrielle et parce qu'il se produit en période d'augmentation rapide des richesses, le paupérisme est insoutenable : « L'accumulation rapide des richesses, loin de résoudre le problème séculaire de la misère, lui donna au contraire une ampleur encore inconnue et beaucoup plus spectaculaire du fait de son caractère urbain et concentré par contraste avec la misère paysanne cachée, dont la courbe suivait depuis des siècles des oscillations attendues et considérées comme presque fatales. L'industrialisation entraîna le

---

39. G. BERJONNEAU, *Les retraites pour la vieillesse et les sociétés de secours mutuels*, A. Rousseau, Paris, 1900, page 2.

40. « La machine, en se substituant à l'outil, a permis l'introduction dans l'usine d'une nouvelle catégorie d'ouvriers, sans grande vigueur, mais dont les membres plus souples adaptent plus facilement leurs mouvements au mouvement uniforme du moteur à vapeur. Elle a ainsi créé à l'ouvrier ancien la concurrence de la femme et de l'enfant ; d'où l'abaissement du taux des salaires, le danger constant d'un perfectionnement de l'outillage qui nécessitant moins d'expérience ou moins de force, augmenterait encore la quantité des bras disponibles. "L'industrialisme" et le machinisme auraient donc eu pour conséquence l'insécurité du lendemain pour l'ouvrier. » C. GUILHAUMON, *Les sociétés de secours mutuels et leur concours à l'assurance ouvrière*, Montpellier, Coulet, 1901, page 8.

41. G. PROCACCI, *Gouverner la misère. La question sociale en France 1789-1848*, Ed. du Seuil, coll. « L'univers historique », 1993, page 12.

déracinement des populations rurales, la formation d'un prolétariat dans les villes et une inégalité croissante des conditions de vie. [42] »

Pour la plupart des observateurs sociaux, le paupérisme est lié à la Révolution industrielle, au machinisme, à l'accroissement de la population ouvrière, aux changements affectant la structure des familles.

Généralement, le fait que les régulations sociales antérieures (solidarités familiales, structures traditionnelles de « protection sociale ») deviennent inopérantes pour ces populations est bien perçu par les observateurs contemporains. C. Guilhaumon, par exemple, constate la disparition des solidarités antérieures dans les agglomérations ouvrières : « Le paupérisme serait, d'après la définition communément acceptée et reproduite, une « épidémie de la pauvreté » due à l'afflux de l'activité ouvrière vers l'industrie, à l'abandon des champs pour l'usine, à la formation de centres ouvriers très denses où la vie est plus chère et l'infortune sans aide. [43] »

Souvent l'analyse des observateurs sociaux - quant aux causes du paupérisme, sinon aux moyens d'y remédier - contraste avec celle des économistes.

Comment gérer la « question sociale » ?

Les premières solutions avancées pour résoudre le problème de l'indigence vont reposer sur la constitution d'une épargne volontaire. Théorie économique dominante, idéologie dominante, mais aussi mauvaise perception des nouvelles réalités sociales se combinent pour proposer cette voie.

Les économistes et la question sociale

En matière sociale, jusqu'aux dernières décennies du XIXe siècle, c'est

---

42 . P. DE LAUBIER, *L'âge de la politique sociale. Acteurs, idéologies, réalisations dans les pays industrialisés depuis 1800*, Editions Techniques et Economiques, Paris, 1978, page 11.

43 . C. GUILHAUMON, *op. cit.*, page 8.

le temps du « libéralisme triomphant »[44].

Dans « l'utopie libérale », propriété, libre initiative et libre jeu de marché doivent assurer le meilleur monde possible[45]. Le système de la « liberté naturelle » conduisant à un ordre naturel, fondé et maintenu par l'intérêt personnel des individus, implique une abstention rigoureuse de toute intervention dans le mécanisme économique, notamment l'absence de politique sociale et - en particulier - la condamnation de toute politique d'assistance.

L'absence de politique sociale trouvera sa justification dans les thèses des économistes classiques, dans les thèses de « l'école économique », développée par A. Smith, le père fondateur, puis par Malthus, Ricardo, et représentée en France par J.-B. Say ou F. Bastiat. L'assistance aux pauvres est condamnable pour des raisons économiques ou « scientifiques » mais également pour des raisons morales.

La principale des raisons économiques tient au fait que le salaire a un prix naturel. Chez les Classiques, il est généralement admis que le travail a un prix naturel et un prix courant. Le prix naturel du travail est celui qui permet aux ouvriers de subsister et de se perpétuer, sans accroissement ni diminution, il dépend du prix des subsistances. Le prix courant est issu de la confrontation de l'offre et de la demande, mais, sur le long terme, il tend toujours vers le prix naturel. J.-B. Say décrit en ces termes comment se détermine le salaire : « Quand (...) la demande reste en arrière de la quantité de gens qui s'offrent pour travailler, leurs gains déclinent au-dessous du taux nécessaire pour que la classe puisse se maintenir au même nombre. Les familles les plus accablées d'enfants et d'infirmités dépérissent ; dès lors l'offre de travail décline ; et le travail étant moins offert son prix remonte. [46]» Ricardo, qui décrit le même mouvement, le juge nécessaire : « Ainsi que tout autre contrat, les salaires doivent être livrés à la concurrence franche et libre du marché, et n'être jamais entravés par l'intervention

44 . A. GUESLIN, *L'Etat, l'économie et la société française, XIXe-XXe siècle*, Hachette, coll. Carré Histoire, 1992, page 11.

45 . M. BEAUD, *Histoire du capitalisme de 1500 à nos jours*, coll. Points Economie, Ed. du Seuil, 1990, page 14.

46 . J.-B. SAY, *Cours complet d'économie politique, 1828-1829*, cité par H. DENIS, *Histoire de la pensée économique*, PUF, coll. Thémis, 1990, page 295.

du législateur.[47] » Ce qui le conduit à dénoncer les lois anglaises sur les pauvres : « au lieu d'enrichir les pauvres, elles ne tendent qu'à appauvrir les riches ».

La démonstration de l'inutilité de l'assistance est simple : comme le salaire de l'ouvrier tend à se limiter à ce qui est nécessaire pour lui procurer sa subsistance, le minimum vital, une assistance légale en faveur des pauvres aurait pour seul résultat de diminuer le salaire, le minimum vital restant lui-même inchangé. F. Schaller résume ainsi la position libérale sur le salaire et l'inutilité de l'assistance : « En effet, si le taux de salaire est conditionné par le minimum nécessaire au maintien de l'existence ; si ce minimum et le taux du salaire sont dans un rapport direct de cause à effet, il s'ensuit logiquement que tout facteur qui aurait pour résultat de réduire encore ce minimum, réduirait du même coup le montant du salaire.[48] » Ainsi, l'introduction d'un système d'assistance n'aurait aucun effet sur la condition matérielle des salariés ; pis, la loi naturelle du salaire condamne sans appel toute forme d'assistance légale.

L'assistance est en outre immorale, et en règle générale, il est admis que la misère des classes pauvres est due à leur faiblesse morale. L'assistance « crée les pauvres qu'elle assiste », elle est la cause du mal qu'elle prétend guérir.

En France, le courant de la pensée libérale sera parfois plus marqué qu'en Grande-Bretagne[49], et la position des économistes français sur l'assistance aux pauvres sera souvent plus intransigeante. Dans leur argumentation, justifications économiques et principes moraux se mêlent pour condamner l'assistance : en 1823, M. Duchâtel constate qu'« il n'y a que le gouvernement anglais qui ait reconnu aux pauvres

---

47 . RICARDO, *Principes de l'Economie Politique et de l'Impôt*, 1817, trad. fr., Calmann-Lévy, 1970, pages 76 et 77.

48 . F. SCHALLER, *Un aspect du nouveau courant social ; de la charité privée aux droits économiques et sociaux du citoyen*, Ed. de la Braconnière, Neuchâtel, 1950, page 32.

49 . Une des raisons de cette dureté est, selon E. James, la vigueur du mouvement socialiste : « Tenue de se défendre contre un premier mouvement socialiste dont on ne saurait nier l'importance, l'école française se livre bien plus à un plaidoyer pour le régime libéral qu'à une analyse des mécanismes économiques essentiels ; elle fit plus de doctrine que de théorie. » E. JAMES, *Histoire sommaire de la pensée économique*, Ed. Montchrestien, 1969, p. 108.

et à leur postérité le droit d'être nourris par l'Etat, et qui, pour accomplir cette obligation, ait établi un vaste système d'aumônes. Mais, chez toutes les nations, il est des établissements publics qui dérivent des mêmes principes ; sur une moindre échelle, ils produisent les mêmes résultats. Ainsi nous avons nos hôpitaux d'enfants trouvés, qui se chargent d'élever les enfants abandonnés par leurs parents à la merci de la charité publique. Les principes inflexibles de l'économie politique condamnent ces institutions, comme elle réprouve la taxe des pauvres ; c'est un encouragement donné au vice et à l'imprévoyance, une invitation aux parents de se décharger du devoir sacré de nourrir leurs enfants ; elles sont la cause du mal qu'elles prétendent guérir »[50].

P. Leroy-Beaulieu défend également des thèses proches de celles de Malthus ; selon lui, la Poor Law « n'a pas supprimé le paupérisme ; on peut supposer qu'elle l'a plutôt augmenté ; elle a éteint le sentiment de la prévoyance, de la responsabilité personnelle, de la dignité ; elle a étouffé les vertus de la famille dans toute une partie de la classe ouvrière britannique »[51]. Pour H. Blanc, auteur en 1907 d'une thèse sur l'assistance aux vieillards, « la règle des théories de Malthus, de Darwin et de Spencer conduit à cette conclusion que, sous la dure loi de la concurrence, la misère agit providentiellement comme moyen de sélection et que, dès lors, il ne faut pas essayer de contrarier son oeuvre »[52].

Non seulement, l'assistance, pour des raisons économiques, est inutile, mais pire, elle est immorale et dangereuse : « En procurant à l'individu les choses nécessaires à sa subsistance et à son entretien, on

---

50. M. DUCHÄTEL, « De la charité », *Ancien Globe*, t. II, 21 mai 1823, cité par A. ARMENGAUD, *Les Français et Malthus*, PUF, 1975, page 117.

51. P. LEROY-BEAULIEU, *L'Etat moderne et ses fonctions*, 2ème édition, Guillaumin, Paris, 1891, page 301. On est frappé par l'influence des thèses malthusiennes dans le discours des économistes français de l'époque. Chez P. Leroy-Beaulieu, les exemples peuvent être multipliés à l'envi : « Tout régime qui reconnaît à l'indigent un droit strict aux secours est essentiellement démoralisateur et multiplie le fléau qu'il prétend extirper », page 304. « Impuissante à extirper le paupérisme, l'assistance publique a une influence merveilleuse pour en développer les germes épars et inertes », page 302.

52. H. BLANC, *Les conditions d'application de la loi du 14 juillet 1905 sur l'assistance aux vieillards, aux infirmes, et aux incurables*, 1907, page IV.

détruit en lui l'amour du travail, l'initiative individuelle, le sentiment de ses devoirs.[53] »

Les économistes libéraux justifient la pauvreté, la misère des classes ouvrières ; ils montreront « la nécessité scientifique » de celle-ci et feront du comportement même des pauvres la cause de leurs malheurs, de leurs conditions d'existence.

Incontestablement, ces thèses auront une influence dans la vie politique et sociale. Si, comme le constate F. Schaller, « les grandes lois de l'économie pseudo-libérale ne furent pas émises par Adam Smith, Malthus, Ricardo, J.-B. Say ou Stuart Mill dans le but de perpétuer la grande misère des salariés », il est bien certain en revanche « que chacun pouvait aisément puiser dans ces lois des raisons idéologiques à la condition souvent effroyable des prolétaires de cette époque »[54].

Les théories des économistes libéraux seront véritablement les référentiels des gouvernements libéraux pour les mesures concernant les associations ouvrières, les assurances sociales, l'assistance, la protection sociale la plus élémentaire[55].

L'apologie de l'épargne et la supériorité de celle-ci sur l'assistance

Longtemps les économistes libéraux seront de farouches adversaires de l'assistance obligatoire. Mais, si les mesures d'assistance sont à leurs yeux inutiles et répréhensibles, en revanche les libéraux inventeront leur solution pour remédier à la question sociale : ce sera l'épargne volontaire.

Pendant tout le XIXe siècle, « l'imprévoyance » sera considérée comme la cause de l'indigence, de la misère, du paupérisme : c'est seulement par l'épargne, vont ressasser les libéraux, que l'ouvrier peut aspirer à un sort meilleur. Selon A. Cottereau, cette morale de la

---

53 . H. BLANC, *op. cit.*, page IV.

54 . F. SCHALLER, *op. cit.*, page 4.

55 . « On est frappé par la parfaite concordance de tous les témoignages que fournissent, durant un siècle, les principaux auteurs qui se sont penchés sur les questions d'assistance et de charité, et qui tous, sans exception, et armés des mêmes arguments, persuadent leurs contemporains du danger mortel que l'assistance légale ferait courir à la société », F. SCHALLER, *op. cit.*, page 4.

prévoyance, en France, s'est construite comme une morale de bourgeois et de paysans aisés, en opposition avec la Providence de la religion catholique : « A la fin du XVIIIe siècle, l'Eglise fulminait encore contre la prévoyance bourgeoise. Au début du XIXe siècle, elle se mit à fulminer contre le manque de prévoyance bourgeoise chez les ouvriers ». Et, « désormais "l'imprévoyance" devient le maître-mot, ou le métre-étalon, à l'aune duquel se mesurent les défauts des classes laborieuses. [...] Toutes les couches dirigeantes de la société, toutes les philosophies ayant pignon sur rue adoptent ces cadres de perception et d'évaluation de la gestion des vies des salariés.[56] »

Du même coup, épargne et assistance vont devenir des alternatives rivales et incompatibles de la gestion du social, ce que P. Leroy-Beaulieu exprime bien : « proclamer le droit à l'assistance, c'est créer un privilège injustifiable et dangereux ; c'est rendre inutile la prévoyance féconde, en distribuant gratuitement aux imprévoyants ce que les prévoyants ne parviennent à acquérir qu'à force de patience et d'énergie.[57] » La crainte qu'un secours assuré en cas de maladie, vieillesse, ne vienne décourager la prévoyance sera l'argument le plus percutant des adversaires de l'assistance légale[58]. Selon un auteur ayant consacré une étude à l'assistance aux vieillards, l'assurance d'un secours régulier pour les vieux jours détruirait « ce seul stimulant, qui peut déterminer l'effort, c'est-à-dire la crainte d'un dénuement absolu »[59].

L'assistance étant d'emblée écartée, pour des raisons tant philosophiques que morales, seule reste l'épargne pour remédier à la misère. Mais on ne peut comprendre que l'épargne ait été la seule solution pour remédier à la misère si l'on s'en tient aux seuls

---

56 . A. COTTEREAU, « Prévoyance des uns, imprévoyance des autres : questions sur les cultures ouvrières, face aux principes de l'assurance mutuelle, au XIXe siècle », *PREVENIR*, n°9, mai 1984, pages 57 à 68.

57 . P. LEROY-BEAULIEU, cité par P. TROUILLOT, *L'assistance aux vieillards et la loi du 14 juillet 1905*, Caen, C. Valin, 1907, page 24.

58 . Des arguments secondaires seront parfois abordés, comme la crainte qu'une assistance publique ne vienne décourager l'assistance privée. Cette opposition entre assistance privée et assistance publique se retrouve d'ailleurs dans les termes : la charité privée est en effet qualifiée de bienfaisance, tandis que la charité publique est de l'assistance. Cf. D. RENARD, « Assistance publique et bienfaisance privée, 1885-1914 », *Politiques et management public*, n°2, juin 1987, pages 102 à 128.

59 . P. TROUILLOT, *op. cit.*, page 24.

raisonnements des économistes ou des observateurs sociaux. La primauté de l'épargne trouve aussi ses fondements dans la réalité économique et sociale, et dans la permanence des régulations traditionnelles. En effet, la montée du nombre des ouvriers et l'apparition du paupérisme n'ont pas encore suffit à opérer la déconnexion entre la sécurité et la propriété.

Pourquoi l'épargne serait-elle le seul moyen d'endiguer le paupérisme ?

Jusqu'à l'aube du XXe siècle, la détention d'un patrimoine est encore la seule garantie de la sécurité dans les vieux jours. Cela explique, autant que les raisonnements des économistes et les principes philosophiques et moraux dominants, que l'épargne libre soit alors le seul système de retraite envisageable.

La sécurité est fonction de la propriété. Celui qui possède un capital ou un patrimoine s'assure par cette possession pour sa vieillesse. La principale fonction de la propriété est d'ailleurs de donner la sécurité à celui qui possède. Cette conception explique que l'épargne ait été le seul moyen envisagé pour répondre au besoin, encore naissant, de sécurité dans la vieillesse des travailleurs âgés. On tente d'appliquer à la société industrielle naissante les critères de la bourgeoisie et de la paysannerie et il faudra longtemps avant que l'on prenne conscience de l'inadéquation de ces solutions.

Ce que permet en outre l'épargne, c'est de s'élever dans la hiérarchie sociale, de s'établir à son compte, de quitter la condition de salarié. Pour Thiers, il convient de développer les caisses d'épargne, qui permettent à l'ouvrier se privant du superflu de se constituer un petit capital. Le but de l'épargne ainsi constituée est de donner à l'ouvrier la possibilité « à son tour de s'élever à qualité de maître ». Ce que permet l'épargne, c'est la constitution d'un capital[60].

Cela est manifeste pour les ouvriers-paysans. Nous avons déjà insisté sur le grand nombre de travailleurs mi-ouvriers, mi-agriculteurs et sur

60. Pour G. Procacci, « l'épargne renvoyait à la vieille image du producteur indépendant, et au rêve engendré par celle-ci de s'affranchir d'un salaire qui maintenait le travailleur dans un état de dépendance et de précarité, source de tous les troubles. », G. PROCACCI, *op. cit.*, page 241.

le caractère profondément paysan qui caractérise encore beaucoup d'ouvriers des manufactures ou usines. Les stratégies d'épargne, pour ces travailleurs, répondent à deux motifs principaux, soit acheter de la terre (la possession d'un champ procure une certaine aisance à l'ouvrier), soit retourner à la terre, redevenir paysan[61]. Mais dans tous les cas, il s'agit d'acquérir ou d'augmenter un bien foncier.

Les caisses d'épargne, qui ont à l'origine été créées pour les classes populaires, pour la « petite épargne », sont peu utilisées par ce public. Si, pour expliquer cette désaffection, une certaine méfiance des travailleurs vis-à-vis des caisses d'épargne n'est pas à écarter[62], la principale raison réside souvent dans la préférence pour l'acquisition d'un bien tangible (terres, maisons, outil de travail, ...) plutôt que la détention d'un livret de caisse d'épargne, moins concrète. A Falaise, centre important de la bonneterie, G. Duveau constate que le nombre des ouvriers déposant de l'argent à la Caisse d'épargne est infime. En effet, ceux qui épargnent préfèrent thésauriser et utiliser leurs économies pour se rendre propriétaires de leur métier et augmenter leurs moyens de production[63]. Selon Audiganne, les tisserands du pays de Flers ambitionnent l'achat d'une parcelle de terre : « Ignorants des lois qui gouvernent la productivité des capitaux et craignant toujours de s'exposer à perdre ce qu'ils ont, ils conservent, le plus souvent, leurs épargnes dans leur logis jusqu'au moment où ils pourront acquérir un jardin ou un petit champ.[64] »

Par contre, les travailleurs pour lesquels un retour à la terre ou la possession de l'outil de travail est à exclure, voient dans la caisse d'épargne le moyen de réaliser quelques économies. C'est ainsi qu'à Paris, la proportion des ouvriers qui déposent de l'argent à la Caisse d'épargne est exceptionnellement forte : la Chambre de Commerce

---

61 . « L'ouvrier qui veut acquérir un champ n'est pas mû seulement par des raisons utilitaires ; en lui se manifeste encore la passion paysanne pour la terre. », G. DUVEAU, *op. cit.*, page 407.

62 . « L'ouvrier économe gère donc le plus souvent son avoir avec une prudence toute paysanne. Pourquoi hésite-t-il parfois à porter son argent à la Caisse d'épargne ? parce qu'il se demande si, dans ces grands bureaux mystérieux, ses économies ne vont pas à jamais s'engloutir. », G. DUVEAU, *op. cit.*, page 408.

63 . G. DUVEAU, *op. cit.*, pages 405 et 406.

64 . AUDIGANNE, *Populations ouvrières*, T. I, pages 98 et 99.

dénombre, en 1860, 416000 ouvriers dans la capitale, et, sur ce nombre, 120000, soit 30 %, possèdent un livret[65].

* *

*

En définitive, sécurité restant synonyme de propriété (d'un capital, d'un commerce, d'un outil de travail ...) ce sont naturellement des systèmes reposant sur l'épargne individuelle et volontaire qui seront mis en place lorsque l'on percevra « un problème social » lié à la vieillesse ouvrière. Cette prise de conscience est suffisamment forte dès le milieu du XIXe, comme en témoignent la création en 1850 d'une institution d'épargne-retraite (La Caisse Nationale des Retraites) et d'un fonds collectif d'épargne destiné à servir des retraites, mis en place pour les sociétés de secours mutuels en 1856. Donc, si l'assistance n'est pas légitime, l'épargne, elle, est susceptible de résoudre le problème de la misère.

---

65 . G. DUVEAU, *op. cit.*, page 404.

CHAPITRE 2

ENTRE RAISONNEMENT ECONOMIQUE ET "PRAGMATISME SOCIAL" : LES PREMIERES REALISATIONS SOCIALES EN MATIERE DE VIEILLESSE

L'examen des premières réalisations sociales en matière de prise en charge de la vieillesse met en évidence le rôle prépondérant joué par l'idée de constitution d'une épargne volontaire.

Toutefois, les structures d'assistance (hospices, bureaux de bienfaisance) contribuent également à la gestion de la vieillesse.

Dans ce contexte, ces structures peuvent s'interpréter soit comme un dispositif complémentaire des systèmes de prévoyance volontaire (par l'image repoussoir de l'hospice ou les conditions restrictives apportées au droit à l'assistance, il s'agit d'inciter à l'épargne), soit comme une « entorse » à la règle libérale.

CARACTERISTIQUES ET LIMITES DE LA PREVOYANCE VOLONTAIRE

Le dispositif de prévoyance volontaire spécialement destiné à la vieillesse se met en place au milieu du XIXe siècle. Après quelques décennies de fonctionnement, les résultats obtenus par celui-ci peuvent déjà être appréciés. Ils s'avèrent bien décourageants par rapport aux objectifs définis à l'origine.

Les caractéristiques de la prévoyance volontaire

Les débats engagés avant la mise en oeuvre des systèmes d'épargne pour la vieillesse vont largement façonner la forme des institutions mises en place. Ces débats mettent l'accent sur toutes les caractéristiques qu'auront les institutions, la population visée, le rôle de l'Etat, le mode de constitution des pensions.

Les débats sur les institutions à mettre en place

Au XIXe siècle, le moindre projet de loi sociale donne lieu à d'interminables discussions. Si l'efficacité politique est faible, en revanche ces débats s'avèrent souvent riches d'enseignements. Les débats sur les institutions de retraites qu'il convient de créer, dans la période 1830-1850, montrent combien est déjà présent le problème des retraites ouvrières. Ils ont l'intérêt de mettre l'accent sur la prégnance de la pensée libérale, sur la prise de conscience précoce des interactions entre économie et protection sociale, sur le rôle que l'Etat doit jouer en matière de protection sociale, sur la forme et le fonctionnement que les institutions d'épargne-retraite doivent prendre. Bref, dans la période 1830-1850, bon nombre des éléments d'une réflexion d'ensemble sur la protection sociale de la vieillesse sont déjà en place.

Pour qui créer les institutions d'épargne-retraite ? Dès le début des discussions sur les institutions d'épargne-retraite à créer, les choses sont claires : ce seront des institutions réservées aux ouvriers, à la petite épargne, à la classe populaire. De la même façon que les caisses d'épargne avaient été instituées dans le but de favoriser l'épargne populaire, la Caisse nationale des retraites et le fonds d'épargne-retraite de la mutualité ont bien été, à l'origine, créés pour les salariés et la petite épargne. Ainsi, le rapporteur de la loi créant la Caisse Nationale des Retraites, M. Benoit d'Azy, déclarait à l'Assemblée législative dans la séance du 10 juin 1850 : « En parcourant les articles, vous verrez quelle est l'économie de la loi ; la pensée première du législateur est celle-ci : offrir au pauvre, à l'ouvrier, au travailleur, les moyens de placer son épargne de la manière la plus facile pour lui, de la manière la plus utile, de manière à s'assurer à la fin de sa vie une existence certaine.[1] » La création du fonds commun de retraites de la mutualité, en 1856, visait également la constitution de rentes pour les salariés et ouvriers âgés, en tentant de leur faciliter, par l'intermédiaire de la mutualité, l'accès à la caisse des retraites. Selon C. Mayen, les sociétés de secours mutuels doivent être destinées aux « laborieux qui vivent de leurs salaires »[2].

Une fois les futurs usagers de la caisse déterminés, la question dont il est le plus débattu est celle de l'obligation. L'affiliation aux caisses de retraites sera-t-elle obligatoire ou facultative ? Cette question est présente dans tous les projets précédant la création de Caisse Nationale des Retraites (CNR), et elle devient très vite un des principaux enjeux des discussions. Si certains s'opposent vigoureusement à toute idée d'obligation, d'autres ne croient pas aux retenues facultatives et sont partisans de l'obligation, au moins pour les usines employant un certain nombre d'ouvriers.

Parmi les adversaires de l'obligation, se trouvent en premier lieu les libéraux. Thiers, par exemple, combat toutes les propositions relatives à l'obligation. En effet, dans leur conception de la société, l'obligation retarde l'ascension sociale de l'ouvrier en le privant de la libre disposition du fruit de son travail : « L'ouvrier, lorsqu'il jouit librement de son épargne, l'emploie suivant ses besoins et ses goûts. Si son désir est de devenir chef de l'entreprise industrielle ou agricole dans laquelle il travaille, c'est l'outil qu'il se procurera, l'atelier ou le champ qu'il achètera. Ou bien il se propose d'acquérir par annuités la maison qu'il habite. Ou encore c'est à l'éducation de ses enfants qu'il affectera ses économies.[3] » L'épargne représente une possibilité de promotion sociale et l'individu dans l'obligation de cotiser se trouverait réduit à la condition de salarié à vie.

Parfois, l'on va même plus loin, en considérant que le capital épargné pour la retraite doit rester transmissible. Dans certains projets, il est en

---

1 . BENOIT D'AZY, Assemblée législative, séance du 10 juin 1850, cité par R. JAY, « L'assurance ouvrière et la Caisse Nationale des Retraites pour la vieillesse », *Revue Politique et Parlementaire*, n°10, avril 1895, pages 84 à 107.

2 . C. MAYEN, *Prévoyance et mutualité*, thèse de doctorat en droit, Dijon, Curioz, 1901, page 330.

3 . G. BROCHE, *Les retraites ouvrières, liberté ou obligation ?*, thèse de doctorat en droit, Giard et Brière, Paris, 1908, pages 186 et 187.

effet prévu une institution servant des rentes « à fonds perdus », où les économies versées serviront à payer une rente dont le service devra théoriquement avoir épuisé le capital au moment du décès du titulaire. Or ces rentes viagères sont considérées comme immorales, car elles vont à l'encontre de la volonté de préserver la transmission du patrimoine. Un membre du Parlement, en des termes certes excessifs, fait observer à ce propos « qu'un principe contient mathématiquement des conséquences, et que, si une institution est basée sur l'égoïsme, elle a nécessairement pour résultat tous les vices, toutes les erreurs et tous les désordres de l'égoïsme. Créer pour les travailleurs une institution de fonds perdus et de pensions purement viagères, c'est les solliciter à l'individualisme et porter atteinte à l'esprit de famille ; c'est inviter un certain nombre d'ouvriers à s'abstenir du mariage ; c'est accroître le nombre des enfants trouvés, des vagabonds, des femmes perdues, et toutes les misères qui découlent de la promiscuité des sexes »[4].

En revanche, dans le camp de ceux qui soutiennent l'obligation, on pense que l'épargne ouvrière n'existera pas si l'ouvrier n'y est pas contraint. En 1849, le projet de création de la CNR est déjà bien au point et un député du Nord, Lestiboudois, fait entendre un avertissement : « il me paraît suffisamment établi, que la retraite non obligatoire, la retraite facultative ne serait point obtenue, que conséquemment, le projet de la Commission est insuffisant et que les maux, maux considérables auxquels vous voudrez porter remède continueront à subsister.[5] »

Une intervention de ce même député, dans le cadre de la commission chargée de préparer le projet de Caisse de retraite, souligne bien la nature des enjeux concernant l'obligation : « Il [Lestiboudois] croit l'obligation nécessaire et pense que sans retenue obligatoire l'économie n'existera pas, au moins pour les plus malheureux. La

4 . Cité dans « Mémoire des délégués de la caisse des retraites pour les classes laborieuses des deux sexes, avril 1846 », in « Aux origines de la Caisse des retraites pour la vieillesse (1850) : les débats des années 1844-1847 », *Bulletin d'Histoire de la Sécurité sociale*, n°23, Comité d'Histoire de la Sécurité Sociale, janvier 1991, pages 177 à 212.

5 . Séance du 12 novembre 1849, Moniteur du 13 novembre 1849, cité par P. LIBREZ, *La Caisse Nationale des Retraites pour la Vieillesse*, A. Rousseau, Paris, 1906, page 17.

preuve pour lui en est que jusqu'à présent elle n'a pas existé. Il croit que dans l'état de concurrence où l'économie est arrivée, le salaire est à peine suffisant à la vie. Il le regarde même comme insuffisant et les plus imprévoyants, les moins habiles succombent et meurent ; la population augmente au-delà des moyens sociaux de la nourrir par le travail. Il croit que la société doit intervenir et pourvoir non pas dans le système des économistes de l'Ecole de Maltus, mais par des conséquences déduites de la loi d'assistance comprise dans la constitution. Il croit qu'il n'y a à choisir qu'entre deux moyens : épargne obligatoire ou charité publique obligatoire, taxe des pauvres. Ce choix lui paraît inévitable et selon lui il vaut mieux prélever sur le produit [...] pour créer l'épargne comme on prélève sur les appointements de l'employé pour lui faire une retraite. [...] Il voit dans la taxe sur l'objet produit un accroissement du prix de cet objet pour le consommateur, mais la France exporte peu, la majeure partie de la consommation est à l'intérieur. Il comprend très bien que les pensées des économistes anglais soient comme celle de Robert Peel de repousser tout ce qui peut élever le prix de l'objet fabriqué, heures de travail, etc., mais la situation de notre commerce n'est pas la même. Il comprend la difficulté d'une semblable mesure [l'obligation], aussi veut-il la restreindre d'abord aux ouvriers de l'industrie parce que les patrons sont assez éclairés pour comprendre et faire comprendre à leurs ouvriers. Ce sont en outre les classes les plus malheureuses [...]. Les ouvriers de la campagne ont plus de ressources et moins de besoins, et plus de choses qui les incitent à l'économie.[6] »

Cet extrait est intéressant à plus d'un titre. Il montre, encore une fois, que les caisses à créer sont destinées aux ouvriers, et la distinction entre les ouvriers de la grande industrie et les ouvriers ruraux est déjà clairement opérée. La question sociale est bien le fait des ouvriers de la grande industrie. Il révèle également combien les idées libérales sont présentes dans les discours parlementaires, et l'influence que les

---

6. M. Lestiboudois dans la séance du 19 juillet 1849, procès verbaux de la Commission Mimerel (juin-juillet 1849) chargée de préparer le projet de caisse de retraite pour la vieillesse. « Aux origines de la caisse des retraites pour la vieillesse : les délibérations de la Commission Mimerel (juin-juillet 1849) », *Bulletin d'Histoire de la Sécurité Sociale*, n°24, juillet 1991, Comité d'Histoire de la Sécurité Sociale, pages 225 à 237.

économistes anglais, en particulier Malthus, ont pu avoir dans les débats français. Enfin, il met l'accent sur la question des interactions protection sociale - économie : un système de retraite obligatoire augmenterait les salaires et le prix des produits, augmenterait les charges qui pèsent sur la compétitivité de l'entreprise, mais, comme le remarque l'auteur, la France exporte peu. Le fait que la retenue obligatoire, pour les employeurs, constituerait une atteinte à la liberté commerciale se retrouve sans cesse dans les débats.

Les discussions sur le rôle que doivent jouer les sociétés de secours mutuels en matière de protection sociale confirment également l'impact des thèses libérales dans la vie politique. Un exemple illustre bien cette influence. En 1848, en pleine période révolutionnaire, deux projets concurrents relatifs aux sociétés de secours mutuels et émanant de l'initiative parlementaire de deux républicains de gauche sont présentés. Le premier, le projet Waldeck-Rousseau, proposait d'astreindre les communes, les départements et l'Etat à une contribution régulière au profit des caisses de prévoyance mutuelles. Le deuxième, le projet Rouveure, envisageait de frapper les patrons d'une contribution obligatoire au profit des sociétés de secours mutuels. En 1901, C. Mayen expliquera les raisons pour lesquelles selon lui ces deux projets n'avaient aucune chance d'être acceptés : « Ces deux propositions ne pouvaient être accueillies : la première s'inspirait des faux principes économiques qui ont donné naissance à la taxe des pauvres, la seconde, de ceux qui, par la réglementation artificielle des salaires, font intervenir l'Etat dans la rémunération du travail, c'est-à-dire dans celle de toutes les transactions qui a le plus besoin de l'indépendance à peu près absolue de l'action individuelle. L'Etat serait impuissant à se charger du sort des travailleurs, et d'un autre côté, le patron grevé d'une contribution obligatoire, rétablirait bien vite, au grand détriment des ouvriers eux-mêmes, le taux régulier des salaires et le cours naturel des choses.[7] »

Ainsi selon C. Mayen, non seulement la retenue obligatoire serait une lourde charge pour les entreprises, mais de plus, elle ne servirait à rien : le salaire diminuerait d'autant, ou alors le prix des produits

---

7 . C. MAYEN, *Prévoyance et mutualité*, thèse de doctorat en droit, Curioz, Dijon, 1901, page 170.

augmenterait, et la situation antérieure serait bien vite rétablie. En outre, l'Etat n'a pas à intervenir dans la rémunération des salariés, qui doit être un contrat librement négocié entre le patron et le salarié ; il ne doit pas intervenir pour imposer l'obligation.

Les débats antérieurs à la création des institutions de retraites des années 1850 sont éclairants sur plusieurs points. La question sociale, c'est la question ouvrière, c'est la question des classes laborieuses, c'est surtout la question des ouvriers de la grande industrie et des grands centres urbains. Cette assimilation est bien perçue, et cependant on se refuse encore à voir la spécificité de cette classe pour qui les régulations sociales antérieures ne fonctionnent plus.

Face à ce nouveau problème, la prégnance des idées libérales indique le système de l'épargne volontaire, et c'est ce que l'on peut offrir de plus avancé compte tenu du contexte politique et économique. L'Etat peut éventuellement créer des caisses de retraites et garantir le bon fonctionnement des institutions, mais il doit dans tous les cas laisser le champ libre à l'initiative privée. Cette idée de constitution d'un patrimoine est la seule solution envisageable concernant la sécurité dans les vieux jours, et elle correspond bien, finalement, à un modèle qui fonctionne pour les couches les plus aisées de la population, ou pour les artisans ou les paysans.

La mise en place et le fonctionnement des institutions d'épargne-retraite

L'épargne en vue de la constitution d'une pension va s'organiser, sous le Second Empire, autour de deux principaux pôles, la Caisse Nationale des Retraites et le fonds collectif d'épargne de la mutualité, qui lui-même fonctionne en relation avec la Caisse.

Le 18 juin 1850, l'Assemblée législative votait la loi portant création de la CNR. Cette caisse gérée, sous la garantie de l'Etat, par la Caisse des Dépôts et Consignations, offrait à tous les français le moyen d'obtenir, par des versements de 5 francs au moins sur un livret individuel, des rentes viagères d'un maximum de 600 francs, à partir de 50 ans.

Le système de constitution des rentes viagères est suffisamment complexe pour que l'on s'y arrête un instant. En effet, le calcul de la rente viagère à la CNR dépend du montant des versements et du taux de l'intérêt, mais aussi de l'âge auquel les versements sont effectués, et de l'âge auquel le déposant souhaite prendre sa retraite, âge qu'il stipule au moment de l'ouverture de son compte ; en outre, chaque versement à la Caisse fait l'objet d'une liquidation séparée, c'est-à-dire que pour chaque versement effectué, la rente qui en résultera est calculée.

La rente est également fonction du caractère « aliéné » ou « réservé » des versements. Dans le premier cas, le capital est déposé à fonds perdus et il doit être théoriquement absorbé par les intérêts (le service de la rente viagère) au jour du décès du titulaire. Dans le cas de versements à capital réservé, le capital est remboursé, sans intérêts, au moment du décès du titulaire (rentier), aux ayants droit de celui-ci, que ce décès se produise avant ou après l'entrée en jouissance de la rente. Dans ce second cas, le montant de la rente, dépendant des résultats produits par les seuls intérêts des versements, est par conséquent moins élevé que celui auquel donne droit l'abandon du capital. Les calculs des rentes sont établis à l'aide de tables de mortalité.

Le tableau 2 donne un exemple du calcul des rentes à capital aliéné.

La prévoyance-retraite sera également organisée avec le concours des sociétés de secours mutuels. Pourtant, le service de pensions de retraite par les sociétés mutuelles connaîtra à ses débuts bien des déboires[8], et une loi votée peu après celle créant la CNR va d'abord leur interdire de promettre des retraites : « Ces sociétés ont pour but d'assurer des secours temporaires aux sociétaires malades, blessés ou infirmes et de fournir des frais funéraires aux sociétaires. Elles ne pourront promettre de retraites aux sociétaires.[9] »

---

8 . Plusieurs sociétés, qui avaient promis des pensions à leurs membres, ne purent faire face à leurs engagements : les techniques de gestion étaient malhabiles, les sociétés trop petites pour permettre un équilibre démographique, les versements des sociétaires trop faibles.

9 . Article 2 de la loi 15 juillet 1850.

Tableau 2
Exemple de calcul des rentes CNR

RENTES VIAGERES PRODUITES PAR LE VERSEMENT D'UNE PRIME ANNUELLE DE 1 FRANC A CAPITAL ALIENE, AU TARIF 3 % DE LA CNR A L'AGE DE :			
Age au premier versement	55 ans	60 ans	65 ans
15 ans	7.8364	12.3269	20.6777
20 ans	6.1280	9.7481	16.4797
25 ans	4.7075	7.6040	12.9894
30 ans	3.5296	5.8260	10.0950
35 ans	2.5509	4.3487	7.6902
40 ans	1.7389	3.1232	5.6954

VARIATION DE LA RENTE AVEC LE TAUX DE PLACEMENT (RENTE DIFFEREE DE 25 A 65 ANS)				
Taux (%)	Rente pour un versement unique de 1 franc	Versement unique pour une rente de 1 franc	Rente pour une prime annuelle de 1 franc	Prime annuelle pour une rente de 1 franc
4.5	1.2500	0.8000	21.2760	0.0470
4	0.9916	1.0085	18.0203	0.0555
3.5	0.7862	1.2719	15.2854	0.0654
3	0.6227	1.6059	12.9894	0.0770

Source : d'après les tables de la CNR reproduites dans P. GUIEYSSE, *Les retraites ouvrières, Rapport fait au nom de la Commission d'assurance et de prévoyance sociales*, Paris, Section française du Congrès des accidents du travail et des assurances sociales, décembre 1904.

Cependant, cette législation rigide va bientôt être assouplie. Le décret du 26 mars 1852 va autoriser les sociétés approuvées[10] ou reconnues d'utilité publique à concéder des pensions de retraite sous certaines

10 . Les législations de 1850 et 1852 instituent trois catégories de sociétés de secours mutuels : les sociétés reconnues d'utilité publique, les sociétés approuvées et les sociétés simplement autorisées ou sociétés libres. Les sociétés reconnues et approuvées sont soumises à une étroite surveillance de l'autorité municipale, mais en contrepartie, le législateur leur réserve de nombreux avantages, des subventions de l'Etat, la faculté de verser leurs fonds à la Caisse des Dépôts et Consignations, etc.

conditions[11]. On pense en effet que l'ouvrier est déjà familiarisé avec les sociétés de secours mutuels et qu'il confiera plus facilement ses économies à une institution qu'il connaît déjà.

Enfin, le décret du 26 avril 1856 vient bientôt compléter le régime établi par la loi de 1850 et le décret de 1852, en créant pour les sociétés approuvées un fonds collectif de retraite : une somme de 200000 francs est affectée à la constitution de ce fonds de retraite, au profit des sociétés qui prendront l'engagement d'y consacrer une portion de leurs avoirs. Ce fonds est versé à la Caisse des Dépôts et Consignations, où il produit un intérêt de 4,5 %. Accru par des subventions de l'Etat, il est destiné à servir des pensions de retraite, par l'intermédiaire de la CNR, aux sociétaires âgés de plus de 50 ans ayant acquitté pendant dix ans au moins leur cotisation.

Pour constituer une pension à l'aide de ce fonds commun de retraite, la société prélève sur les intérêts du fonds à la Caisse des Dépôts la somme nécessaire à l'achat à la Caisse des Retraites d'une pension viagère immédiate au nom de chacun des sociétaires remplissant les conditions statutaires fixées pour la retraite.

Les sommes ainsi affectées à la CNR pour le service des pensions cessent de produire intérêt au profit de la société jusqu'au jour du décès du titulaire de la pension. Le capital constitutif de la pension retourne alors au fonds commun de retraite (il n'a jamais cessé d'appartenir à la société), où il recommence à produire un intérêt, jusqu'au moment où il est affecté à l'achat d'une nouvelle pension pour un nouveau sociétaire (cf. tableaux 3 et 4).

Les sociétés de secours mutuels souhaitant servir des retraites seront encouragées à utiliser le système du fonds commun. Néanmoins, les sociétés approuvées et autorisées serviront également quelques pensions sur leurs excédents annuels de ressources.

---

11 . Il faut que la société compte un nombre suffisant de membres honoraires ; ceux-ci sont choisis parmi les notables et personnalités locales (patrons, philanthropes, maires, catholiques sociaux ...) ; ils paient des cotisations ou font des dons à la société sans recevoir de prestations.

Tableau 3

Mécanisme du fonds de retraites des sociétés de secours mutuels approuvées (milliers de francs)

		Recettes					
Année	Solde au 1er janvier	Intérêts capitalisés	Subventions de l'Etat	Versements des sociétés	Coût des pensions éteintes	Dons et legs	Total du crédit
1872	14878.9	658	342.4	557.7	433.4	13.8	16884.1
1873	14555	663.4	248.9	675.9	540.7	61	16744.9
1874	15126.8	688.1	306	866	676.3	29.5	17692.7
1875	15797.3	722.3	343.8	858.9	710.3	66.9	18499.5

	Dépenses			
Année	Coût des pensions inscrites	Remboursements divers	Total du débit	Solde au 31 décembre
1872	1961.3	367.8	2428.7	14555
1873	1516.8	101.3	1618.1	15126.8
1874	1874.7	20.7	1895.4	15797.3
1875	2162.9	16.5	2179.4	16320.1

Tableau 4

Mouvement des pensions servies sur le fonds de retraites (milliers de francs)

	Pensions servies au 1er janvier			Pensions éteintes dans l'année		
Année	Nbre	Montant	Coût	Nbre	Montant	Coût
1872	2957	189.3	4195	314	24.6	433.4
1873	3927	258.2	5723	359	31.2	540.7
1874	4720	309.6	6699.1	451	33.3	676.3
1875	5577	372.3	7897.4	502	43.7	710.3

	Pensions inscrites dans l'année			Pensions servies au 31 décembre		
Année	Nbre	Montant	Coût	Nbre	Montant	Coût
1872	1284	93.5	1961.3	3927	258.2	5723
1873	1152	75.9	1516.8	4720	309.6	6699.1
1874	1308	93.9	1874.7	5577	372.3	7897.4
1875	1514	108.4	2162.9	6589	447.4	9350

Les limites des systèmes d'épargne retraite volontaire

Le problème de la retraite, nous l'avons déjà souligné, est exclusivement celui de la retraite ouvrière. Dans ces conditions, la question de l'impact des institutions d'épargne-retraite dans la population ouvrière apparaît centrale.

Or, dans sa forme « épargne volontaire », la Caisse Nationale des retraites attire les économies d'une clientèle assez aisée, et il semble bien que la mutualité s'éloigne de sa vocation première de mutualité ouvrière dans la seconde moitié du XIXe siècle.

Si d'autres éléments contribuent également à expliquer le peu d'audience obtenu par les institutions d'épargne-retraite auprès des ouvriers (mode de fonctionnement des institutions...), le principal obstacle reste l'insuffisance des salaires.

Les institutions de retraite et l'épargne ouvrière

Les auteurs de la loi créant la CNR projetaient de faire de celle-ci une institution destinée à recueillir les plus modestes économies. En fait, l'attraction des taux d'intérêt garantis par l'Etat va rapidement orienter la Caisse vers une clientèle plus aisée de petits et moyens bourgeois, de petits rentiers ; les tarifs de la Caisse assuraient aux déposants le bénéfice d'un intérêt de 5 %, taux notablement supérieur à celui accordé sur les rentes d'Etat[12] . Dans ces conditions, il était inévitable que les petits rentiers viennent chercher à la Caisse un placement qu'ils n'auraient pu trouver ailleurs. De plus, la loi n'ayant fixé aucun maximum pour les versements pouvant être opérés dans l'année sur un même compte, les déposants âgés de 50 ans au moins, pouvaient, avec un unique versement de 12000 francs, s'assurer immédiatement le service d'une pension de 600 francs. Ce système de rente viagère « immédiate » était évidemment hors de portée de l'ouvrier, puisqu'il supposait de la part du contractant un patrimoine lui permettant de

---

12 . P. LIBREZ, rédacteur à la Caisse des Dépôts et Consignations et auteur d'une thèse consacrée à la CNR, note que cette situation rendait très critique l'avenir de la Caisse. En effet, ses fonds ne pouvant être placés qu'en rentes sur l'Etat, ne fournissaient qu'un intérêt inférieur à celui dont il était tenu compte aux déposants. Le Trésor était donc appelé à combler les déficits qui pouvaient en résulter. P. LIBREZ, *La Caisse Nationale des Retraites pour la Vieillesse*, *op. cit.*, pages 26 et 27.

verser en une seule fois un capital élevé. La loi du 28 mai 1853 ramènera le taux d'intérêt servant de base au calcul des tarifs de la Caisse à 4,5 %, limitera la somme pouvant être versée dans l'année sur un même compte à 2000 francs, et stipulera qu'un délai de deux années devra s'écouler entre le moment des versements et la date d'entrée en jouissance de la rente[13]. Cependant, cette loi laissait encore un champ assez vaste à la spéculation, et du reste, quelques années plus tard, deux autres lois, en augmentant successivement le maximum des rentes viagères et des versements annuels, ramèneront les petits rentiers vers la Caisse.

Tableau 5

Textes législatifs régissant la Caisse Nationale des Retraites

Lois	Maximum de la rente viagère autorisée	Maximum des versements annuels sur un même compte	Taux d'intérêt servant de base au calcul des tarifs
18 juin 1850	600	illimité	5 %
28 mai 1853	600	2000	4,5 %
7 juillet 1856	750	2000	4,5 %
12 juin 1861	1000	3000	4,5 %
4 mai 1864	1500	4000	4,5 %
20 décembre 1872	1500	4000	5 %
29 décembre 1882	1500	4000	4,5 %
26 juillet 1886	1200	1000	4 %
29 décembre 1891	1200	1000	3,5 %
26 juillet 1893	1200	500	3,5 %

Le tableau 5 synthétise les différentes lois régissant la CNR. Celles-ci traduisent les tâtonnements du législateur : tantôt il souhaite réserver la Caisse aux ouvriers, à la petite épargne, et écarter les rentiers ; tantôt il laisse des couches sociales aisées y déposer 4000 francs dans l'année et « s'y constituer une rente viagère dans des conditions

13 . Ces dispositions ne s'appliquent évidemment pas aux sociétés de secours mutuels approuvées, qui, sur leur fonds commun de retraites, achètent pour leurs sociétaires en un seul versement, des rentes viagères immédiates.

qu'aucune compagnie d'assurances, quelque peu sérieuse, n'aurait pu leur offrir »[14].

La Caisse ne s'ouvrira en réalité qu'à une minorité des ouvriers pour lesquels elle avait été créée, comme le révèle la répartition entre versements collectifs et versements individuels. Les versements dits « individuels » ou « directs », sont effectués librement par les intéressés, tandis que les versements dits « collectifs », « indirects » ou encore « par intermédiaire » sont le fait d'agents de l'Etat, de personnels administratifs, pour lesquels la participation à la Caisse est obligatoire[15], et des ouvriers ou employés de grandes entreprises, sur le salaire desquels le patron opère une retenue et rajoute éventuellement une contribution, comme c'est le cas pour les grandes compagnies de chemins de fer, par exemple. En dépit de leur forme, versements sur des livrets individuels au nom des ouvriers, on ne peut guère considérer ces placements collectifs comme de l'épargne libre.

Graphique 2[16]
Versement par intermédiaire et versement direct à la CNR (francs)

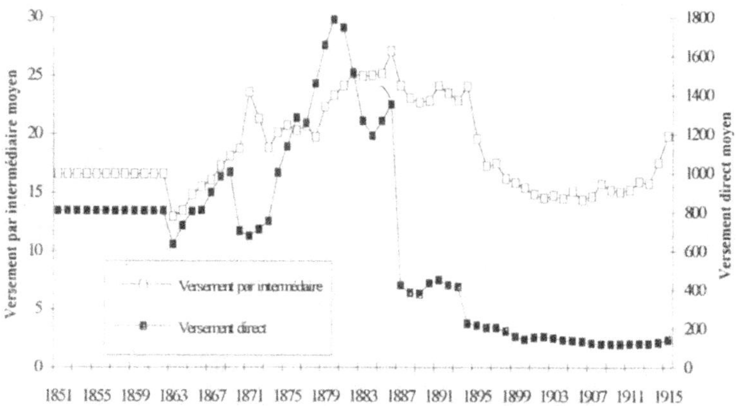

14 . Rapport de H. MAZE (1882) à la Chambre des députés, *J.O.*, Annexes, sessions ordinaires, Janvier 1883, annexe n°1454, pages 83 et 84.

15 . Comme les cantonniers, certains employés des services municipaux, les ouvriers et employés des manufactures de tabac, les inspecteurs et agents de police, etc.

16 . De 1851 à 1863, il s'agit d'une moyenne sur toute la période, les données n'ayant pu être recueillies annuellement.

Le graphique 2 compare le versement individuel moyen (échelle de droite) et le versement collectif moyen à la Caisse (échelle de gauche). De toute évidence, les versements individuels ne proviennent pas de l'épargne ouvrière, mais plutôt de la spéculation ou de l'épargne de couches sociales aisées : ils sont toujours au moins dix fois plus élevés que les versements collectifs. Cette situation est constatée par tous, y compris par les défenseurs de l'épargne volontaire : « Malgré toute la publicité qui s'est faite autour d'elle, malgré toutes les simplifications qu'a reçues son fonctionnement, la caisse nationale est restée à peu près ignorée du public spécial auquel elle s'adressait. Elle n'a cependant pas été complètement inutile : les chiffres des sommes qu'elle encaisse annuellement et le montant des pensions qu'elle a servies depuis la fondation sont considérables ; mais il n'en reste pas moins vrai que le très grand nombre de ceux qui versent directement et de leur propre initiative à la caisse nationale ne sont pas des ouvriers ; et la plupart des ouvriers qui font partie de sa clientèle, ne viennent à elle que parce qu'ils y sont contraints par leur patron.[17] »

Graphique 3
Nombre de versements individuels et collectifs à la CNR

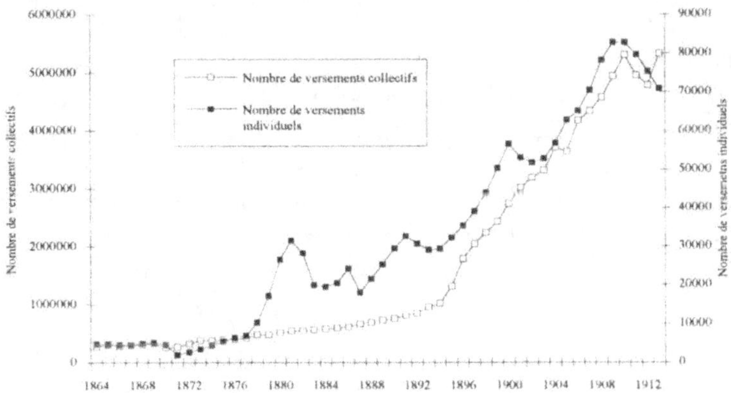

17 . G. BROCHE, *Les retraites ouvrières, liberté ou obligation ?*, *op. cit.*, page 23.

Cependant, les versements collectifs ou indirects sont bien plus nombreux que les versements individuels ou directs, et ce depuis les débuts de la Caisse (cf. graphique 3). Nous aurons l'occasion de revenir sur les placements collectifs des grandes entreprises et des administrations en étudiant les caisses patronales de retraites. Ce dont nous sommes certains, c'est que l'épargne volontaire (les versements directs) n'est pas le fait des ouvriers ou petits salariés. Le même phénomène semble s'être produit pour les sociétés de secours mutuels : les plus riches d'entre elles, celles qui servent des pensions, ne recrutent pas leurs membres dans la classe ouvrière.

Le taux de diffusion de la mutualité en milieu ouvrier est également une question centrale, mais les données manquent pour évaluer le pourcentage de participation ouvrière aux sociétés de secours mutuels. La thèse la plus répandue semble être celle d'une mutualité émanant de l'initiative ouvrière au départ, mais qui s'éloigne de sa vocation primitive par la suite.

Pourtant, le décret de mars 1852 créant les sociétés approuvées contribue à un essor indéniable de la mutualité. A cette date, 2500 sociétés regroupaient environ 271000 sociétaires. En 1870, sur 5700 sociétés, 4200 sont approuvées et elles totalisent environ 800000 adhérents. Mais, on peut se demander si, à partir du moment où la mutualité fut accaparée par les notables, les « membres honoraires », prenant les initiatives au lieu de les laisser à ceux concernés en priorité, on n'observe pas une certaine prise de distance des ouvriers vis-à-vis de la mutualité[18]. Selon A. Cottereau, « dans un premier temps, d'importantes minorités ouvrières se groupèrent en mutuelles, mais leurs sociétés n'obéissaient pas à la logique institutionnelle du secours mutuel. Dans un second temps, la logique des secours mutuels fut mieux imposée par les autorités, mais les ouvriers cessèrent

18. « Alors qu'elles étaient à l'origine des sociétés populaires nées dans la tradition des métiers et du compagnonnage, les mutuelles "s'embourgeoisent" progressivement en attirant les seuls ouvriers dignes de fréquenter les notables » note R. CASTEL, *op. cit.*, page 291. Voir également, concernant la diffusion de la mutualité en milieu ouvrier, M. DREYFUS, *La mutualité : une histoire maintenant accessible*, Mutualité française, Paris, 1988, pages 23 à 25.

d'adhérer librement aux mutuelles »[19]. Le nombre moyen de membres honoraires par société de secours mutuels, sur la période 1853-1880, représente de 15 à 18 % du total des membres dans les sociétés approuvées, et de 4 à 6 % des membres dans les sociétés libres ou autorisées.

De fait, il est certain qu'après les années 1850, « sociétés de résistance »[20] et sociétés mutuelles s'éloignent[21].

M. Ouzélatz, dans sa thèse sur l'épargne ouvrière, se pose la question de savoir si la majorité, ou au moins une portion tant soit peu notable d'ouvriers se sont affiliés à une caisse. Pour lui, « ce que les statistiques de la mutualité nous montrent, en effet, c'est que les sociétés ouvrières de secours mutuels sont extrêmement rares, qu'elles ont été rares et qu'elles le restent »[22]. Il recense des sociétés de militaires, d'employés, d'instituteurs, d'ouvriers du corps d'Etat, de sapeurs-pompiers, mais finalement peu de sociétés véritablement ouvrières. En 1914, G. Assanis, fonctionnaire à la direction de la mutualité, estime, au mieux, à 500000 le nombre d'ouvriers dans la mutualité[23], soit moins de 6 % du nombre d'ouvriers estimés pour 1911, alors que le taux de pénétration de la mutualité dans la population adulte est de 16 %. Concernant les sociétés approuvées, plus dépendantes des notables et de l'administration, H. Hatzfeld soutient que ce sont les employés, petits commerçants, artisans, qui formèrent la plus grande partie de la clientèle : « Les ouvriers manifestent des réticences à l'égard d'une institution où ils ne se sentent pas chez eux. Ils y voient un instrument entre les mains des

---

19 . A. COTTERAU, « Prévoyance des uns, imprévoyance des autres : questions sur les cultures ouvrières, face aux principes de l'assurance mutuelle, au XIXe siècle », *op. cit.*, pages 57 à 68.

20 . Les sociétés anciennes constituaient un cadre de résistance, de revendication en même temps que des sociétés de secours.

21 . B. GIBAUD, *De la mutualité à la sécurité sociale. Conflits et convergences*, Paris, les Ed. Ouvrières, 1986. H. Hatzfeld dresse une « typologie » des sociétés de secours mutuels (mutualité ouvrière, populaire, patronnée, impériale, ...) dans son article « Note sur la mutualité au XIXe siècle », *PREVENIR*, n°9, mai 1984, pages 17 à 23.

22 . M. OUZELATZ, *L'épargne ouvrière*, Imprimerie J.H. Ed. Heitz, Strasbourg, 1925, pages 79 à 84.

23 . G. ASSANIS, *La mutualité pratique. Tome II - Commentaire et application de la loi du 1er avril 1898*, 1920, pages 20 à 21, cité par A. GUESLIN, *L'invention de l'économie sociale. Le XIXe siècle français*, Economica, 1987, page 200.

notables en quête de clientèle.[24] » A. Gueslin approuve globalement la thèse d'une sous-représentation ouvrière dans la mutualité[25]. Pour R. Castel également, la mutualité ne recrute « ni les plus misérables, ni non plus les mauvais esprits qui refusent de croire que leur salut passe par le rapprochement avec les maîtres »[26]. Les responsables du mouvement mutualiste eux-mêmes sont conscients de cette orientation : le rapport de la commission de comptabilité statistique et financière des sociétés de secours mutuels souligne, dès 1893, que peu d'ouvriers sont affiliés à une société[27].

En outre, ce sont les sociétés les plus riches, aux cotisations les plus élevées, qui peuvent se permettre de servir des pensions de retraites, les autres devant se cantonner aux secours en cas de maladie ou d'infirmité. De 1853 à 1880, les dépenses vieillesse (versements des sociétés au fonds commun de retraite et pensions servies chaque année sur l'excédent de recettes des sociétés approuvées et autorisées) sont comprises entre 9 et 15 %, alors que le poste maladie, lui, représente sur la même période de 63 à 68 % des dépenses totales.

La critique du mode de fonctionnement

Un système de retraites par capitalisation nécessite des versements réguliers et surtout l'immobilisation de sommes sur une durée importante avant de permettre le service d'une pension suffisante. Cette contrainte a dû participer à l'insuccès des institutions d'épargne-retraite parmi la population ouvrière.

A la Caisse Nationale des Retraites, le mécanisme des rentes à « capital aliéné » permet de produire une pension d'un montant important par rapport aux versements effectués, mais il suppose l'abandon du capital, et ce système reste largement incompatible avec le souci de transmission du patrimoine.

---

24 . H. HATZFELD, *Du paupérisme à la Sécurité sociale. Essai sur les origines de la sécurité sociale en France 1850-1940*, A. Colin, Paris, 1971, pages 211 et 212.
25 . A. GUESLIN, *L'invention de l'économie sociale*, *op. cit.*, pages 200 et 201.
26 . R. CASTEL, *op. cit.*, page 291.
27 . *Revue de la Prévoyance et de la Mutualité*, juillet 1893, pages 273 à 280, cité par B. DUMMONS, G. POLLET, *L'Etat et les retraites. Genèse d'une politique*, Belin, coll. Histoire et société, 1994, page 353.

Dans la mutualité, le fonctionnement même du service des pensions donne lieu à d'innombrables critiques.

Dès 1857, le service de retraites sur le fonds collectif de retraite créé au profit des sociétés de secours mutuels va fonctionner : sur les intérêts qu'il produit, la société puise les sommes nécessaires pour constituer la rente du sociétaire dont le droit à pension a été reconnu par l'assemblée générale de la société. Avec cette somme, elle achète à la CNR une rente viagère immédiate et, quand le pensionné meurt, cette somme revient gonfler le fonds de retraite à la Caisse des Dépôts, où elle sert à acheter une autre rente viagère pour un autre sociétaire (cf. tableaux 3 et 4).

Ce mode de constitution de pension prête le flanc à de nombreuses critiques, dont la première concerne l'aléa de la pension (ce système de retraite est d'ailleurs appelé « système de pensions éventuelles »). En effet, pour acheter la pension à la Caisse des retraites, les sociétés ne peuvent utiliser que les ressources ayant augmenté le fonds commun dans l'année, c'est-à-dire les intérêts produits par le fonds, les subventions octroyées par l'Etat dans l'année, les versements effectués par les sociétés et les fonds réintégrés après le décès des titulaires de pensions (cf. tableau 5). Mais en aucun cas, le fonds lui-même ne peut être amputé, il est frappé « d'inaliénabilité ». C'est pourquoi tous les sociétaires qui auraient pu prétendre à une pension n'en bénéficient pas forcément. Pour P. Guillemaut, « il ne s'agit en réalité que de pensions aléatoires, et qui ne peuvent être attribuées par les sociétés que suivant les ressources disponibles. Tous les sociétaires ont des droits à la retraite lorsqu'ils réunissent les conditions exigées par la loi et les statuts sociaux ; mais ils restent simples candidats à la pension tant que le fonds commun est intégralement employé par la constitution antérieure de rentes viagères et ils se trouvent obligés d'attendre que leurs prédécesseurs veuillent bien, par leur décès, laisser des places vacantes pour eux »[28]. Ces pensions « éventuelles »

---

28. P. GUILLEMAUT, *La mutualité en France au XIXe siècle*, thèse de droit, A. Rousseau, Paris, 1899, page 147. C. Mayen résume ainsi le fonctionnement du fonds commun et le caractère aléatoire des pensions mutualistes : « Dans une assemblée générale, l'Association, qui depuis un certain temps fait des versements de cette nature, prend son bilan, examine son crédit, à la Caisse des Dépôts et Consignations, voit combien elle a de membres arrivés à l'âge d'avoir une retraite, quelle est la somme dont

ne sont donc en réalité que des libéralités faites, dans la mesure du possible, aux membres les plus âgés et les plus nécessiteux, libéralités dont le montant et l'attribution mêmes dépendent des ressources disponibles et du nombre des candidats. Il s'agit là davantage d'un système de « tontine » plutôt que d'un véritable système d'assurance.

Les sociétés de secours mutuels, approuvées et autorisées, servent également quelques pensions sur leurs ressources libres. Ce système de service de pension par la mutualité est appelé « système de pensions annuelles ». Il est tout aussi incertain que le mécanisme du fonds de retraite, puisqu'il prend la forme d'allocations dont le montant et le nombre sont fixés tous les ans d'après les ressources de la société. Un tel système de pensions attribuées uniquement en fonction d'éventuels excédents de recettes, relève plus d'un service d'assistance que d'un authentique droit à la retraite.

L'absence d'obligation d'adhérer a également contribué à la faillite des systèmes fondés sur la prévoyance volontaire. Nous avons déjà mis l'accent sur les avertissements que certains avaient prononcés lors des débats sur les projets de lois devant aboutir à la Caisse des Retraites. Cinquante ans plus tard, on observe effectivement l'échec de la prévoyance volontaire pour les ouvriers. En 1895, R. Jay constate l'échec de la CNR et de l'épargne libre concernant la constitution de pensions ouvrières, et l'attribue en partie au caractère volontaire des versements : « L'assurance ouvrière sera obligatoire ou ne sera pas. Telle nous paraît être la conclusion de l'expérience depuis plus de quarante ans entreprise par la Caisse Nationale des Retraites pour la vieillesse.[29] » Cette confiance accordée à la volonté individuelle n'est cependant pas suffisante à expliquer l'échec des systèmes d'épargne : preuves en sont les pensions médiocres servies par la CNR alors que certains des pensionnaires étaient contraints de se constituer une

---

elle dispose ; elle choisit alors, en Assemblée générale, à la majorité, les sociétaires qui auront une retraite ; ce choix fait, l'association prend dans l'épargne amassée à la Caisse des Consignations, la somme suffisante pour aller acheter à la Caisse des retraites les pensions déterminées par la délibération de l'Assemblée générale. Si bien que le participant, n'étant jamais assuré d'être, dans l'avenir, un des heureux élus de la Caisse des retraites, ne fait aucun effort d'épargne pour dépasser la cotisation strictement réglementaire. » C. MAYEN, *Prévoyance et mutualité*, *op. cit.*, page 170.

29 . R. JAY, « L'assurance ouvrière et la Caisse Nationale des Retraites pour la vieillesse », *op. cit.*, page 40.

pension (ceux qui effectuaient des versements "par intermédiaire" l'étaient la plupart du temps).

Le nombre et le montant des pensions servies

Si le nombre de pensions servies par la Caisse des retraites et par la mutualité connaît une croissance importante après les premières décennies de leur mise en place[30], il n'en est pas de même du montant de la pension servie, qui n'assure souvent qu'un revenu médiocre.

Le nombre de pensions servies par la Caisse des retraites va augmenter rapidement, surtout après les deux premières décennies de fonctionnement du système ; cependant, il semble que cette augmentation du nombre des pensions servies se fasse au détriment du montant annuel moyen de la pension (cf. graphique 4).

Graphique 4
Nombre de pensions servies par la CNR et montant annuel moyen de la pension (francs)

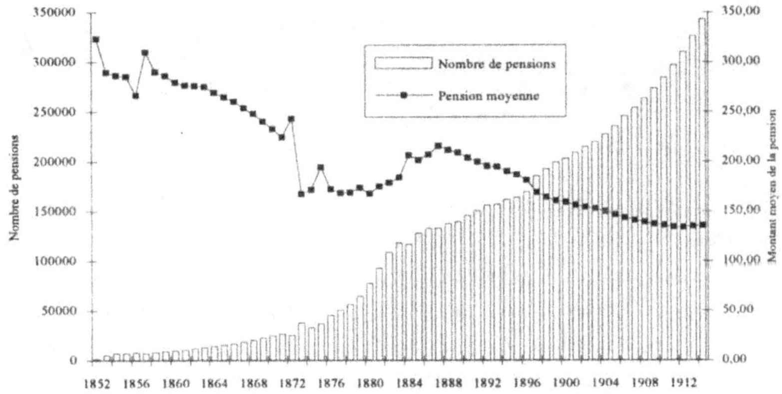

Cette situation est d'autant plus alarmante que la moyenne de la pension servie masque d'importantes disparités ; en 1898 - première

30 . En système de capitalisation, il faut attendre 20 à 30 ans avant que le dispositif ne donne ses premiers résultats significatifs.

date à laquelle les statistiques[31] ventilent les rentiers selon l'importance des rentes servies - plus de 45 % des rentiers perçoivent des pensions comprises entre 2 et 50 francs, environ 40 % touchent des pensions comprises entre 51 et 200 francs, 10 % des pensions comprises entre 201 et 600 francs, et une minorité (de 3 à 5 %) des pensions supérieures à 600 francs (cf. graphique 5). Cette répartition ne varie guère de 1898 à 1920[32].

Graphique 5
Ventilation des rentiers CNR selon l'importance de la rente perçue

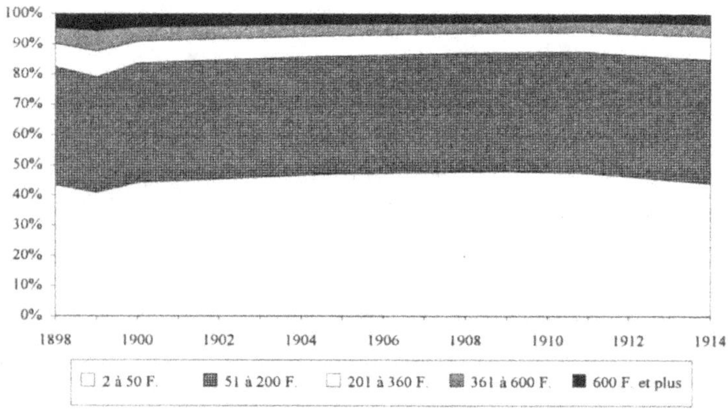

En définitive, l'essentiel de « l'épargne libre » (les versements « directs ») collectée par la Caisse correspond aux petits rentiers, aux classes moyennes ou aisées, qui profitent ainsi des taux d'intérêts garantis par l'Etat : ceux-ci constituent vraisemblablement l'intégralité des 10-15 % qui touchent des pensions supérieures à 200 francs par an. Quand à « l'épargne intermédiée » (les versements « indirects » ou « collectifs »), provenant des salariés des administrations ou des

31 . "Rapport sur les opérations de la CNR ..."
32 . Après la guerre, l'inflation va laminer la valeur des pensions servies par la CNR (Cf. chapitre 5).

grandes entreprises, elle ne produit que des rentes très faibles, en rapport avec la faiblesse des versements effectués[33].

Le même mouvement peut être observé dans la mutualité, où si le nombre de pensions s'accroît, le niveau de la pension au mieux stagne et souvent s'amenuise.

Le graphique suivant présente le nombre total de pensions servies par la mutualité : celui-ci passe de 100000 pensions en 1900 à 180000 vers 1910, ce qui reste relativement faible.

Graphique 6
Nombre de pensions servies par les sociétés de secours mutuels et montant annuel moyen de la pension

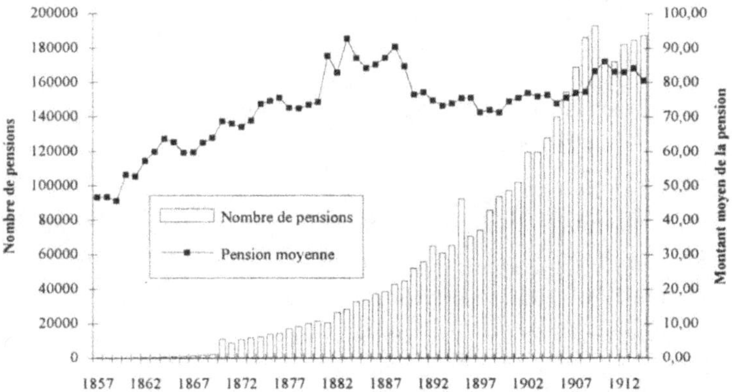

Mais c'est surtout le montant annuel moyen des pensions qui reflète l'échec du service des pensions dans la mutualité : s'il augmente jusque dans les années 1880, il ne dépasse jamais les 100 francs par

33 . Cette situation rappelle celle des caisses d'épargne, créées à l'origine pour collecter la petite épargne. Pour l'année 1910, E. Chatelain analyse, par catégories socioprofessionnelles, les possesseurs de livrets de caisses d'épargne et le montant de leurs dépôts. Si la "classe ouvrière" au sens large (ouvriers de l'agriculture et de l'industrie, domestiques, employés) représente plus de 65 % des déposants, elle ne posséderait qu'entre 11 % (hypothèse basse) et 15 % (hypothèse haute) des fonds déposés dans les caisses d'épargne. Cf. E. CHATELAIN, « Quelle est la part de la classe ouvrière dans les dépôts des Caisses d'épargne ? », *Revue d'Economie Politique*, 1913, pages 626 à 634.

an. C. Mayen note que le système du fonds de retraites collectif n'a donné, la plupart du temps, que des chiffres de retraites minimes, presque dérisoires[34]. Or, les pensions mutualistes connaissent, elles aussi, une dispersion importante (cf. tableau 6).

Tableau 6
Ventilation des pensions mutualistes en 1891

Montant annuel (francs courants)	%
30 à 49 francs	41
50 à 69 francs	27
70 à 99 francs	12
100 à 199 francs	17
200 à 299 francs	2
Plus de 300 francs	1

L'échec de ces institutions ayant pour objectif d'encourager la prévoyance volontaire, notamment des ouvriers, est rapidement mis en évidence.

Concernant le nombre total de rentiers, cet échec doit cependant être relativisé. Le graphique 7 rapporte le nombre de pensionnaires de la mutualité et de la CNR à la population totale âgée de plus de 60 ans[35], et donne une idée du rôle joué par ces institutions dans la prise en charge de la vieillesse. En 1912, environ 10 % de la population âgée de plus de 60 ans touchent une pension, mais le taux de croissance du nombre d'ayants droit est en forte progression.

---

34 . C. MAYEN, *op. cit.*, pages 251 et 252.

35 . Dans les sociétés de secours mutuels, l'âge moyen au moment de la liquidation de la pension semble avoir été supérieur à 60 ans. Par contre, à la CNR, on peut estimer qu'une fraction importante des rentiers touchait leur pension entre 50 ans (minimum établi par la loi) et 60 ans.

Graphique 7
Pensionnés de la mutualité et de la CNR rapportés à la population de plus de 60 ans

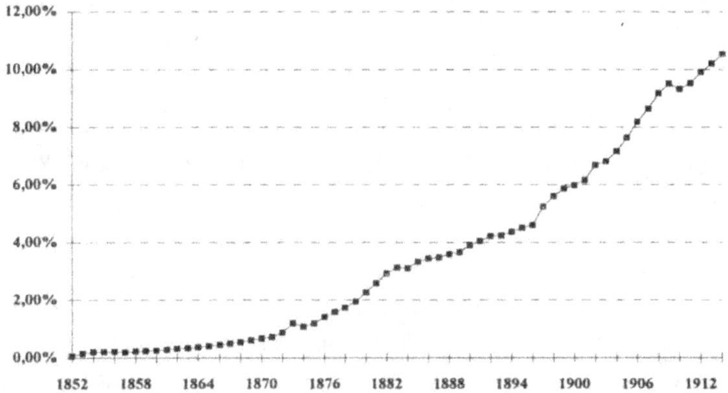

En revanche, l'insuffisance des systèmes de retraites se manifeste clairement sur le plan de la modicité des pensions servies, et ce malgré l'intervention plus massive de l'Etat dès la fin du XIXe siècle[36]. L'allocation servie au titre de la loi d'assistance aux vieillards, infirmes et incurables de 1905 s'élevait à 127 francs par an en moyenne sur la période 1908-1912[37]. Dans le même temps, la moyenne de la pension servie par la CNR s'établissait à un niveau à peine supérieur (136 francs environ, cf. graphique 4) et celle de la mutualité demeurait bien moins élevée (83 francs environ, cf. graphique 6). Or dès 1900, il semble que la somme de 1 franc par jour soit considérée comme le minimum d'une pension ouvrière « efficace » : « Si l'on admet le chiffre de 1 franc par jour comme le montant normal d'une pension ouvrière efficace, celui de 200 francs par an comme le minimum au-dessous duquel la retraite devient absolument insuffisante, on voit à quels résultats piètres ont abouti les efforts de la mutualité pour réaliser l'assurance contre la vieillesse »,

36 . Cf. chapitre 4, les subventions de l'Etat à la mutualité et aux pensions CNR.
37 . Statistique Générale de la France, « *Statistique annuelle des Institutions d'assistance* », années 1908 à 1912, Paris, Imprimerie Nationale.

écrira C. Guilhaumon en 1901[38]. Les mineurs, à cette époque, réclamaient une pension de 2 francs par jour, et la pension annuelle moyenne d'un fonctionnaire s'élevait alors à 850 francs en comptant les pensions de veuves et d'orphelins, à plus de 1000 francs en ne retenant que les pensions des retraités proprement dits.

La capacité d'épargne des ouvriers

A quoi imputer l'échec concernant la modicité des pensions ? La première raison de l'échec des systèmes de capitalisation par prévoyance volontaire tient à l'insuffisance des salaires. La faiblesse du salaire direct empêche le versement régulier de sommes importantes à la CNR, interdit le paiement de cotisations mutualistes suffisantes ; l'avocat P. Houis, auteur d'une thèse sur la mutualité, le confirme encore en 1907 : « Il est évident que la mutualité, qui est l'application du sentiment de solidarité, ne sera un préservatif contre la misère que lorsque l'ouvrier se trouvera dans les conditions économiques suffisantes pour payer régulièrement sa cotisation. Quelle peut être en effet l'utilité des sociétés de secours mutuels pour la classe ouvrière, tant que celle-ci n'aura pas un salaire suffisant pour y verser une prime ? Or, en l'état actuel des choses, la mutualité n'est accessible à la presque totalité du prolétariat, qui vit dans un état voisin de la misère, et elle ne peut par conséquent résoudre la question sociale. Aussi croyons-nous fermement que son utilité ne commencera à apparaître que lorsque l'on aura amélioré le sort de la classe ouvrière.[39] »

En fait, la capacité d'épargne des ouvriers est fonction de plusieurs paramètres. En premier lieu, elle dépend bien évidemment du salaire, mais celui-ci varie fortement selon les régions et le métier exercé. Elle varie aussi selon la situation familiale ; A. Dewerpe constate une scansion du niveau de vie liée au cycle de vie familial, les débuts de la

---

38 . C. GUILHAUMON, *Les sociétés de secours mutuels et leur concours à l'assurance ouvrière*, *op. cit.*, page 137.
39 . P. HOUIS, *La mutualité et les sociétés de secours mutuels*, thèse de droit, A. Dugas, Nantes, 1907, page 150.

vie de couple avec enfants et surtout la vieillesse étant deux moments difficiles[40].

G. Duveau, qui a étudié de façon précise les budgets ouvriers sous le Second Empire, distingue quatre cas où l'ouvrier connaît une situation matérielle qu'il qualifie « d'heureuse ». Tout d'abord, lorsque l'ouvrier est célibataire. Par exemple, à Roubaix, en 1862, un ouvrier du textile gagne annuellement en moyenne, 625 à 675 francs, et il peut dégager un excédent de 65 à 165 francs. Dans la laine de Sedan, un homme seul gagne 720 francs et en dépense 660. La situation financière du célibataire, quoique présentant des contrastes géographiques et sectoriels, est donc en général plutôt bonne. Quand le père et la mère travaillent, les budgets familiaux peuvent être équilibrés et même dégager un excédent : à Roubaix, en 1862, un ménage d'ouvriers de cinq membres boucle assez aisément son budget si la mère travaille. Lorsqu'un ou plusieurs enfants ajoutent un petit salaire, les ménages peuvent parfois dégager une épargne ; dans les mines d'Anzin, une famille de cinq personnes où le père et deux fils travaillent gagne globalement 2580 francs dans l'année, ses dépenses étant de 2000 francs environ. Enfin, quand la famille est propriétaire d'une maison ou d'un terrain, les budgets sont plus facilement bouclés. La culture d'un lopin de terre et la possession d'une maison permettent alors de vivre dans une relative aisance.

Mais G. Duveau est surtout frappé par l'insuffisance des salaires que son étude des budgets ouvriers fait ressortir[41]. En Province, dans sa journée, l'ouvrier qui reçoit un salaire normal gagne de 2,5 à 3,2 francs, soit dans l'année 750 à 960 francs. Avec cette somme, il peut, en règle générale, entretenir une famille de trois membres. En revanche, une famille de quatre à cinq membres semble avoir besoin d'un minimum de 1000 francs. Si le puddleur de la Haute-Marne parvient à équilibrer ce budget de 1000 francs, par contre l'ouvrier du Creusot l'équilibre beaucoup plus difficilement et le forgeron du Cher est en déficit de 135 francs (il gagne 880 francs et en dépense 1015). A Paris, le budget minimum d'une famille ouvrière de quatre personnes est de 1700 francs. Ainsi, un carrossier ne gagnant en

---

40 . A. DEWERPE, *Le monde du travail en France*, *op. cit.*, pages 51 et 56.

41 . G. DUVEAU, *op. cit.*, page 372.

moyenne que 1250 francs, se trouve donc en déficit de 450 francs. Même un mécanicien, qui apparaît comme un ouvrier bien traité, ne gagne annuellement que 1500 francs. D'après l'enquête de 1860, sur 416000 ouvriers parisiens, 34000 seulement gagnent 6 francs ou plus par jour[42]. Il semble qu'à Paris, plus encore qu'en Province, l'ouvrier ait beaucoup de mal à obtenir un salaire lui permettant d'entretenir convenablement une famille, encore moins de faire des économies.

L'insuffisance de ces budgets est confirmée par une étude de la Statistique Générale de la France sur les salaires et le coût de la vie[43]. Le salaire moyen pour un ensemble de 34 professions masculines serait passé de 2,24 francs en 1853-1857 à 4,02 francs en 1896 et 4,73 francs en 1911[44]. Sur la base de 300 jours de travail par an, le salaire annuel moyen aurait été d'environ 700 francs en 1853-1857, 1200 francs en 1896 et 1400 francs en 1911. Or, une estimation de la dépense d'un ménage ouvrier (logement, nourriture, chauffage, éclairage) indique un budget annuel de 1285 francs en 1860, 1345 francs en 1900, 1400 francs en 1910.

De fait, la Caisse des retraites se heurte, dans l'accomplissement de sa finalité, à la faiblesse des salaires ouvriers. Un calcul grossier fait apparaître que pour s'assurer le service d'une pension « correcte » en 1900 (comprise entre 300 et 400 francs, soit environ le quart d'un salaire masculin moyen), il aurait fallu verser durant une trentaine

42 . Enquête citée par G. Duveau, *op. cit.*, page 374.
43 . Statistique Générale de la France, *Salaires et coût de l'existence à diverses époques, jusqu'en 1910*, Paris, Imprimerie Nationale, 1911. D'autres chiffres sont donnés par P. Louis, dans son étude sur la condition matérielle des travailleurs de la Révolution jusqu'à l'entre-deux guerres. Il présente notamment l'enquête effectuée par le Comité du Travail de la Constituante sur les salaires en 1848 (pages 78 à 85), ainsi que des budgets de familles ouvrières. Pour la période 1852-1870, il étudie également les salaires ouvriers et les prix de divers biens de consommation courante (pages 105 à 130). Selon l'enquête officielle conduite de 1861 à 1865 par la Statistique Générale de la France sur le mouvement industriel, le salaire masculin dans l'industrie oscille, en Province, entre 1,25 franc et 4 francs, avec une moyenne de 2,60 francs. A Paris, il va de 3 à 6 francs, avec une moyenne de 4,5 francs. Mais de sensibles variations existent selon les professions et selon les régions. P. LOUIS, *Histoire de la classe ouvrière en France de la Révolution à nos jours - La condition matérielle des travailleurs, les salaires et le coût de la vie*, Paris, Marcel Rivière, 1927.
44 . Moyenne simple du salaire journalier moyen de 34 professions masculines dans les villes de chefs-lieux de département, « *Salaires et coût de l'existence* ... », *op. cit.*, page 25.

d'années la somme annuelle de 60 francs environ ; or, le versement collectif moyen varie de 15 à 25 francs sur la période 1870-1900 (cf. graphique 2) et en général, on n'effectue qu'un seul versement par an[45].

En limitant la sécurité des salariés à l'épargne qu'ils peuvent dégager, leur protection se trouve finalement réduite aux limites du salaire ; il en résulte que la classe ouvrière se trouve exclue des mécanismes de protection à l'origine créés pour elle.

LE DISPOSITIF D'ASSISTANCE

L'assistance aux vieillards au XIXe siècle (bureaux de bienfaisance, hospices) s'interprète davantage comme un « dispositif complémentaire » des systèmes de prévoyance volontaire plutôt que comme un réel système de prise en charge[46].

Plusieurs éléments viennent étayer cette thèse. Tout d'abord, le fait que l'assistance soit facultative : l'aspect discrétionnaire des prestations d'assistance permet de trier bons et mauvais pauvres, de séparer ceux qui méritent les secours des « mendiants professionnels ». Ensuite, la médiocrité des prestations mises en jeu ne permet pas de considérer l'assistance comme un réel moyen de prise en charge.

---

45 . Selon J. Fagedet, avec le taux de 5 %, un ouvrier, pour obtenir une pension de 360 francs par jour, n'avait à prélever sur son salaire annuel qu'une somme de 41 francs pendant 30 ans. Avec le taux de 3,5 % adopté par la Caisse en 1891, il lui faut un prélèvement de 66 francs. J. FAGEDET, *Les retraites par la mutualité*, thèse de droit, Paris, Charles Noblet, 1905, page 35.

46 . Les dispositifs d'assistance ont avant tout une fonction moralisatrice : ils ont pour mission d'inculquer le « goût de l'épargne » et de sanctionner l'imprévoyance. Cf. A. REIMAT, « Epargne libre et assistance : les limites de la prise en charge de la vieillesse de 1850 à 1930 », *Economie 1993*, Presses Universitaires de Perpignan, pages 123 à 147. « En un mot, jusqu'à la fin du XIXe siècle, la politique de la sécurité a été une stratégie de la prévoyance et de la moralisation. Elle ne consistait pas tant à supprimer l'insécurité qu'à la gérer, c'est-à-dire à faire de l'insécurité elle-même l'aiguillon qui forcerait chacun à la prévoyance » souligne à ce propos F. Ewald. F. EWALD, « Risque et assurance », in A.-E. IMHOF, *Le vieillissement*, Presses Universitaires de Lyon, 1982, pages 93 à 102.

La précarité de l'assistance

Jusqu'à la fin du XIXe siècle, l'assistance va rester facultative, il n'existe pas de droit au secours.

Et, si l'assistance est bien une entorse à la règle libérale, l'assistance aux pauvres reste connexe de la question de la mendicité et du maintien de l'ordre public. « L'assistance publique, enfin, joue un rôle important pour raisons de police », souligne P. Trouillot en 1907. « On ne peut », ajoute-t-il, « lutter avec efficacité contre la mendicité, si on ne donne à l'infirme, vieillard ou incurable une assistance qui lui permette de subvenir à ses besoins »[47]. De même, G. Bonnaure, comparant les mérites respectifs de l'assistance et de l'assurance, explique pourquoi l'Etat doit remédier à la misère : « A notre avis, et sans aller chercher dans des raisons très philosophiques les motifs de la mission charitable de l'Etat, nous dirons simplement que l'Etat, en secourant les malheureux, remplit comme c'est sa fonction un service d'utilité générale. N'est-ce pas parmi les pauvres gens, en effet, que se recrutent les criminels ? La misère ouvre les rangs de l'armée du crime. Diminuer les soldats de cette armée est donc une oeuvre d'utilité publique.[48] »

Une des fonctions de l'assistance est de maintenir la mendicité dans des limites tolérables pour l'ordre public.

Les vieillards et l'assistance

L'assistance aux pauvres s'effectue, au XIXe siècle, sous deux formes principales : l'admission dans un hospice, ou la charité à domicile, qui est essentiellement assurée par les bureaux de bienfaisance, et accessoirement par la charité privée ou d'anciennes formes de charité[49].

---

47 . P. TROUILLOT, *L'assistance aux vieillards et la loi du 14 juillet 1905*, thèse de droit, Caen, 1907, page 18.

48 . G. BONNAURE, *L'assistance aux vieillards et les retraites ouvrières - Assistance ou assurance*, Thèse de droit, Paris, 1913, page 16.

49 . Cette « assistance publique » est complétée par des formes plus anciennes d'assistance, comme la charité chrétienne, l'aumône, ... Mais ces dernières formes tendent à devenir marginales tandis que se développent des formes plus rationnelles d'assistance publique. Cf. D. RENARD, « Assistance publique et bienfaisance privée, 1885-1914 », *op. cit.*.

Toutefois, durant tout le XIXe, la gestion de la population âgée par l'assistance ne va pas se distinguer institutionnellement de celles d'autres catégories, comme les infirmes, les incurables, ou plus généralement les « pauvres », les « indigents », ou les « nécessiteux »[50].

Les hospices renferment indifféremment toutes les franges de la population miséreuse, en marge de la société, comme les enfants abandonnés, les infirmes, les vieillards sans ressources. Les bureaux de bienfaisance viennent en aide indistinctement à toutes ces catégories.

Tableau 7
Personnes secourues par les bureaux de bienfaisance en 1898

Moins de 60 ans						Plus de 60 ans		Total
Valides			Infirmes					
Hom.	Fem.	Enf.	Hom.	Fem.	Enf.	Hom.	Fem.	
233841	263394	492087	51411	56194	17798	123283	178593	1416661

Tableau 8
Pensionnaires des hospices au 31 décembre (1886, 1898, 1907)

Année	Moins de 16 ans	16 à 59 ans	60 à 69 ans	70 ans et plus	Total
1886	5368	45513			50881
1898	8472	55978			64450
1907	5043	11727	16520	33984	67274

Le tableau 7 répartit les personnes secourues par les bureaux de bienfaisance pour l'année 1898, première date à laquelle les personnes secourues sont distinguées par âge dans les statistiques de l'assistance. Les personnes âgées de plus de 60 ans représentent alors plus de 20 % des personnes secourues par les bureaux.

---

50. Pour A.-M. Guillemard, la vieillesse est alors « invisible » : « la vieillesse des classes populaires n'est qu'une modalité de l'indigence. » La vieillesse n'apparaît comme cible de l'action sociale que par cette qualité (l'indigence). A.-M. GUILLEMARD, *La vieillesse et l'Etat*, PUF, coll. Politiques, 1980, page 19.

Concernant les hospices, il faut attendre 1907 pour que les statistiques distinguent, dans la population assistée, les personnes âgées de plus de 60 ans. A cette date, cette catégorie représentait les trois-quarts de la population totale assistée (cf. tableau 8).

L'assistance est facultative

Les établissements hospitaliers ont traditionnellement joué, en France, un rôle majeur dans la prise en charge de l'indigence et chaque ville importante possède déjà au début du XIXe, son « Hôtel Dieu » ou son « Hôpital Général ».

Pourtant, les conditions d'entrée dans un hospice pour les vieillards sont souvent rigoureuses. Celles-ci sont généralement établies par la commission administrative de l'établissement, qui est seule maîtresse de son règlement. Toutefois, les commissions administratives peuvent se référer aux conditions prévues par une circulaire du 31 janvier 1840, qui recommande de n'admettre qu'avec une grande réserve les vieillards valides, en signalant les inconvénients de l'hospitalisation pour ces derniers : elle favorise l'imprévoyance du vieillard certain d'être admis, dans ces vieux jours, dans un établissement, elle diminue l'esprit de famille en encourageant l'abandon des parents âgés par leurs enfants[51], et enfin, et peut-être surtout, l'hospitalisation coûte cher, bien plus que l'assistance à domicile.

Malgré cette législation rigoureuse, les candidats à l'admission dans les hospices sont toujours plus nombreux[52]. « Le XIXe siècle, comme le premier XXe siècle, est l'âge d'or de l'hospice de vieillard », souligne J.-P. Gutton[53]. Le nombre des admissions n'est pas négligeable chaque année, et les places sont moins nombreuses que les candidats, si bien que parfois ceux-ci doivent payer une petite

51 . Parfois, la commission ne se prononce sur l'admission d'un vieillard qu'après une enquête chargée d'établir si le vieillard a une famille susceptible de l'aider.

52 . Selon M.-C. Dinet-Lacombe, la seule lecture des règlements d'admission des hospices et hôpitaux peut laisser croire que les vieillards ne constituaient qu'une minorité de la population assistée. En fait, ses recherches sur l'hôpital de Blois indiquent que près de trois-quarts des adultes admis de 1707 à 1813 ont plus de 60 ans. M.-C. DINET-LACOMBE, « Vieillir et mourir à l'hôpital de Blois au XVIIIe siècle », in *Annales de démographie historique*, « Vieillir autrefois », *op. cit.*, pages 85 à 101.

53 . J.-P. GUTTON, *Naissance du vieillard*, Aubier, Coll. Historique, 1988, page 231.

pension ou bénéficier d'une recommandation pour pouvoir entrer à l'hospice.

Tout comme pour les hospices, les bureaux de bienfaisance jouissent d'une grande autonomie, notamment dans le choix des personnes à assister. Ce sont également leurs commissions administratives qui admettent les pauvres au secours, selon un règlement qu'elles ont elles-mêmes établi. H. Monod, directeur de l'assistance publique en France, s'insurge de cet aspect discrétionnaire de l'assistance facultative : « Tout cela, se pratiquant, pourrait ne pas se pratiquer, et a, par conséquent, pour base l'idée de l'aumône.[54] »

En général, l'indigence doit être constatée par le bureau, et le plus souvent, des « visiteurs » ou des « dames de charité » procèdent à une enquête. L'assistance se fait en nature (aliment, combustible, ...) ou en argent, mais la préférence est donnée aux secours en nature.

L'assistance est donc facultative, elle n'a pas les vieux pour cible privilégiée mais l'indigence.

Une relative stagnation de l'assistance jusqu'à la fin du XIXe

L'étude des effectifs concernés par l'assistance et des moyens qu'elle met en oeuvre, indique que celle-ci reste d'une efficacité médiocre jusqu'à la fin du XIXe.

Les effectifs

Un travail statistique opéré à partir des « Statistiques des Institutions d'assistance » a permis de reconstituer le nombre de personnes âgées de plus de 60 ans présentes au 31 décembre dans les hospices à partir de 1833 (cf. graphique 8).

De 30000 à 40000 vieillards sont présents dans les hospices sur la période 1850-1890. Par la suite, ce nombre augmente régulièrement jusqu'à la fin du siècle, puis plus rapidement, sous l'effet combiné des lois d'assistance obligatoires de 1893 et de 1905.

54 . H. MONOD, « Exposé au Conseil Supérieur de l'Assistance Publique », *Séance d'ouverture*, 13 juin 1888, page 15.

Graphique 8
Nombre de personnes de plus de 60 ans présentes dans les hospices au 31 décembre

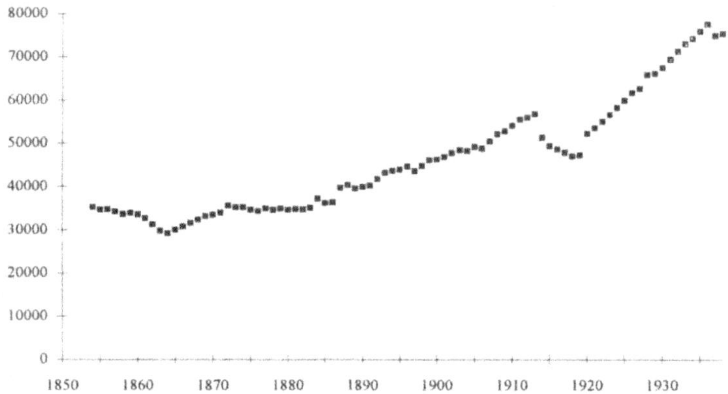

Ces chiffres peuvent paraître dérisoires si on les rapporte à l'ensemble de la population âgée. Cependant, les études historiques menées sur les hospices montrent des conditions de vie particulièrement déplorables pour les hospices, et une espérance de vie très courte des vieillards admis[55]. Pour l'année 1871 par exemple, le nombre de personnes entrées dans l'année à l'hospice atteint plus de 33 % du nombre des personnes traitées dans l'année, qui correspond au total des personnes présentes au 1er janvier et des personnes entrées dans l'année. Le nombre des sorties dans l'année (par décès ou pour autre cause) est également de 33 %.

Quant aux bureaux de bienfaisance, ils secourent, sur la fin du XIXe siècle, environ 200000 personnes âgées de plus de 60 ans chaque année (cf. tableau 7).

La faiblesse des moyens mis en oeuvre

A partir des « Statistiques des Institutions d'assistance », nous avons

55 . L'espérance de vie des vieillards hospitalisés est très faible : fin XIXe, elle est le plus souvent inférieure à 4 ans à quelque âge d'entrée que ce soit. M. GARDEN, « Les hospices de vieillards », in A.-E. IMHOF, *Le vieillissement*, *op. cit.*, pages 103 à 107.

calculé, pour les hospices, le coût moyen d'une journée de présence. Il s'établit entre 1,50 franc et 2 francs dans la seconde moitié du XIXe siècle (cf. graphique 9). La plus grande part du coût de journée est encore constituée par les frais de nourriture, les soins restant rudimentaires, et le personnel, souvent religieux, non rémunéré.

Graphique 9
Coût d'une journée à l'hospice, francs courants

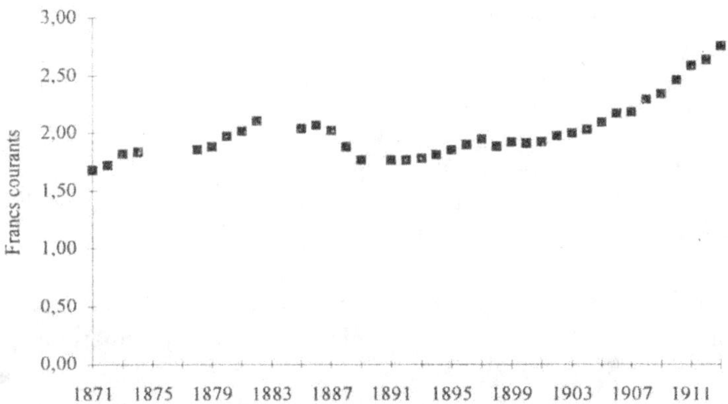

Pour les bureaux de bienfaisance, le secours moyen par individu secouru a été calculé ; il comprend les secours en nature évalués monétairement, et les secours en argent (cf. graphique 10).

Si ce secours moyen augmente, il reste toutefois d'un faible montant : une personne assistée se présentant au bureau reçoit en moyenne 20 francs sur la fin du siècle.

Globalement, les secours ne mettent en jeu que des sommes modiques, et M. de Watteville, inspecteur général des établissements de bienfaisance, souligne dès 1888 que « cette moyenne des secours est tout à fait insuffisante et l'on peut dire hardiment que, si la moyenne dont il s'agit n'était pas distribuée aux pauvres, ces derniers n'en seraient pas plus malheureux »[56].

56 . M. de WATTEVILLE, *Rapport sur la situation du paupérisme en France*, Paris, 1888.

Graphique 10
Bureaux de bienfaisance : secours moyen par individu secouru, francs courants

Dressant le bilan de l'assistance aux vieillards avant l'entrée en vigueur des lois d'assistance obligatoires, F. Charroy remarque que « sans doute les sommes consacrées à l'assistance n'ont fait que s'accroître: les bureaux de bienfaisance ont été enrichis par dons ou par legs, et se sont multipliés, de même que les asiles ou hospices en tout genre ; mais les résultats obtenus ayant été insuffisants, il faut bien croire que les moyens employés l'étaient aussi »[57] .

En mettant en relation les dépenses effectuées par les établissements hospitaliers et les bureaux de bienfaisance au profit des personnes âgées de plus de 60 ans avec le PIB[58] , on constate que les dépenses d'assistance aux vieillards plafonnent à 0,1 %, 0,15 % du PIB jusqu'à l'intervention de la loi d'assistance de 1905.

57 . F. CHARROY, *L'assistance aux vieillards, infirmes et incurables en France de 1789 à 1905*, thèse de droit, Paris, 1905, pages 61 et 62.

58 . Le PIB est celui calculé par J.-C. Toutain (« Le P.I.B. de la France de 1789 à 1982 », *Economies et Sociétés, op. cit.*).

Graphique 11
Part des dépenses d'assistance aux vieillards dans le PIB

Si l'assistance est bien une entorse à la règle libérale, son aspect discrétionnaire la rapproche davantage de l'aumône, de cette « charité moralisatrice » chère aux réformateurs sociaux de l'époque. Et, jusqu'aux années 1880, elle est finalement peu développée, ne prenant en charge qu'un nombre limité d'individus pour qui elle n'assure qu'une prise en charge minimale[59].

* *
*

En définitive, les premiers modes de gestion de la vieillesse « socialisés » peuvent s'analyser à la fois comme des ruptures et des continuités par rapport aux formes de prise en charge antérieures.

Ils procèdent d'une continuité dans la mesure où c'est la constitution d'un patrimoine, et donc la « sécurité-propriété », qui est à la base des premières tentatives de prise en charge de la vieillesse. De même, l'assistance est un moyen très ancien de lutte contre l'indigence, et

59. Cf. D. DESSERTINE, O. FAURE, « Assistance traditionnelle, assistance nouvelle : coût et financement 1850-1940 », in *De la Charité médiévale à la Sécurité sociale*, ouv. coll. sous la dir. d'A. GUESLIN et P. GUILLAUME, Les Ed. ouvrières, 1992, pages 139 à 151.

même si dans cette période l'assistance tend à se détacher de ces anciennes formes (charité paroissiale, bienfaisance privée, institutions religieuses, ...), son organisation d'ensemble n'est pas encore cohérente.

Mais ces modes de prise en charge s'inscrivent également en rupture avec le passé. Dès le départ, le problème de la retraite, comme d'ailleurs celui de l'indigence, est bien ciblé : il concerne la partie de la population déracinée de son milieu d'origine, coupée des réseaux d'entraide familiaux ou locaux. Les premières tentatives de réponse peuvent alors s'interpréter comme des « tâtonnements », et, la recherche de solutions s'effectuant dans un cadre idéologique, juridique, social, précis va déterminer la solution finalement adoptée, l'épargne volontaire.

Finalement, si les premières réalisations sociales concernent bien les populations ouvrières elles sont limitées ; la France est encore « traditionnelle », le problème de la retraite ne se pose pas encore avec beaucoup d'acuité. Il faut attendre une augmentation de la population salariée, une structuration de la classe ouvrière pour que le besoin de retraites se manifeste plus clairement.

CHAPITRE 3

DEVELOPPEMENT INDUSTRIEL ET NAISSANCE DE NOUVEAUX BESOINS SOCIAUX

Les transformations économiques structurelles qui s'opèrent sur la fin du XIXe siècle entraînent un développement du salariat et l'accroissement de la population active employée dans l'industrie et les services. Ces transformations vont être à l'origine d'exigences sociales nouvelles en matière de protection sociale.

Le besoin social de retraites, qui émerge véritablement à la fin du XIXe siècle sous le nom de « question de la retraite ouvrière » en est l'expression majeure.

Ce besoin amène une certaine forme de reconnaissance dans le cadre des systèmes de prise en charge mis en place antérieurement (caisse des retraites, mutuelles, assistance), et celle-ci prendra la forme d'un engagement plus massif de l'Etat.

CHANGEMENTS ECONOMIQUES ET SOCIAUX ET PRESSION DU BESOIN DE RETRAITES

Parmi les éléments qui vont contribuer à faire émerger de nouveaux besoins et en particulier le besoin de retraites, la structuration de la société industrielle, avec ses corollaires - concentration industrielle, structuration de la classe sociale des salariés, urbanisation - joue un rôle prépondérant. Mais d'autres transformations, également liées à la structuration industrielle, comme l'évolution des structures familiales, interviennent également. Enfin, les mutations démographiques du

XIXe siècle, dans la prise de conscience d'un besoin de retraites, entrent également en ligne de compte.

Tous ces phénomènes concourent pour expliquer comment va se structurer la « question de la retraite ouvrière ».

La structuration de la société industrielle

La « structuration de la société industrielle » peut se lire au travers de l'augmentation des effectifs salariés, de la concentration industrielle, d'une diminution de l'importance des secteurs économiques traditionnels (artisanat, agriculture). Elle s'accompagne d'un mouvement d'urbanisation.

L'augmentation de la population salariée

Evaluer le nombre de salariés et d'ouvriers dans la population active s'avère délicat pour le XIXe siècle : les recensements sont souvent de qualité médiocre et difficilement comparables, les différentes catégories variant de l'un à l'autre[1].

Néanmoins, deux faits fondamentaux semblent évidents lorsque l'on compare les recensements de 1866 et de 1906, la croissance de la population active et, à l'intérieur de celle-ci, des salariés.

De 1866 à 1896, la population active augmente de 3,6 millions de personnes, de 1896 à 1906, de 1,6 million de personnes, alors que dans le même temps la population totale stagne. Les taux d'activité masculin et féminin ne cessent d'augmenter : de 43,9 % en 1876, il passe à 49,5 % en 1896 et à 53 % en 1906[2]. Le développement de

---

1 . « L'évolution de la population active depuis le début ou le milieu du XIXe siècle jusqu'à aujourd'hui n'est pas bien connue. Les recensements en particulier ne sauraient être utilisés tels quels, tant ils sont hétérogènes : d'abord leur qualité est très diverse, ensuite ils mesurent des concepts d'actifs très différents. » O. MARCHAND, C. THELOT, « Population active et productivité du travail, 1800-1990 », in *Entre l'Etat et le marché, l'économie française des années 1880 à nos jours*, ouv. coll. sous la dir. de M. LEVY-LEBOYER et J.-C. CASANOVA, Ed. Gallimard, Bibliothèque des Sciences Humaines, 1991, pages 113 à 130.

2 . R. TREMPE, « Les salariés et les ouvriers dans la société française », in *La France ouvrière*, ouv. coll. sous la dir. de C. WILLARD, tome 1, Ed. Sociales, 1993, pages 221 à 267.

l'activité féminine et l'appel à la main-d'oeuvre étrangère contribuent à cet essor.

L'augmentation considérable du nombre total de salariés (employés, ouvriers, salariés agricoles, domestiques) est le second phénomène remarquable sur cette période. A l'intérieur du groupe des salariés, les ouvriers représentent 43 % du total en 1886, 53 % en 1906.

Pour O. Marchand et C. Thélot, la montée de la « classe ouvrière », du salariat, est le trait marquant de l'évolution de la structure sociale durant la deuxième moitié du XIXe siècle. Les contours de la classe ouvrière, le nombre aidant, se dessinent de mieux en mieux : en 1866, on comptait 3,5 millions d'ouvriers[3] (18,9 % de la population active) ; en 1896, ils seront proches des 5 millions et représenteront plus du quart de la population active ; en 1911 enfin, on en dénombrera plus de 6 millions et ils constitueront près de 30 % de la population active[4].

La part des ouvriers et des employés dans la population active passe de 65,2 % en 1866 à 77,1 % en 1891 pour l'industrie, et, entre ces mêmes dates, de 54,5 à 60,4 % pour les services[5]. Cette augmentation du nombre des ouvriers s'accompagne d'une structuration de la classe ouvrière et d'un changement de l'emploi : les ouvriers sont plus nombreux à travailler dans de grands centres industriels, dans de grandes entreprises.

La concentration industrielle

S'il est difficile de connaître avec exactitude le nombre de grandes entreprises au XIXe siècle, tous les historiens soulignent le « saut qualitatif » dans la concentration industrielle qui s'opère sur la fin du siècle.

Pour P. Sorlin, le découpage chronologique entre deux périodes bien marquées est remarquable : « La progression ne se fait ni avec la même allure, ni aussi vite avant et après 1890. Dans la première

---

3 . Hors salariés agricoles.
4 . O. MARCHAND et C. THELOT, *Deux siècles de travail en France*, *op. cit.*, page 99.
5 . J.-C. TOUTAIN, « La population de la France de 1700 à 1959 », *Cahiers de l'ISEA*, série AF, n°3. D'après les tableaux 66, 80, 90.

période, l'atelier le dispute encore à l'usine et celle-ci ne l'emporte qu'à la fin du XIXe siècle.[6] »

Selon A. Dewerpe, « la grande usine, « l'usine nouvelle » apparaît avec les années 1880 ». Dans cette période, « du point de vue de la concentration, on constate un véritable saut qualitatif, avec la grande usine rassemblant plusieurs milliers d'ouvriers et d'employés. La grande industrie ne concerne pourtant qu'une partie de l'appareil productif, celle qui était à la fois la plus concentrée dès l'origine et dont l'évolution a renforcé la concentration : les mines, le textile, le verre, la sidérurgie et la métallurgie lourde, et les industries nouvelles et dynamiques, chimie, électricité et mécanique »[7] .

Tableau 9
Nombre des établissements selon le nombre de personnes occupées

Etablissements composés de :	1906	1896
51 à 100	5563	4693
101 à 200	2869	2236
201 à 500	1581	1210
501 à 1000	427	305
Plus de 1000	228	167

Le tableau 9 compare la répartition des établissements suivant le nombre de personnes occupées en 1896 et 1906 ; même si ces deux recensements ne sont pas directement comparables[8], deux phénomènes peuvent être mis en évidence : le nombre des grandes

---

6 . P. SORLIN, *op. cit.*, pages 162 et 163.

7 . A. DEWERPE, *op. cit.*, pages 103 et 109.

8 . Les données pour 1896 proviennent du recensement de 1896 (Ministère du Commerce, de l'Industrie, des postes et des télégraphes, « *Résultats statistiques du recensement des industries et des professions d'après le dénombrement général de la population du 29 mars 1896* », tome IV, résultats généraux , Paris, Imprimerie Nationale, MDCCCCI), les données pour 1906 sont basées sur le recensement général de mars 1906 (M. de VILLE-CHABROLLE, « La concentration des entreprises en France avant et depuis la guerre, d'après les recensements généraux de mars 1906, 1921 et 1926 », *Bulletin de la Statistique Générale de la France et du service d'observation des prix*, tome XXII, oct.-sept. 1933, Paris, pages 291 à 462.).

entreprises est déjà important en 1896 (plus de 300 entreprises emploient de 501 à 1000 personnes et 167 plus de mille personnes), et cette évolution se poursuit.

Jean-Pierre Rioux évalue le nombre de travailleurs de l'entreprise industrielle concentrée à 1200000 vers 1850 et à 4500000 en 1910. Dans le même temps, le nombre des artisans décroît en proportion exactement inverse, de 2500000 à 900000[9]. P. Sorlin remarque également que le nombre des « patrons » est en 1913 inférieur d'un tiers environ à ce qu'il était au milieu du XIXe siècle : « Bien des affaires modestes ont disparu, la concentration industrielle amorcée sous l'Empire s'est accentuée.[10] » La grande industrie provoque le déclin des petits ateliers où le travail se fait encore selon un mode de production artisanal.

Une diminution de l'importance de l'agriculture

Durant le Premier Empire, ce sont les deux tiers des actifs (65 %) qui travaillent dans l'agriculture, mais, à la fin du siècle, 41 % seulement[11]. Les départs de l'agriculture vers l'industrie s'accélèrent dans les dernières décennies du XIXe. A partir de 1871, on compte plus de 100000 départs par an[12]. Entre 1876 et 1881, la baisse des prix agricoles et la crise du phylloxera accélèrent ce mouvement. Ce phénomène, bien que présentant des différences géographiques, affecte toutes les régions.

Plus précisément, si la population agricole active stagne ou diminue légèrement de 1850 à 1914, en revanche sa place relative dans la population active totale décroît. En effet, dans le même temps, la population active totale augmente de façon considérable : le nombre total d'actifs progresse de 13 à 20 millions sur l'ensemble du siècle. Il

---

9 . J.-P. RIOUX, *La Révolution industrielle, 1780-1880*, Ed. du Seuil, 1971, page 179.
10 . P. SORLIN, *op. cit.*, pages 162 et 163.
11 . C. THELOT, « Paysans, ruraux, cultivateurs, actifs agricoles », in *La société française au XIXe siècle*, sous la dir. de J. DUPAQUIER et D. KESSLER, Fayard, 1992, pages 63 à 81. Cf. également J.-C. TOUTAIN, « La production agricole de la France de 1810 à 1990 : départements et régions », tome I, *Economies et Sociétés*, série Histoire quantitative de l'économie française, AF n° 17, n°11-12, 1992, page 208.
12 . J.-M. MAYEUR, *Les débuts de la Troisième République, 1871-1898*, coll. « Points Histoire », Ed. du Seuil, 1973.

en résulte qu'à la fin du XIXe siècle, le secteur agricole, dans les actifs qu'il emploie, la part de la richesse qu'il représente, n'est plus aussi prépondérant, et cette évolution se poursuit.

L'urbanisation et la mobilité ville-campagne

L'industrialisation, la concentration industrielle vont largement contribuer à structurer le paysage urbain. Le taux d'urbanisation[13] passe de moins de 30 % dans les années 1860 à 40 % à la veille de la guerre. Si la population française n'est pas encore en majorité urbaine, les jeunes ruraux partent sans cesse grossir la population active des villes.

Les effets de l'industrialisation sont bien sûr déterminants pour la croissance urbaine, ils sont évidents pour les villes textiles ou minières, métallurgiques[14], même si le lien entre industrialisation et concentration urbaine n'est pas aussi simple qu'il le paraît au premier abord[15].

L'industrialisation provoque les migrations par une double action[16]. D'une part, le développement industriel appelle la main-d'oeuvre par un processus direct. Mais d'autre part, elle exerce aussi un effet indirect en contribuant à chasser des campagnes une partie des ruraux, qui refluent vers les villes en quête d'emplois. En effet, la concurrence des industries urbaines est l'un des facteurs essentiels de la décadence des industries domestiques des campagnes, alors que bien souvent, seule la combinaison du travail industriel et du travail agricole avait permis aux ruraux de survivre.

L'exode rural touche en premier lieu les jeunes et les adultes, qui partent grossir les villes et la population urbaine active. Auparavant, ces départs pouvaient n'être que temporaires, et l'on revenait à la

---

13. Selon la définition habituelle, la population urbaine est la population des communes ayant au moins 2000 habitants agglomérés au chef-lieu de la commune.
14. Cf. J.-P. POUSSOU, *La croissance des villes au XIXe siècle*, Deuxième éd., SEDES, coll. Regards sur l'histoire, 1992, pages 86-87, le tableau « Evolutions de villes industrielles françaises au XIXe siècle ».
15. Cf. A. ARMENGAUD, « Industrialisation et démographie dans la France du XIXe siècle », in *L'industrialisation en Europe au XIXe siècle*, CNRS, Paris, 1972, pages 187 à 200.
16. A. ARMENGAUD, « Industrialisation et démographie dans la France du XIXe siècle », *op. cit.*, page 191.

campagne après avoir économisé suffisamment pour s'installer. T. Zeldin cite le parcours d'un paysan-savonnier de Basse-Provence, âgé de 51 ans, d'après la biographie qu'il a écrite en 1856 : celui-ci passait la majeure partie de l'année à Marseille dans une fabrique de savon, mais son voeu le plus cher était de quitter prochainement son emploi industriel et de cultiver sa terre. Son père avait été comme lui paysan-savonnier, et il avait suffisamment économisé pour pouvoir revenir à la terre à l'âge de 39 ans[17]. Ce que le grand-père avait réussi à 39 ans, le père n'y était pas encore parvenu à 51 ans, et le fils ne le réussirait probablement jamais ...

Et effectivement, les retours de la ville vers la campagne vont devenir plus rares ou moins systématiques. De lieu de passage, la ville devient un lieu d'absorption définitive. D. Blanchet et D. Kessler notent que « la plus grande intensité du retour à la campagne est surtout un phénomène du début du siècle. Il y a un phénomène de rapprochement entre les deux taux : la mobilité de la ville vers la campagne s'abaisse au fur et à mesure que la mobilité de la campagne vers la ville s'accroît : la croissance urbaine au cours du siècle vient donc non seulement de ce qu'on part davantage pour la ville mais aussi de ce qu'on y reste de plus en plus »[18].

Tous ces changements (industrialisation, concentration industrielle, montée du salariat) vont contribuer à structurer la classe ouvrière et auront des conséquences sur la façon dont la vieillesse peut être prise en charge.

Conséquences pour la vieillesse : naissance d'un besoin de retraite

La montée du salariat, l'affaiblissement de la mobilité sociale, notamment pour les salariés des grandes entreprises, la déstructuration de la famille vont modifier la perception de la vieillesse. Ce processus est encore accentué par les changements démographiques du XIXe siècle et la montée des « vieux » dans la population totale.

---

17 . T. ZELDIN, *Histoire des passions françaises, 1848-1945*, tome I, Ed. du Seuil, coll. Histoire, 1978, page 191.

18 . D. BLANCHET et D. KESSLER, « La mobilité géographique, de la naissance au mariage », in *La société française au XIXe siècle*, *op. cit.*, pages 343 à 369.

Un durcissement des structures sociales

Avec l'industrialisation, les frontières entre salariat et non salariat tendent à se durcir. Le groupe des ouvriers, notamment, était défini de façon incertaine. Les frontières entre travail industriel et travail agricole, travail industriel et travail artisanal étaient perméables. Mais cela devient de moins en moins le cas.

Pour G. Duveau, dès le Second Empire les structures sociales se figent : « Dans les premiers temps de la grande production capitaliste, c'est-à-dire sous le Premier Empire, sous la Restauration et même sous la Monarchie de Juillet, le nouveau système économique, qui est dans sa période de croissance, se montre moins rigide que pendant le règne de Napoléon III. Il comporte un certain jeu et le producteur change assez facilement de camp, l'ouvrier devient fréquemment patron. [...] Mais justement, sous le règne de Napoléon III, nous avons affaire à la dernière génération patronale qui soit d'origine populaire. [...] Les classes sociales deviennent plus étanches, le capitalisme a acquis, de par son ampleur même, une raideur qui rend de plus en plus difficile l'accès de l'ouvrier à la situation de grand patron.[19] »

Pour A. Dewerpe, la réduction de la mobilité sociale et les difficultés de la promotion sociale sont sensibles dès le milieu du XIXe siècle : « La nouvelle génération sociale s'ancre dans une condition dont il est moins évident de sortir : la rigidité du statut social est d'autant plus forte que les rares possibilités d'ascension, vers le patronat ou l'indépendance de la boutique, ont cessé, on l'a vu dès la fin des années 1840.[20] » A. Daumard constate également qu'avec le développement du grand capitalisme industriel et financier, une évolution se produit. Si les possibilités d'ascension sociale existent toujours pour les représentants des milieux populaires dans les petites entreprises traditionnelles, désormais ces réussites sont trop modestes ou beaucoup trop exceptionnelles pour avoir une incidence sur les

19 . G. DUVEAU, *op. cit.*, page 415.
20 . A. DEWERPE, *op. cit.*, page 112.

structures de la société : « Le fait nouveau c'est que les positions acquises prenaient de plus en plus d'importance.[21] »

A la perspective de s'installer travailleur indépendant dans l'agriculture, le commerce ou l'industrie, se substitue peu à peu la perspective de finir sa vie à l'usine. Ce changement est encore plus marqué pour les ouvriers des grands centres industriels.

Les difficultés de l'ascension sociale sont encore plus accentuées pour les ouvriers des grandes entreprises ou des grands centres industriels : « Dans les villes-usines, dans les centres industriels où la fabrique, textile ou sidérurgique, ou la mine, dominent tout les chances de la promotion sociale sont presque nulles.[22] »

A partir des données du recensement professionnel de 1896, R.-F. Melchers établit un indice de la « durabilité de la condition ouvrière »[23], défini, pour un établissement, par le pourcentage d'ouvriers de 55 ans et plus sur le nombre d'ouvriers de moins de 55 ans, et montre que la probabilité, pour les ouvriers des grands établissements, de connaître un jour une vieillesse ouvrière est supérieure à celle des ouvriers des petits établissements. Il existe une corrélation forte entre « l'indice de durabilité » et la concentration industrielle, celle-ci étant définie par le nombre moyen de salariés par établissement.

Pourtant, quitter la condition de salarié avant l'arrivée de la vieillesse, est une aspiration qui reste intense. « Dans les milieux populaires, la condition salariale du travailleur manuel n'était pas assumée de gaieté de coeur. L'idéal de l'ouvrier, même sans qualification était de s'installer à son compte pour être son maître et devenir patron, en reniant sa position première.[24] »

Mais deux phénomènes vont contribuer à rendre chimériques ces rêves d'indépendance, notamment pour les ouvriers des grandes entreprises. D'une part, les possibilités de réussir dans l'agriculture, le

---

21 . A. DAUMARD, « L'évolution des structures sociales en France à l'époque de l'industrialisation (1815-1914) », in *L'industrialisation en Europe au XIXe siècle*, *op. cit.*, pages 315 à 334.

22 . A. DEWERPE, *op. cit.*, pages 221 et suivantes.

23 . R.-F. MELCHERS, *op. cit.*, pages 221 et suivantes.

24 . A. DAUMARD, « L'évolution des structures sociales en France à l'époque de l'industrialisation (1815-1914) », *op. cit.*, page 326.

commerce, l'artisanat ou l'industrie sont de plus en plus réduites au fur et à mesure que s'affirme le processus d'industrialisation. L'industrialisation suscite le déclin des secteurs où l'on peut plus facilement accéder à l'indépendance, la concurrence de la grande fabrique portant atteinte aux petits ateliers où le travail se fait encore selon un mode de production artisanal. D'autre part, la gestion de la main-d'oeuvre salariée devient une question primordiale dans la grande entreprise. Le patronat va laisser entrevoir aux ouvriers un nouvel avenir susceptible de concurrencer les rêves d'indépendance et de propriété. Il cherchera à stabiliser et à fixer cette main-d'oeuvre rebelle et lui faire oublier son désir de posséder son outil de travail.

Industrialisation, concentration industrielle, durcissement des structures sociales vont faire véritablement émerger la vieillesse ouvrière. Ces éléments vont également remettre en cause la façon dont la vieillesse était prise en charge auparavant, notamment la prise en charge familiale.

Industrialisation, évolution des structures familiales et perception de la vieillesse

Tout au long du XIXe siècle, l'institution familiale connaît de profondes modifications, qui vont affecter la condition des vieux au sein de la famille[25].

Même si l'évolution des formes de la famille au travers de l'industrialisation et de l'urbanisation ne peut se résumer au passage de la famille patriarcale ou « élargie » à la famille nucléaire[26], il est certain que les rapports entre les générations et les formes de la famille évoluent, et que le processus industriel a fortement malmené,

---

25 . Cf. J.-P. BOIS, *op. cit.*, page 371.

26 . Les recherches sur les rapports entre industrialisation, urbanisation et changements familiaux ont mis en évidence la pluralité des situations et des configurations familiales, et la théorie du changement social selon laquelle l'industrialisation aurait fait éclater la « grande famille traditionnelle » n'est plus de mise. Cf. M. SEGALEN, « La révolution industrielle : du prolétaire au bourgeois » in *Histoire de la famille*, tome 2, « Le choc des modernités », ouv. coll., A. Colin, Paris, 1986, pages 375 à 406. Une grande enquête comparative lancée par P. Laslett a également remis en cause le vieux cliché évolutionniste de la famille élargie et complexe vers la cellule nucléaire (P. LASLETT (Ed.), *Household and Family in Past Times*, Cambridge, Cambridge University Press, 1972).

par la mobilité et en particulier l'exode rural, les anciennes formes d'organisation de la parenté.

Selon les historiens de la famille, plusieurs types de familles ouvrières coexistent[27]. En dépit de l'exiguïté des logements, les conditions de travail exigent parfois la cohabitation des générations, et loin de « nucléariser » la famille, l'industrialisation s'appuie sur la famille étendue, apte à fournir un certain nombre de services de base, faute de toute structure collective d'aide sociale. C'est le cas, par exemple, lorsque les mères travaillent et que les grands-mères gardent les jeunes enfants. Cependant, cette cohabitation, compte tenu des limites des logements ouvriers, peut être plus subie que souhaitée. Lorsque domine l'industrie métallurgique ou minière, qui emploie essentiellement une main-d'oeuvre masculine, les ménages sont plutôt nucléaires, la femme restant au foyer.

Quoi qu'il en soit, le problème de la prise en charge de la vieillesse ne se pose pas de la même façon en milieu rural et en milieu urbain, pour les agriculteurs et pour les ouvriers. A.-M. Guillemard note que « tout dans leur situation comme dans leur genre de vie, contribue à séparer les vieillards encore investis d'un pouvoir par le capital familial dont ils sont détenteurs, de ceux qui sont frappés d'impécuniosité dans la mesure où ils ne possèdent pour tout capital qu'une force de travail dévaluée »[28].

La condition des « vieux » se trouve évidemment affectée par cette dynamique de transformation de la famille : à ceux qui pouvaient se reposer sur l'entraide familiale s'opposent ceux pour qui le problème de l'entretien ne peut être résolu dans le cadre de la famille.

---

27 . Pour M. Ségalen, « on peut dire en simplifiant qu'il existe avant la révolution industrielle une masse paysanne dont les modèles familiaux, certes divers, s'organisent en fonction des modes de faire-valoir, des types d'activités agricoles, des pratiques d'héritage, à côté d'une petite proportion de familles aristocrates et bourgeoises. Après la révolution industrielle, et pour un temps d'ailleurs relativement assez court qui s'achèvera avec l'émergence d'un modèle assez uniforme de famille [...] , éclate la variété des types familiaux, aussi divers que les hiérarchies du travail, les contraintes de production et les catégories sociales dont la classification statique est sans cesse brouillée par les processus complexes de la mobilité sociale », M. SEGALEN, « La révolution industrielle : du prolétaire au bourgeois », *in Histoire de la famille*, tome 2, *op. cit.*, page 378.

28 . A.-M. GUILLEMARD, *La vieillesse et l'Etat*, PUF, 1980, page 14.

La question est alors de savoir si les vieux ouvriers trouvaient assistance auprès de leurs enfants. Cette assistance représentait sans doute, pour des enfants eux-mêmes ouvriers, un fardeau économique considérable.

Dans la famille ouvrière, la vieillesse semble en effet perçue comme une charge par les enfants, eux-mêmes ouvriers. G. Duveau insiste sur les différences de perception de la vieillesse entre les familles ayant gardé un lien avec la terre et les « véritables » familles ouvrières : « Négligence à l'égard des enfants et indifférence à l'égard des parents vont souvent de pair. Sans doute, dans des régions comme les Cévennes, où l'ouvrier mène une vie très patriarcale, les parents sont honorés et entourés de soins. Mais dans les grandes villes, et même dans les petits centres industriels, l'ouvrier tend à se désintéresser de ses vieux parents. » Il cite une enquête réalisée par la Chambre de Commerce de Paris en 1872, signalant que « rarement les enfants devenus adultes subviennent aux besoins de leurs parents.[29] »

L'absence de patrimoine à transmettre constitue un premier obstacle à l'entretien des parents par les enfants ; comme le remarque H. Hatzfeld, « la responsabilité des enfants à l'égard de leurs parents vieillissants s'entend beaucoup mieux s'il y a entre les générations le lien d'un patrimoine reçu et transmis »[30].

Dans son enquête sur les suicides par misère à Paris en 1897, L. Proal[31] est frappé par le nombre des ouvriers âgés qui se donnent la mort ; une des raisons les plus souvent invoquées de ces suicides est la charge matérielle que les vieux parents sont conscients de faire peser sur leurs enfants.

L'abandon des vieux parents par leurs enfants et la misère qui en résulte va être l'un des thèmes les plus fréquents de la dénonciation de la « barbarie » et de la « sauvagerie » des classes laborieuses par les observateurs sociaux le plus souvent issus des classes aisées (sociologues, médecins, magistrats, ...). Un des poncifs véhiculés par

29 . G. DUVEAU, *op. cit.*, page 433.
30 . H. HATZFELD, *op. cit.*, page 84.
31 . Enquête basée sur l'étude des dossiers de suicides classés au Parquet de la Seine ; L. PROAL, « Les suicides par misère à Paris », *Revue des Deux Mondes*, n°147, 1er mai 1898, Paris, pages 115 à 148.

les enquêtes sur les classes ouvrières au XIXe siècle est de déplorer que les enfants se soucient peu de leurs parents âgés. Si la vieillesse dans les classes ouvrières fait systématiquement scandale aux yeux des réformateurs sociaux, c'est sans doute parce qu'elle représente ce qui dans leur perception caractérise typiquement ces classes, à savoir, l'immoralité (l'égoïsme des enfants), et le caractère déréglé et anarchique de leur vie (l'imprévoyance des parents). La vieillesse de ces classes est décrite moins comme le produit des conditions matérielles d'existence que comme le résultat de « l'absence d'esprit de famille »[32].

La rupture entre les générations, l'absence ou l'insuffisance de patrimoine à transmettre contribuent à faire émerger un besoin de sécurité, d'assurance ouvrière, à une époque où la seule protection reste la constitution d'un capital. Les changements démographiques qui s'opèrent au XIXe, ont également contribué à poser le problème de la vieillesse et de son entretien comme un problème social.

Perception de la vieillesse et changements démographiques

Le vieillissement de la population française est particulièrement sensible au cours de la seconde moitié du XIXe siècle. Alors que la population est pratiquement stationnaire dans les dernières décennies du XIXe (38,1 millions en 1866, 38,5 millions en 1901), la proportion des « vieux » s'accroît dans la population : les plus de 60 ans représentent 10,85 % de la population en 1861, 12,75 % en 1901. En nombre absolu, ils sont 4 millions dans les années 1860, 5 millions

---

32. R. Lenoir, se basant sur des travaux d'historiens sur la famille des classes populaires, montre qu'au contraire, au XIXe siècle, s'est progressivement formé, au moins dans les catégories supérieures des classes ouvrières, la famille comme groupe, relativement autonome, d'échange de biens et services, et dont le ressort pouvait s'étendre sur plusieurs générations (R. Lenoir, *Transformations des rapports entre générations et apparition du troisième âge*, Centre d'Etude des Mouvements Sociaux, Paris, 1977, page 276). Il se demande alors si les tentatives d'instauration de systèmes de retraites, loin de correspondre au « relâchement des liens familiaux », ne s'inscrivent pas au contraire dans le processus de constitution de la famille ouvrière qui s'est opéré à cette époque, notamment dans les fractions supérieures de ces classes (R. Lenoir, *op. cit.*, page 277). L'intérêt croissant pour les retraites s'inscrirait dans ces conditions dans le cadre de la constitution de la famille ouvrière, la retraite n'étant pas revendiquée comme l'instrument nécessaire à l'indépendance financière, mais au contraire comme le moyen de contribuer à la subsistance collective du groupe familial.

cinquante ans plus tard (1900-1910).

Cette évolution démographique a évidemment des conséquences sur la perception de la vieillesse et sur la façon dont elle peut être prise en charge.

L'accroissement de la longévité, attribuable en partie aux progrès de la médecine et surtout de l'hygiène, a des répercussions sur les relations entre les générations. Elle va notamment jouer un rôle dans la transmission des patrimoines[33]. Lorsque les parents vivent plus longtemps, les enfants ont moins de chance de recevoir leur héritage à l'âge où ils souhaitent s'installer[34] : « [...] plus longtemps survivent les grands-parents et plus tard intervient la transmission du patrimoine. Ainsi là où le fils succède au père à la tête d'une exploitation, si modeste soit-elle, il doit attendre d'avoir 40 ans ...[35] »

« Devenir vieux » était autrefois un accident, cela devient une probabilité raisonnable ; les chances d'atteindre son soixantième anniversaire s'améliorent. Pour les générations de la période 1817-1831, 46 % avaient une chance d'atteindre leur cinquantième anniversaire, 37 % le soixantième anniversaire. Pour ceux qui avaient atteint l'âge de 50 ans, il restait en moyenne 20 années à vivre, 13 ans pour ceux ayant atteint 60 ans[36]. Néanmoins, « l'accès » à la vieillesse est inégalitaire : divers travaux mettent en évidence une mortalité différentielle entre les classes sociales dès le XIXe siècle[37].

---

33. A. PROST, « Les conséquences de l'allongement de la durée de vie sur la transmission des patrimoines bourgeois en France depuis la fin du XIXe siècle », in A.-E. IMHOF, « *Le vieillissement* », *op. cit.*, pages 121 à 131.

34. A. Burguière note qu'en France, « *les enfants attendent souvent la mort du père pour se marier et s'établir. La conjonction d'une norme de mariage tardif et d'un taux de mortalité élevé rend cette attente supportable et permet de faire coïncider la transmission des biens, de l'autorité, et la formation des nouveaux ménages* » A. BURGUIERE, F. LEBRUN, « Les cent et une familles de l'Europe », in *Histoire de la famille*, tome 2, *op. cit.*, page 51.

35. P. PAILLAT, « Implications et conséquences de l'allongement de la vie humaine depuis le XVIIIe siècle », in A.-E. IMHOF, « *Le vieillissement* », *op. cit.*, pages 37 à 42.

36. Calculs d'après les tables de mortalité de Demonferrand, INSEE, *Annuaire statistique de la France*, résumé rétrospectif, 1966, pages 80 et 81.

37. E. VEDRENNE-VILLENEUVE, « L'inégalité sociale devant la mort dans la première moitié du XIXe siècle », *Population*, oct.-déc. 1961, n°4, pages 665 à 698. L'auteur passe en revue les premiers travaux effectués sur la mortalité différentielle entre classes sociales, puis examine le mouvement de la mortalité suivant les classes sociales entre 1817 et 1850 à Paris. Pour cela, elle divise les arrondissements en trois

Une représentation sociale : la vieillesse ouvrière ?

Industrialisation, concentration industrielle, évolution des structures familiales, mutations démographiques, vont poser avec davantage d'acuité le problème de la vieillesse ouvrière et de sa prise en charge, à tel point que Rémi Lenoir se demande si la prise de conscience de la particularité de la vieillesse n'est pas corrélative à l'apparition du prolétariat comme nouvelle classe sociale[38].

La gestion de la vieillesse est le grand problème social du tournant du siècle et on a pensé, en France, la question de la vieillesse d'abord comme un problème social identifié au travailleur misérable et prolétarisé. Pourtant, le nombre des ouvriers âgés, en lui-même, ne suffit pas à expliquer que l'on se soit tant préoccupé de cette question.

En multipliant le nombre de personnes âgées de plus de 50 ou 60 ans par le pourcentage d'ouvriers dans la population active, on obtient une estimation très grossière et surévaluée du nombre des vieux ouvriers. Jusqu'à la fin du siècle, celui-ci n'a pas du dépasser un million, 1,6 million si l'on retient l'âge de 50 ans, même si ces chiffres sont en augmentation en raison du changement de la structure de la population active et d'une amélioration de l'espérance de vie[39]. En

groupes, selon le critère du loyer payé comme un indice du niveau de vie. Dans le groupe à loyer moyen le plus élevé, le taux de mortalité est passé, de 1817 à 1850, de 24,9 ‰ à 18,2 ‰, dans le groupe intermédiaire de 27,3 à 25,1, et dans le groupe à loyer le plus bas de 36,5 à 33,7. Une baisse générale de la mortalité est donc observée entre ces deux dates, mais elle est plus importante dans les quartiers riches.

38 . R. LENOIR, *Transformation des rapports entre générations et apparition du troisième âge*, *op. cit.*, page 263.

39 . Nos estimations sont résumées dans le tableau suivant. Pour les femmes, elles résultent d'une multiplication du nombre de femmes de plus de 50 ans et de plus de 60 ans par le pourcentage d'ouvrières observées pour les mêmes années, en retenant comme taux d'activité global 50 %. Pour les hommes, il s'agit d'une simple multiplication du pourcentage d'ouvriers dans la population active par le nombre d'hommes de plus de 50 et 60 ans. Ces estimations sont évidemment très grossières ; notamment, elles ne tiennent pas compte de la surmortalité des ouvriers, et du décalage qui existe entre l'activité exercée en début de carrière professionnelle et en fin de carrière.

outre, la condition de la vieillesse ouvrière n'est peut-être pas plus misérable que celle des ouvriers en général, ou même de la plupart des paysans. C'est en tout cas l'opinion de G. Pollet et B. Dummons, pour qui « en comparant les conditions de vie des ouvriers, âgés ou non, avec ceux de leurs contemporains, urbains et ruraux, le chercheur s'aperçoit vite qu'ils ne sont pas forcément plus mal lotis et que l'habitat, l'hygiène, les ressources financières, les besoins alimentaires sont des problèmes douloureux pour beaucoup de français du XIXe »[40]. D'ailleurs, la vieillesse, chez l'ouvrier, n'est qu'une forme d'incapacité de travail, et fréquemment, au XIXe et encore au début du XXe siècle, les notions de vieillesse et d'invalidité sont confondues.

Néanmoins, la misère de la vieillesse ouvrière frappe les esprits[41] et le problème de son entretien sera véritablement le grand problème social de la fin du XIXe siècle.

Année	Nombre d'ouvriers de plus de 50 ans (en milliers)	Nombres d'ouvriers de plus de 60 ans (en milliers)
1866	1140	590
1876	1250	660
1881	1330	720
1886	1380	750
1891	1500	830
1896	1640	900
1901	1790	980
1906	1860	1000
1911	2000	1090

40 . B. DUMMONS, G. POLLET, *L'Etat et les retraites - Genèse d'une politique*, Ed. Belin, 1994, page 23.

41 . L. Proal, dans son enquête sur les suicides à Paris, cite quelques passages de lettres d'ouvriers âgés avant leur suicide : « La vie est trop lourde à supporter », écrit un ouvrier âgé à son fils. « Je m'en vais sans regrets. Je te quitte pour l'inconnu, mais il ne peut être pire que mon état. Vive la République sociale, qui ne laissera pas mourir de faim ses enfants ». Un maçon âgé de 68 ans explique : « Lorsqu'on devient vieux, personne ne veut plus vous faire travailler ; on vous chasse de partout. Il faut mourir de faim ou tendre la main. Tendre la main, c'est la prison. La mort vaut mieux. On ne veut pas nous faire un abattoir ; il faut s'abattre soi-même. » Un autre ouvrier, âgé de 62 ans, écrit de même : « Je suis sans travail et ne puis en trouver. On ne veut plus des vieux. Dès lors, je suis forcé de me détruire. Les vieux, il n'en faut plus. On devrait les tuer puisqu'on ne veut pas leur donner du pain. Puisqu'on ne le fait pas, il faut se tuer soi-même. Mais c'est égal, c'est un peu fort, après trente-huit ans de travail et quatorze

En conclusion, si la vieillesse ouvrière doit être recherchée entre réalité sociale et perception sociale, il n'en reste pas moins qu'un « besoin social de retraite ouvrière » est apparu à la fin du XIXe siècle, et qu'il est bien identifié par les contemporains.

LES TRANSFORMATIONS DES SYSTEMES DE PRISE EN CHARGE EXISTANTS : UNE PROGRESSION DE L'ENGAGEMENT DE L'ETAT

La naissance du besoin de retraite à la fin du XIXe siècle amène une certaine forme de reconnaissance.

Si l'on s'appuie toujours sur le couple prévoyance-assistance pour résoudre le sort de la vieillesse indigente, des changements s'opèrent ; notamment, l'Etat intervient de façon plus systématique, que ce soit pour encourager l'épargne par des subventions, par des mesures législatives, ou en mettant en place un service d'assistance obligatoire.

L'Etat et les institutions de prévoyance-retraite

Dès leur création, les institutions de collecte d'épargne ont pu compter sur l'encouragement de l'Etat[42], mais ce soutien s'amplifie à la fin du XIXe, en liaison avec les changements sociaux qui s'opèrent et la prise de conscience du besoin de retraite.

Un essai de réorientation de la Caisse Nationale des Retraites

Dans les années 1880, la Caisse Nationale des Retraites fonctionne déjà depuis une trentaine d'années, et ses premiers résultats peuvent donc être appréciés. Or, nous avons déjà pu signaler combien ces résultats s'avèrent décourageants. Rares sont les ouvriers qui déposent spontanément leurs économies à la Caisse. Aussi, tout va être tenté

---

ans de service militaire, d'être obligé de se donner la mort pour ne pas mourir de faim. C'est honteux pour la société. » Propos rapportés par L. PROAL, « Les suicides par misère à Paris », *op. cit.*, pages 129 et 130.

42 . Nous avons vu que l'Etat garantissait le bon fonctionnement de la CNR depuis sa création ; quand au fonds collectif de retraites de la mutualité approuvée, dès sa création il bénéficie de subventions de l'Etat.

pour ramener la Caisse à son but initial, la retraite ouvrière.

Aussi, la loi de 1886 abaisse le montant du versement minimum pouvant être opéré sur un compte : les versements seront dorénavant acceptés à partir de 1 franc. Cette même loi ramène le montant maximum que peut faire annuellement un déposant de 4000 à 1000 francs, et quelques années plus tard, le montant des versements annuels pouvant être placés sur un même compte est réduit à 500 francs (26 juillet 1893, cf. tableau 5). Le taux de l'intérêt servi est également réduit, en partie pour décourager les spéculations, mais aussi parce que l'on est dans un contexte de diminution des taux d'intérêts.

Ces mesures entraîneront effectivement une baisse du versement individuel moyen après 1886 (cf. graphique 2). Néanmoins, les versements individuels concernent toujours des catégories d'employés, de petits rentiers, de professions libérales, et non pas la masse des salariés ; les versements collectifs, eux, restent d'un montant médiocre.

Quant au montant moyen, par personne et par an, des rentes viagères servies par la Caisse, il diminue à partir de 1888, cet abaissement reflétant vraisemblablement l'utilisation croissante de la Caisse, à partir des années 1860, par de grandes entreprises ou administrations (cf. graphique 4). Pourtant, à partir de 1896, l'Etat va également intervenir pour majorer les pensions servies par la Caisse aux personnes âgées de 70 ans au moins (cet âge sera successivement abaissé à 68 ans, puis à 65 ans en 1898), ne jouissant pas d'un revenu supérieur à 360 francs, et pouvant justifier de 25 années de versements à la Caisse. Cette mesure est caractéristique du système de « l'épargne subsidiée » qui se développe en cette fin de siècle : « Ces majorations ont pour objet essentiel de favoriser l'esprit de prévoyance et d'épargne, en associant aux sacrifices de l'Etat l'initiative des intéressés.[43] »

Les subventions de l'Etat à la mutualité

Le système de la « liberté subsidiée », de l'encouragement à l'épargne,

---

43 . P. LIBREZ, *op. cit.*, page 107.

se rencontre également dans la mutualité. Dès 1852, la mutualité « patronnée » par des membres honoraires se développe. Mais peu à peu, il semble que l'Etat prenne le relais de l'initiative privée dans les aides à la mutualité.

Fin XIXe, les subventions accordées par l'Etat aux sociétés de secours mutuels sont nombreuses. La quasi-totalité de ces subventions sont octroyées parce que les sociétés servent des retraites, ce qui témoigne tout à la fois du besoin social de retraites et de la volonté d'y répondre. Un fonds de dotation avait été créé par les décrets des 22 janvier et 27 mars 1852 au profit de la mutualité. Sur les revenus de ce fonds, l'Etat versait à chaque société cotisant au fonds de retraites une subvention proportionnelle à ses membres et à ses versements. Depuis 1880, les intérêts de cette dotation ne suffisent plus pour payer les subventions, et dès 1881, le Parlement votera chaque année des crédits venant augmenter les revenus de la dotation. Les subventions au profit du fonds de retraites sont encore majorées par la loi sur les caisses d'épargne du 20 juillet 1895, qui attribue les trois cinquièmes des fonds atteints par la prescription trentenaire à l'égard des déposants aux sociétés de secours mutuels. Enfin, le fonds de retraites, placé à la Caisse des Dépôts et Consignations, servait un intérêt de 4,5 %. Dans un contexte de baisse de rémunération des placements (la CNR utilisait le taux de 3,5 % comme base de calcul de ses tarifs depuis 1891), l'Etat accorde de nouvelles bonifications pour permettre le maintien de ce taux[44].

Au total, les subventions de l'Etat à la mutualité, à peine égales à un million en 1890, seront de l'ordre de 3 millions en 1900 et de plus de 8 millions en 1910. Or, les versements effectués par les sociétés de secours mutuels pour le fonctionnement du service de retraite représentaient moins de 4 millions en 1890, 4,5 millions en 1900, 5,3 millions en 1910. Le service de retraites dans la mutualité fonctionne donc largement grâce aux subsides de l'Etat.

---

44 . La loi de 1898 sur la mutualité stipulera que le taux des fonds placés par les sociétés de secours mutuels à la Caisse des Dépôts sera égal à celui de la CNR, mais que la différence entre ce taux et celui de 4,5 % serait versée, chaque année, à chaque société au moyen d'un crédit inscrit au budget du ministère de l'Intérieur.

Ces mesures d'encouragement s'inscrivent dans un contexte de développement de la mutualité. La loi du 1er-5 avril 1898, véritable « Charte de la mutualité », entend faciliter l'extension des sociétés de secours mutuels, puisque celles-ci peuvent désormais se constituer sans autorisation administrative. Le nombre des adhérents des sociétés explose, passant de 1,3 million en 1890 à plus de 5 millions en 1913. Cependant, concernant le service de pensions, cette multiplication du nombre des adhérents ne doit pas faire illusion. Si l'on constate une augmentation importante du nombre de retraites versées par la mutualité, il n'en est pas de même du montant moyen de la pension servie qui reste dérisoire : il ne dépassera jamais les 90 francs annuels après 1890 (cf. graphique 6). Et pourtant, l'Etat ayant établi dès 1894 un barème pour bonifier les pensions inférieures à 360 francs par an, la plupart des pensions étaient majorées.

Graphique 12
Nombre total de pensions servies par la mutualité

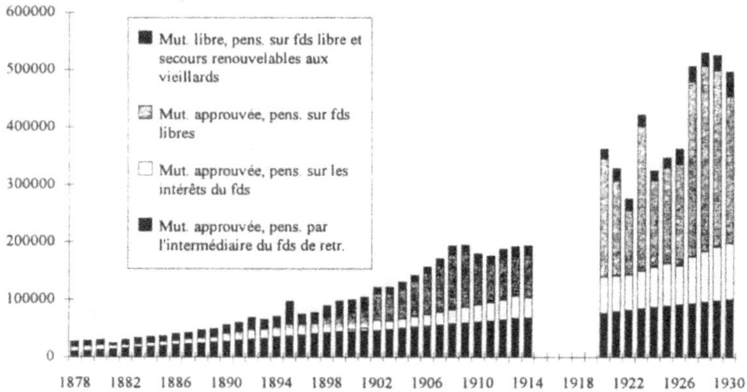

A partir de 1898, les sociétés approuvées seront autorisées à servir des pensions directement sur les intérêts de leurs fonds de retraites, sans passer par l'achat d'une rente à la Caisse des Retraites ; ce nouveau système n'immobilise pas le capital de la société, et est plus avantageux puisque le capital continue de produire intérêt au profit de la société de secours mutuels. Ce dernier mode de constitution de pensions va connaître un développement rapide. Quant aux pensions servies chaque année sur les ressources libres, leur développement reste très chaotique, ce qui laisse supposer qu'il s'agit encore là de pensions « aléatoires » et pas vraiment d'un droit fondé sur un certain nombre d'années de sociétariat (cf. graphique 12).

Pourtant, on attendait beaucoup de la mutualité concernant la question de l'assurance ouvrière, à laquelle la loi de 1898 ouvrait franchement la voie[45]. Or, le montant des pensions servies s'avère bien décourageant. Ainsi, dès 1901, C. Guilhaumon estime qu'étant donné la modicité des pensions, le vieillard n'a le plus souvent pas intérêt à faire valoir ses droits à la retraite. En effet, la presque totalité des sociétés insèrent dans leurs statuts l'article suivant : « le sociétaire pensionné est exempt du paiement de la cotisation, mais il n'a plus droit à aucun des avantages de la société ». Or, en calculant le nombre de jours probables de maladie de 65 à 70 ans, et le coût médical et pharmaceutique d'une journée de maladie, le vieillard âgé de 65 à 70 ans, recevrait davantage en étant sociétaire qu'en tant que pensionné. Il aurait donc intérêt, conclut C. Guilhaumon, à ne pas demander la liquidation de la pension à laquelle ses années de sociétariat et d'âge lui donnent droit[46]. Ce constat en dit long sur la faiblesse des pensions servies par la mutualité.

L'épargne libre ne peut guère être une solution au problème de l'insécurité ouvrière dans la mesure où les salaires sont trop faibles pour permettre de dégager une épargne importante. Même si l'Etat subventionne les sociétés de secours mutuels ou offre une garantie d'intérêt avec la Caisse Nationale des Retraites, seuls peuvent en bénéficier ceux qui ont les moyens d'épargner. Dans ces conditions, l'assistance aux vieillards se développe. Elle fonctionne plus que jamais comme un dispositif complémentaire de la prévoyance. Pour ceux dont le salaire est insuffisant, elle constitue le dernier recours.

45. Les sociétés de secours mutuels présentaient l'avantage de rester compatibles avec les principes libéraux, sans obligation ni pour l'Etat, ni pour les mutualistes. Pour F. Bastiat, par exemple, « c'est à ces Sociétés, par les ressources matérielles qu'elles créeront, par l'esprit d'association, l'expérience, la prévoyance, le sentiment de la dignité qu'elles feront entrer dans les classes laborieuses qu'il est réservé d'enfanter les Caisses de Retraites », F. Bastiat, cité par BERJONNEAU, *op. cit.*, page 56.

46. C. GUILHAUMON, *Les sociétés de secours mutuels et leur concours à l'assurance ouvrière*, thèse de droit, Montpellier, 1901, pages 133 à 135.

Des législations d'assistance obligatoire

Les premières lois d'assistance obligatoire sont adoptées au tournant du XXe siècle. En 1905, une loi est votée sur l'assistance obligatoire aux vieillards, infirmes et incurables, sans d'ailleurs distinguer ces trois catégories d'indigents. Elle fait suite à celle sur l'assistance médicale gratuite, votée en 1893. Ces lois traduisent à la fois l'existence d'un besoin de prise en charge de la population âgée, et la volonté d'y répondre.

La mise en place de lois d'assistance obligatoire

Depuis la loi du 15 juillet 1893, chaque département est tenu d'organiser un service d'assistance médicale gratuite (A.M.G.) pour les indigents. La loi sur l'A.M.G. n'est pas une loi spécifique aux vieillards. Cependant, ceux-ci sont sur-représentés parmi les bénéficiaires de cette loi : de 24 à 30 pour-cent des indigents inscrits sur les listes des personnes admises à bénéficier de l'A.M.G. en cas de maladie ont plus de 60 ans. Ce pourcentage, bien plus élevé que celui des plus de 60 ans dans la population totale (12,5 % de la population en 1896), témoigne du besoin de prise en charge de la part de la population âgée et du degré d'indigence plus élevé dans la population âgée. Cependant, il ne semble pas que les dépenses pour les plus de 60 ans effectuées au titre de la loi sur l'A.M.G. aient eu un impact considérable et on ne remarque pas de progression très nette des dépenses totales d'assistance aux vieillards à partir de 1893 (cf. graphique 12, chapitre 1). La loi d'assistance obligatoire aux vieillards, infirmes et incurables de 1905, en revanche, fait faire un bond aux dépenses d'assistance.

Les conditions d'admission à l'assistance, pour cette dernière, sont consignées dans l'article premier de la loi : « Tout français privé de ressources, incapable de subvenir par son travail aux nécessités de l'existence et, soit âgé de plus de 70 ans, soit atteint d'une infirmité ou d'une maladie reconnue incurable, reçoit, aux conditions ci-après, l'assistance instituée par la présente loi ». Cette loi ne s'adresse donc pas seulement à la vieillesse, mais à tous ceux que l'âge, l'infirmité ou la maladie rendent incapables de pourvoir à leurs besoins. Elle confond les vieux avec tous les incapables de travail. Cette loi conforte encore le clivage entre capables et incapables de travailler dans l'attribution des secours. Cependant, comme le remarque A.-M. Guillemard, cette loi opère un recoupement différent des lois d'assistance préalables, lesquelles associaient la vieillesse non seulement à ceux incapables de travailler, mais aussi aux miséreux de toutes sortes, chômeurs, mendiants : « elle sépare les pauvres improductifs, à qui elle accorde un nouveau droit d'assistance, des pauvres encore productifs.[47] »

Les vieillards dont la demande a été admise par le bureau d'assistance, chargé d'évaluer leurs ressources et de vérifier si l'assisté n'a pas de famille, reçoivent l'assistance soit à domicile, soit sous forme d'hospitalisation. Le premier mode doit être la règle[48], et consiste dans le paiement d'une allocation mensuelle, le taux de cette allocation variant en fonction du coût de la vie dans la commune[49]. D'autre part, la loi du 14 juillet 1905 conforte l'importance de l'hospice, concernant la gestion de la vieillesse, dans la tradition française. La loi oblige tous les hospices à recevoir gratuitement les vieillards, infirmes et incurables.

Le graphique 13 indique le nombre de vieillards bénéficiaires de la loi d'assistance chaque année, en distinguant ceux secourus par des allocations annuelles et ceux qui sont hospitalisés.

De 500000 à 700000 vieillards bénéficient de la loi de 1905, qu'ils soient assistés à domicile ou par hospitalisation. Or, une enquête réalisée en 1903 par le ministère de l'Intérieur pour le Sénat estimait à 209000 le nombre de vieillards susceptibles de bénéficier de la loi à venir. En fait, dès 1908, date à laquelle le service de l'assistance

---

47 . A.-M. GUILLEMARD, *La vieillesse et l'Etat*, PUF, coll. Politiques, 1980, page 19.

48 . Le ministre de l'Intérieur, dans ses instructions du 16 avril 1906, justifie par trois motifs la préférence qu'il accorde au mode d'assistance à domicile : « D'abord, il est plus humain, laissant le malheureux dans son pays, au milieu de ses affections, ne lui enlevant rien de son indépendance et lui permettant d'employer librement ce qui lui reste de force ; il est plus moral aussi, car il ne dégage pas les parents, les amis de l'assisté, des soins personnels qu'ils lui doivent. Enfin, il est moins coûteux. », cité par P. TROUILLOT, *op. cit.*, page 41.

49 . Ce qui constitue certainement, note Y. Saint-Jours, la première ébauche de la notion de « minimum vital ». Y. SAINT-JOURS, « L'évolution de la Sécurité Sociale en France », *in Un siècle de sécurité sociale 1881-1981*, ouv. coll. édité par P.A. Köhler et H.F. Zacher, 1982.

fonctionne dans tous les départements, c'est plus de 480000 personnes âgées de plus de 60 ans qui jouissent de l'assistance, et en 1911, plus de 500000, soit environ 11,4 % de la population totale des plus de 60 ans.

Graphique 13
Nombre de vieillards bénéficiaires de la loi de 1905

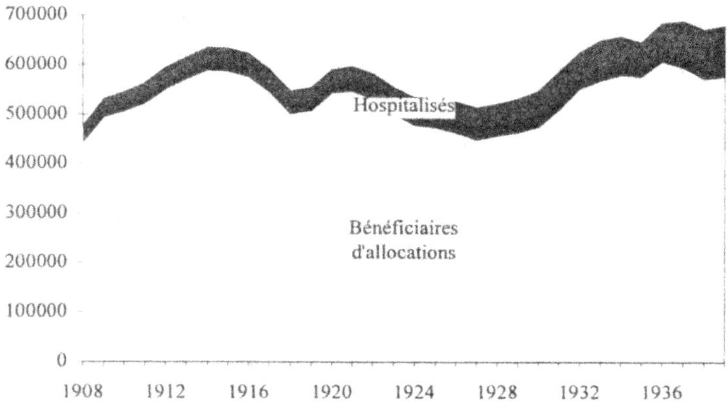

Graphique 14
Loi de 1905 : allocation moyenne et frais d'hospitalisation moyens par personne et par an

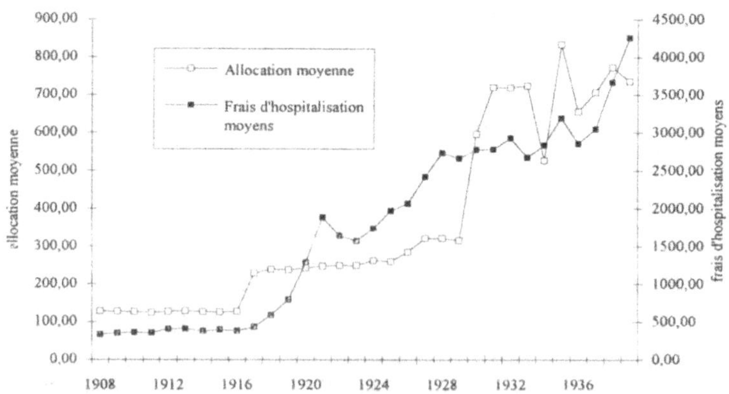

Néanmoins, les moyens engagés restent médiocres. Le graphique 14 indique l'allocation moyenne reçue par personne et par an, et les frais d'hospitalisation moyens par personne et par an. L'allocation annuelle moyenne s'élevait à 130 francs en 1908, et les frais d'hospitalisation moyens, par personne et par an, s'élevaient à 350 francs environ à cette même date.

La loi de 1905 instaure donc un dispositif de prise en charge minimal pour les vieillards les plus démunis.

Un revirement des libéraux ?

La loi sur l'assistance obligatoire aux vieillards, infirmes et incurables ne fut votée qu'après bien des débats relatifs à la légitimité du droit à l'assistance où s'affrontent encore adversaires de la « charité légale » et partisans du droit à l'assistance. Que les arguments des premiers aient progressivement perdu de leur vigueur face aux arguments des seconds ne suffit pas à expliquer le vote de cette loi.

Aussi, il est légitime de s'interroger sur les raisons du vote des lois d'assistance obligatoire étant donné la vigueur de l'opposition libérale à toute forme d'assistance légale.

En fait, cette loi n'instaure qu'un dispositif de prise en charge minimal, et pour P. Grevet, « elle ne sort guère l'assisté de sa misère »[50]. C'est pourquoi certains n'ont vu dans cette loi qu'un moyen de retarder l'instauration de véritables retraites ouvrières, de différer l'assurance obligatoire contre la vieillesse et l'invalidité. Supprimer les misères les plus manifestes, l'indigence la plus visible, constituait la meilleure manoeuvre pour repousser la mise en place d'un système d'assurance obligatoire. Cette thèse paraît vraisemblable, dans la mesure où si le véritable but recherché avait été la couverture des besoins liés à la vieillesse, les moyens engagés auraient été plus conséquents.

Cette stratégie est pour certains explicite. Un sénateur de l'Aisne, Charles Sébline, illustre bien cette politique. « Nous allons faire une loi d'assistance qui, j'en ai l'absolue conviction, nous permettra d'éviter l'obligation dans les retraites ouvrières » déclare-t-il au Sénat

---

50. P. GREVET, *Besoins populaires et financement public*, coll. Economie et politique, Ed. Sociales, 1976, pages 273 à 280.

dans la séance du 9 juin 1905[51]. Pour Paul Leroy-Beaulieu également, la solution au problème des retraites doit désormais passer par la législation d'assistance[52].

La loi d'assistance aux vieillards, infirmes et incurables est donc ambiguë ; effectivement elle prend en charge les vieillards démunis de ressources, mais elle constitue aussi un moyen de retarder les retraites ouvrières. Le revirement des libéraux vis-à-vis de l'assistance est à cet égard significatif. L'épargne volontaire reste la solution, et l'assistance une mesure d'accompagnement prenant en charge ceux qui ne peuvent épargner.

* *
*

Les transformations économiques et sociales des dernières décennies du XIXe siècle ont largement contribué à structurer « la question des retraites ouvrières », grand problème social de cette fin de siècle.

Bien identifiée, cette question suscite un engagement plus important de l'Etat, et des améliorations sont apportées aux modes de prise en charge de la vieillesse existants. L'épargne est encouragée par divers procédés - bonifications, subventions, législations, ... - l'assistance devient progressivement un droit pour les plus démunis.

Si les progrès sont indéniables (essor de la mutualité, progression du nombre des rentiers de la Caisse nationale des retraites, assistance obligatoire aux vieillards, ...), les insuffisances de ces formes de prise en charge demeurent. Les pensions constituées par la Caisse nationale des retraites ou par la mutualité restent d'un montant modeste, les moyens engagés pour le dispositif d'assistance sont faibles.

En fait, c'est dans la grande entreprise industrielle, sur la fin du XIXe siècle, qu'il faut observer les changements en matière de prise en

---

51 . *J.O.*, Sénat, séance du 9 juin 1905, débats parlementaires du 10 juin 1905, page 995, cité par H. HATZFELD, *op. cit.*, page 71.
52 . B. DUMMONS, G. POLLET, *L'Etat et les retraites*, *op. cit.*, page 36.

charge de la vieillesse. C'est en effet là qu'apparaît le plus nettement la nécessité d'un nouveau mode de gestion de la vieillesse.

CHAPITRE 4

DE LA VIEILLESSE OUVRIERE AUX RETRAITES OUVRIERES : LES PREMIERS REGIMES DE RETRAITES

Le développement de la grande entreprise sur la période 1880-1914 entraîne d'importantes transformations sociales. Il va notamment nécessiter une régulation nouvelle du salariat, une transformation du travail. Aussi la mise en place de systèmes de retraites dans ces grandes entreprises va s'inscrire dans le nouveau rapport salarial qui s'instaure à la fin du XIXe, et va contribuer à remplir une fonction essentielle, la gestion d'une main-d'oeuvre abondante.

Cependant les premiers régimes de retraites ne concernent encore que certaines catégories sociales, certaines professions bien délimitées. Les premiers régimes seront ceux des fonctionnaires et agents de l'Etat ou des collectivités publiques, des militaires et des marins. Ils concerneront ensuite des industries typiques du développement industriel, mines et chemins de fer tout particulièrement, mais ils auront du mal à s'étendre à d'autres professions.

AUX ORIGINES DES PREMIERES RETRAITES

Comme toutes les autres institutions sociales mises en place dans la grande industrie, les caisses patronales de retraites vont s'inscrire dans une stratégie de gestion de la main-d'oeuvre, elles viseront à assurer un recrutement abondant et de qualité, à garantir la stabilité et la discipline des effectifs.

La gestion de la main-d'oeuvre salariée : le recrutement et la stabilité de la main-d'oeuvre

On a souvent mis l'accent sur la pléthore de main-d'oeuvre au XIXe siècle, sur « l'armée de réserve ouvrière ». Pourtant, le recrutement et la stabilité de la main-d'oeuvre semblent avoir été des problèmes cruciaux pour les grandes entreprises. G. Noiriel décrit un marché du travail ouvrier marqué, dans la grande industrie, par la supériorité de l'offre sur la demande. Aussi, le développement de la grande entreprise va amener de nouvelles formes de gestion et de contrôle de la main-d'oeuvre.

Les ouvriers et les grandes entreprises

Parmi les difficultés des ouvriers à s'adapter aux grandes entreprises, H. Hatzfeld note en priorité leur origine rurale. Les ouvriers qui ont conservé des liens avec la terre sont instables et connaissent un fort taux d'absentéisme. J.-P. Bompard, T. Magnac et G. Postel-Vinay insistent sur l'importance des migrations saisonnières de l'industrie vers l'agriculture durant l'été. Ils citent une enquête effectuée en 1860 selon laquelle, sur une population active de près de 1,7 million de personnes (ouvriers de l'industrie), 34 % quittent leur emploi en juillet et 37 % en août. Le total de ceux qui chôment en juillet et en août et de ceux qui chôment pendant l'un ou l'autre de ces deux mois représentait 42 % de cette population ouvrière[1].

Or, cette situation est de moins en moins tolérée dans les grandes entreprises. G. Noiriel cite le cas de la métallurgie à la fin du XIXe siècle. De profondes modifications se produisent alors dans l'organisation de la production sidérurgique française, lesquelles conduisent à une augmentation de la taille des établissements, et à une concentration des hommes dans les ateliers. Les nouvelles contraintes de productivité vont alors pousser les chefs d'entreprises à lutter contre les temps morts et les irrégularités de la production. La gestion

---

1 Cette enquête ne couvre cependant pas la totalité de la population industrielle salariée, car les ouvriers d'industrie sont 2,9 millions selon le recensement de la population. J.-P. BOMPARD, T. MAGNAC, G. POSTEL-VINAY, « Emploi, mobilité et chômage en France au XIXe siècle : migrations saisonnières entre industrie et agriculture », *Annales Economies Sociétés Civilisations*, n°1, janv.-fév. 1990, pages 55 à 76.

de la main-d'oeuvre devient plus rationnelle : « Les règlements d'atelier se font plus stricts contre l'absentéisme ; les nouveaux systèmes de salaire cherchent à intensifier le rendement. L'interférence des rythmes ruraux devient intolérable. D'où un processus de fermeture de l'usine, de plus en plus coupée de son environnement rural, et un recul dans l'emploi de la main-d'oeuvre temporaire.[2] »

Le recrutement d'ouvriers qualifiés pose également problème. Selon G. Noiriel, de nombreux témoignages illustrent les difficultés des maîtres de forges pour trouver les ouvriers qualifiés nécessaires au développement de la production métallurgique. Les forges occupent un personnel souvent nombreux, qui se divise en deux catégories : les ouvriers « externes », main-d'oeuvre paysanne abondante mais intermittente et passagère en raison même de ses origines paysannes et les ouvriers « internes », main-d'oeuvre qualifiée ayant une formation professionnelle sérieuse. Les ouvriers externes et internes ont en commun leur instabilité ; les premiers sont des paysans et de ce fait peu rompus à la discipline industrielle, les seconds, les vrais forgerons, sont rares, donc recherchés, et prêts à céder aux instances d'un autre maître de forge promettant un meilleur salaire. Or, ces forges importantes ne peuvent plus supporter sans dommage l'instabilité de leur personnel et arriver à contrôler la main-d'œuvre devient une question primordiale. Pour cela, les maîtres de forges mettent en place une sorte de salaire indirect s'ajoutant au salaire proprement dit, dont le but est d'assurer l'attachement du travailleur à l'entreprise qui l'emploie. Plutôt que de hauts salaires, les maîtres de forges ont donc choisi, pour retenir leur personnel, de leur offrir des éléments de sécurité pour leur avenir[3] . Le salaire indirect permet ainsi de réduire les augmentations globales du salaire.

Les stratégies employées par les grandes entreprises pour recruter et stabiliser leur personnel seront variées. Parfois, elles passent par l'élévation des salaires. Par exemple, certaines grandes entreprises

2 . G. NOIRIEL, « Du « patronage » au « paternalisme » : la restructuration des formes de domination de la main d'oeuvre ouvrière dans l'industrie métallurgique française », *Le Mouvement Social*, n°144, juil.-sept. 1988, Paris, Les Editions Ouvrières, pages 17 à 35.

3 . H. HATZFELD, *op. cit.*, page 105.

luttent contre les migrations saisonnières de l'industrie vers l'agriculture en concurrençant l'augmentation des salaires agricoles durant les travaux d'été. J.-P. Bompard, T. Magnac et G. Postel-Vinay relèvent que « seules certaines branches industrielles où l'emploi est surtout masculin pratiquent des salaires qui restent concurrentiels avec ceux versés pour les grands travaux agricoles »[4]. Mais le plus souvent, la gestion du personnel passera par la création d'équipements sociaux de toute sorte, se révélant moins onéreuse que des augmentations de salaires et assurant un meilleur contrôle de la main-d'oeuvre. Cette stratégie avait déjà été expérimentée par l'Etat dans la gestion des fonctionnaires et des militaires.

Les salariés avant le salariat : les pensions civiles et militaires

La nécessité d'assurer de nouvelles formes de gestion de la main-d'oeuvre va d'abord se présenter pour les militaires, les fonctionnaires et les marins. La promesse d'une retraite va être un moyen de faciliter le passage d'une forme de gestion de la force de travail à une autre. Deux éléments rendaient avantageuse la promesse d'une retraite. Tout d'abord, quitter la profession pour s'installer à son compte s'avérait préjudiciable pour l'Etat. Ensuite, la promesse d'une retraite, garantie d'une certaine sécurité dans les vieux jours, permettait de compenser des salaires d'activité souvent modestes.

Le soldat, le marin ou le fonctionnaire, contrairement à l'artisan, au paysan, au commerçant ou à l'industriel, ne peut se rendre propriétaire de son outil de travail. Précédant en cela les ouvriers du XIXe siècle, ils sont réduits à vivre dans la condition de salarié. C'est d'abord chez ces catégories que la vieillesse dans la condition de salarié devient le destin du plus grand nombre[5].

Concernant les militaires, l'institution de l'armée permanente va contraindre l'Etat à adopter de nouvelles formes de gestion de la

---

4. J.-P. BOMPARD, T. MAGNAC, G. POSTEL-VINAY, « Emploi, mobilité et chômage en France au XIXe siècle : migrations saisonnières entre industrie et agriculture », *op. cit.*

5. Dès le XVIIIe siècle, l'Etat va compenser la suppression de la transmissibilité des offices, laquelle s'avérait coûteuse pour le Trésor, par l'octroi de rentes ou pensions viagères s'éteignant avec le décès du titulaire. Ainsi, l'abolition de la vénalité des offices en 1771 va induire la multiplication de caisses de pensions.

main-d'oeuvre militaire. Pour R.-F. Melchers, « ce problème concerne d'abord la question des activités parallèles. Pour maintenir l'armée dans un état permanent de mobilisation, même en temps de paix, il fallait décourager la pratique des activités parallèles. Le premier devoir du soldat, la défense du royaume, s'accommodait mal de son désir personnel de se constituer un patrimoine. Tant que le soldat n'a pas été assuré de survivre en temps de paix ou lorsque des infirmités mettaient fin à sa carrière militaire, il était réticent à abandonner ses activités parallèles, non seulement en temps de paix, mais même en temps de conflit. Comme la carrière militaire ne permettait pas la constitution d'un patrimoine, sauf pour les officiers, l'insécurité pouvait conduire à des désertions. C'est la nécessité d'assurer l'exclusivité de l'activité militaire qui oblige le pouvoir à se préoccuper des secours aux soldats vieillis ou blessés »[6].

L'Etat doit alors trouver un stimulant suffisant pour décourager le maintien d'activités parallèles, assurer la stabilité, le recrutement des effectifs, sans que cette solution s'avère trop coûteuse pour le Trésor.

Les retraites seront le moyen d'assurer à peu de frais un recrutement important et de qualité. La sécurité que donne la retraite compense la faiblesse des salaires perçus durant la période d'activité. P. Saly souligne que, pour les fonctionnaires, « l'avantage que constituait la perspective d'une retraite, si du moins on survivait assez longtemps pour en jouir, était la contrepartie d'une extrême médiocrité des rémunérations. Dans une France dans laquelle le turn over salarial était considérable, la fonction publique requérait en général plus de stabilité de l'emploi, gage de continuité dans le service, que l'industrie manufacturière. La seule manière pour l'Etat employeur de retenir son personnel, à partir du moment où il ne pouvait ou ne voulait lui attribuer que des rémunérations très peu attractives, était de lui garantir une forme de salaire différé en même temps que de sécurité pour ses vieux jours, sous la forme d'une pension de retraite »[7].

---

6 . R.-F. MELCHERS, *op. cit.*, page 340.

7 . P. SALY, « La place de la fonction publique et des secteurs assimilés dans l'organisation du régime des retraites en France avant la loi de 1910 », *Colloque sur l'histoire de la Sécurité sociale*, Association pour l'étude de l'histoire de la sécurité sociale, Paris, 1994, page 237.

Aussi, la mise en place de retraites pour les fonctionnaires et les militaires entre-t-elle dans une logique cohérente de gestion de la main-d'oeuvre. De l'étude menée par C. Conrad sur les premiers régimes de retraites « modernes » dans plusieurs pays, il ressort que les employés de l'Etat sont systématiquement les premiers à bénéficier de retraites. Mais, explique-t-il, « lorsque des administrations de l'Etat ou des sociétés publiques se sont engagées de bonne heure pour l'assurance sociale, elles n'ont pas agi en précurseurs de l'Etat-Providence, mais en patron »[8].

Ainsi, lorsque des problèmes de recrutement, de gestion de la main-d'oeuvre vont se poser dans la grande industrie, l'expérience du personnel de l'Etat sera déjà présente. Cependant, la mise en place de retraites ou de caisses de prévoyance est marquée dans chaque industrie par les problèmes qui lui sont propres.

Les mineurs et les cheminots : deux professions mieux protégées

Les retraites sont donc un instrument, parmi d'autres, de gestion de la main-d'oeuvre salariée. Aussi, les caisses de retraite créées à l'initiative patronale sont-elles souvent fonction des difficultés de gestion de la main-d'oeuvre propres à une branche, voire à une entreprise. Dans les mines, il semble que le danger du métier ait poussé les exploitants à créer des caisses de secours en cas d'accident[9], et peu à peu ces caisses commencent à servir des retraites. Dans les chemins de fer, la nécessité de pouvoir compter sur une main-d'oeuvre stable, disciplinée, a été à l'origine de la création de caisses de retraites. Dans les deux cas, le développement de la grande industrie, le développement des mines et des grands réseaux de chemins de fer a été un facteur de la multiplication des caisses de secours et de retraites.

---

8. C. CONRAD, « La naissance de la retraite moderne : l'Allemagne dans une comparaison internationale (1850-1960) », *Population*, n°3, 1990, pages 531 à 563.

9. Souvent, les institutions de prévoyance dans les mines ont été créées à la suite de mouvements d'opinion provoqués par des catastrophes minières. Aussi, la priorité donnée aux caisses de secours s'explique-t-elle par l'horreur que suscite l'accident de la mine. Ces caisses étaient également utilisées pour éviter la mise en cause de la responsabilité civile de l'employeur en cas d'accident : les exploitants espéraient dissuader les ouvriers de recourir à la justice en promettant les secours de la caisse.

Dans les mines, les caisses de secours et de retraites dues à l'initiative patronale se développent à partir de 1820. D'une enquête prescrite par le Ministère des Travaux Publics au sujet des caisses de prévoyance dans les mines de houille en 1883, il ressortait que sur 111300 ouvriers occupés en décembre 1883 dans ces mines, 109200, soit 98 %, participaient à des caisses constituées par les compagnies[10]. Alors au nombre de 146, ces caisses garantissaient les ouvriers de 205 exploitations. Cependant, ces caisses ne servaient pas toutes des retraites : une enquête effectuée en 1892, évaluait que sur les 146500 ouvriers des mines, 120000 environ étaient affiliées à une caisse de retraites, soit 82 %[11].

En outre, ces caisses prêtaient le flanc à de nombreuses critiques, qui laissent à penser que dans les mines, les caisses de retraites, à leur origine, ont davantage servi comme élément de gestion de la main-d'oeuvre que comme une réelle couverture du besoin de retraite.

Selon P.-J. Pouillot, sur les 120000 ouvriers affiliés aux caisses, seulement 20000, appartenant à 10 exploitations, jouissaient d'une sécurité entière, les sommes destinées à la constitution de leur retraite étant directement versées à la Caisse Nationale des Retraites pour la vieillesse : détenteurs d'un livret individuel, ils conservaient, en quittant une entreprise, tous les droits qu'ils avaient pu acquérir durant le temps où ils y avaient travaillé. Près de 29000 ouvriers appartenaient à des caisses patronales entièrement à la charge de l'employeur, et plus de 70000 à des caisses de secours mixtes, dont les ressources provenaient à la fois de prélèvements sur les salaires et de subventions patronales. Ces caisses étaient donc le plus souvent organisées selon le modèle de l'assistance (la participation de l'employeur était laissée à sa discrétion), et l'attribution des pensions était habituellement subordonnée à des conditions très restrictives,

10 . O. KELLER, « Statistique des Caisses de secours pour les mineurs et des autres institutions de prévoyance ayant fonctionné dans les houillères en 1882 », *Annales des Mines*, 1882, pages 321 à 389.

11 . P.-J. POUILLOT, *Le régime de retraites des ouvriers mineurs en France*, thèse de doctorat, Brenner et Cie, Paris, 1941, page 30. Dans son rapport sur les caisses de prévoyance, O. Keller déplore le fait que les retraites ne soient pas assez répandues : « Cependant les pensions viagères ne sont pas assez répandues, en dehors du cas d'accident, et il est à désirer que les versements pour la retraite se généralisent parmi les mineurs. », O. KELLER, *op. cit.*, page 388.

comme l'accomplissement d'une durée minimum de services (20, 25 ou même 30 ans) dans la même exploitation. Selon R. Bonnet, la majorité des institutions ne prévoyait pas de retraites à âge fixe, mais uniquement des pensions en cas d'incapacité de travail[12].

Le droit à la retraite était donc le plus souvent subordonné à l'attachement à l'entreprise, ce que la clause de déchéance contenue dans la plupart des règlements de caisses de retraites prévoyait : « Tout ouvrier quittant volontairement la compagnie, ou qui en est renvoyé, perd tous droits éventuels à pension.[13] » Enfin, les situations des caisses étaient très disparates. En 1882, les pensions versées variaient de 33 centimes à 1,65 franc par jour[14], les pensions de vieillesse et d'invalidité s'échelonnaient en 1892, suivant les exploitations, entre 120 et 800 francs par an, le montant moyen se situant à 340 francs[15].

Dans les chemins de fer, les retraites vont s'organiser sur des bases plus sûres que dans les mines. En effet, en raison même de leur activité, les compagnies de chemins de fer ont à gérer une main-d'oeuvre nombreuse qui doit être stable et disciplinée[16]. Les grandes compagnies de chemin de fer vont alors appliquer les recettes de la fonction publique dans la gestion de leur personnel : des rémunérations médiocres, le plus souvent inférieures à celles de l'industrie[17], mais compensées par l'attrait de carrières sûres avec au

12 . R. BONNET, *La sécurité sociale dans les mines*, thèse de doctorat en droit, paris, Dalloz, 1963, page 11.

13 . P.-J. POUILLOT, *op.cit.*, page 32, R. BONNET, *op. cit.*, page 11.

14 . O. KELLER, « Statistique des caisses de secours pour les mineurs ... », *op. cit.*, page 370.

15 . R. BONNET, *op. cit.*, page 11.

16 . Paul Brugère note que « Les compagnies avaient d'ailleurs senti que faire leur devoir, ici, c'était aussi obéir à leur intérêt : il leur fallait un personnel d'élite, qui pût être soumis à une étroite discipline, en qui l'on pût avoir une absolue confiance ; il leur fallait aussi un personnel stable, étant donné le long apprentissage qu'il avait à subir et la grande expérience qui lui était nécessaire. Le seul moyen de s'attacher de tels agents, les Compagnies l'ont compris, c'était d'ajouter à l'attrait du salaire régulier et de tous les avantages immédiats qu'elles offraient déjà à leurs employés, cet autre attrait non moins puissant qu'est pour tout travailleur la perspective d'une retraite, d'un avenir assuré pour lui et pour les siens. », P. BRUGERE, *De l'organisation des institutions de retraites du personnel des grands réseaux de chemins de fer français*, thèse de droit, Montpellier, Imprimerie Générale du Midi, 1909, pages 3 et 4.

17 . F. Caron note que les salaires de la Compagnie de chemin de fer du Nord se sont accrus lentement jusqu'en 1910, et qu'ils suivent avec peine l'évolution des salaires

terme une retraite. Dès les années 1850, cette politique va prendre son essor. Des régimes de retraites vont être institués par les compagnies de l'Ouest en 1850, du Nord en 1855, du Midi et de Paris-Lyon-Méditerranée en 1856, de l'Est en 1862, d'Orléans en 1879. En 1899, dans les sept principales compagnies de chemins de fer, le nombre des participants aux institutions de retraites s'élevait à 190000, et le nombre des pensionnés à 47350. Les cotisations des membres atteignaient alors 11,6 millions, et les allocations des compagnies 36,1 millions.

Que les caisses de retraites soient propres à l'entreprise ou fonctionnent par l'intermédiaire de la Caisse Nationale des Retraites (dans ce cas, la compagnie complète généralement la rente acquise sur le livret individuel), les conditions de la retraite sont généralement déterminées par les règlements propres à chaque entreprise. Ces règlements prévoient l'âge de la retraite (souvent 55 ans), la durée minimum de service donnant droit à la retraite (25 ans la plupart du temps), et la base de l'évaluation de la pension (généralement le traitement moyen des six dernières années et la retraite égale au 1/60 ou 1/50 du traitement moyen par année de service).

Comparé au niveau des retraites de l'époque, le niveau des retraites des compagnies s'avère très élevé. En 1896, la pension moyenne payée par les compagnies possédant leur propre caisse s'élevait à 693 francs, et le versement annuel moyen, pour les entreprises utilisant la Caisse Nationale des Retraites, était de plus de 63 francs (alors que le versement collectif moyen à la Caisse Nationale des Retraites s'élevait cette même année à 40 francs).

La politique de gestion de la main-d'oeuvre dans les grandes compagnies de chemins de fer s'appuie donc véritablement sur les caisses de retraites, sur la promesse d'une retraite.

---

extérieurs. En 1899, dans la région de Douai, un inspecteur principal de la Compagnie constate que les embauchés cessaient souvent de travailler dès le premier jour, jugeant la besogne trop pénible et le salaire insuffisant. F. CARON, *Histoire de l'exploitation d'un grand réseau, La Compagnie de chemin de fer du Nord, 1846-1937*, Mouton, Paris, 1973, pages 316 à 322.

Les caisses patronales de retraites des établissements industriels

Hormis les mines et les grandes compagnies de chemins de fer, quelques grandes entreprises ont institué, sur la fin du XIXe siècle, des caisses de retraites.

En 1896, l'Office du Travail, à la demande de la Commission de Prévoyance et d'Assurances sociales de la Chambre des députés, entreprend une enquête sur les caisses patronales de retraites de l'industrie privée[18]. Elle relève le nombre des caisses fondées par les chefs d'entreprises en faveur de leurs ouvriers, le mode d'organisation de ces caisses et leurs résultats. Cette enquête visait également à mettre en évidence la précarité des caisses de retraites patronales dans l'industrie.

Tableau 10
Les caisses patronales de retraites de l'industrie (hors mines et transports) en 1896

Organisation de la caisse de retraites :	Nombre d'établisse-ments	Nombre de caisses[19]	Nombre d'ouvriers dans ces établisse-ments	Nombre d'ouvriers participant aux caisses
Caisses de retraites fonctionnant sans la CNR (autonomes)	135	84	86000	74000
- dont : caisses sous forme de société de secours mutuels	20	19	-	11697
Service de retraites fonctionnant par l'intermédiaire de la CNR	72	63	40491	25128[20]

Le tableau 10 résume la situation des caisses patronales dans l'industrie privée, en distinguant les deux catégories d'institutions

18. Office du Travail, *Les caisses patronales de retraites des établissements industriels*, Imprimerie Nationale, Paris, 1898.

19. Une caisse de retraites peut être commune à plusieurs établissements.

20. Nombre de titulaires de livrets CNR.

mises en place : les entreprises dont les ouvriers bénéficient de livrets à la Caisse Nationale des Retraites, et les entreprises disposant d'une caisse autonome, celle-ci pouvant alors prendre la forme d'une société de secours mutuels propre à l'entreprise.

Là aussi, il ne fait aucun doute que les retraites contribuent à la gestion du personnel. En effet, ces caisses n'existent que dans la grande ou très grande industrie, et souvent les pensions y sont aléatoires, constituant davantage une récompense pour services rendus qu'un véritable droit.

Les établissements qui ont mis en place des caisses patronales de retraites appartiennent tous, sans exception, à la grande industrie. Les entreprises dont la caisse de retraites fonctionne sans la Caisse Nationale des Retraites ont en moyenne 637 ouvriers et employés, celles dont les cotisations de retraite sont versées à la Caisse Nationale des Retraites ont en moyenne 562 ouvriers et employés.

Les industries disposant de caisses de retraites sont caractéristiques du développement industriel : les industries des métaux, les industries textiles, les industries chimiques possèdent le plus grand nombre de caisses de retraites autonomes (ces trois groupes renferment à eux seuls plus de 73 % du total du personnel affilié aux caisses). Parmi les entreprises dont le système de retraite fonctionne avec la CNR, les industries des métaux sont majoritaires, puisqu'ils regroupent 30 établissements, 20161 titulaires de livrets, c'est-à-dire les 4/5 de l'ensemble des titulaires. Quant à la localisation géographique des établissements qui ont mis en place des caisses de retraites, elle recoupe exactement celle de la France industrielle.

L'enquête de 1896 renseigne également sur les conditions du service des pensions dans les caisses autonomes (âge d'admission à la retraite, délai minimum de service, retraite déterminée ou non par les statuts de la caisse, ...). Ces précisions témoignent de l'utilisation des retraites dans la politique de gestion du personnel.

L'âge minimum d'admission à la retraite, par exemple, est un indice du sérieux des retraites servies (cf. tableau 11). Dans les caisses où aucune limite d'âge n'a été prévue, la retraite est accordée à l'ouvrier lorsqu'il devient incapable de continuer son travail, par suite d'infirmité ou de vieillesse. Le rapporteur de l'enquête estime que, pour ces caisses, la retraite « n'est qu'une pension d'invalidité, quelquefois même simplement un secours de maladie renouvelable jusqu'au décès : il n'y a pas de retraites d'âge »[21] . Or, plus d'un tiers des caisses sont de ce type.

Tableau 11
Age minimum d'admission à la retraite
(caisses autonomes de l'industrie privée)

Limite d'âge	Nombre de caisses	Nombre d'établissements	Nombre de participants
Au-dessous de 50 ans	3	3	2080
50 ou 55 ans	17	41	19088
60 ans	17	33	19887
Au-dessus de 60 ans	11	17	9323
pas de limite	36	41	23453
Total	84	135	73831

De même, l'absence de fixation d'un délai minimum de service indique que les pensions servies ne sont pas véritablement des pensions de retraites : « l'absence de délai déterminé est, comme celle d'une limite d'âge, l'indice qu'on n'a pas affaire à des retraites proprement dites, mais à des pensions d'invalidité ou à des secours renouvelables, dont l'allocation est, en général, subordonnée dans chaque cas particulier à la décision patronale, sans droits pour l'ouvrier régulièrement établis et reconnus.[22] » Pour les caisses qui ont fixé un délai minimum de service, les durées les plus fréquemment adoptées sont de 30 ans (19 caisses), 25 ans (14 caisses) ou 20 ans (15 caisses).

Dans 49 caisses, la retraite est déterminée par les statuts de la caisse de retraites (cf. tableau 12). A ce groupe, appartiennent toutes les institutions « pourvues d'une organisation réelle et fonctionnant

---

21 . Office du Travail, *Les caisses patronales de retraites des établissements industriels*, *op. cit.*, page 30.
22 . Office du Travail, *Les caisses patronales de retraites des établissements industriels*, *op. cit.*, page 33.

régulièrement »[23]. Dans les 35 autres caisses, les statuts laissent la retraite indéterminée. Le rapporteur de l'enquête constate qu'il s'agit là de tous les établissements « où des pensions sont servies à des ouvriers âgés ou infirmes, mais d'une manière facultative ou arbitraire, sans qu'aucun règlement établi consacre en quelque façon les droits éventuels des ouvriers valides à une retraite »[24].

Tableau 12
Base de fixation de la retraite
(caisses autonomes de l'industrie privée)

Base de fixation de la retraite	Nombre de caisses	Nombre d'établis-sements	Nombre de partici-pants
La retraite est fonction du salaire, le salaire de référence étant le salaire moyen des 10 dernières années	9	22	11788
La retraite est fonction de la durée de service et indépendante du salaire	21	51	28961
La retraite est une somme fixée uniformément (elle ne dépend ni du salaire, ni de la durée de service)	19	21	11014
Les statuts laissent la retraite indéterminée	35	41	22068
Total	84	135	73831

Dans 23 caisses (regroupant 24 établissements et 12093 participants), les ouvriers effectuent des versements à la caisse de l'établissement. Concernant les contributions patronales, des contributions régulières, fixees d'avance (selon un taux stipulé dans les statuts ou les règlements des caisses) se rencontrent dans 16 caisses (32 établissements, 20384 participants) seulement.

23. Office du Travail, *Les caisses patronales de retraites des établissements industriels*, *op. cit.*, page 34.
24. Office du Travail, *Les caisses patronales de retraites des établissements industriels*, *op. cit.*, page 34.

La gestion des caisses de retraites laisse donc le plus souvent à désirer, et ces retraites ne constituent un droit que dans un nombre limité de caisses. Un fait vient confirmer l'hypothèse selon laquelle les caisses de retraites patronales ont pour fonction de stabiliser la main-d'oeuvre, de la gérer, et accessoirement seulement de verser des retraites aux vieux ouvriers. La loi du 27 décembre 1895, concernant les caisses de retraites, de secours et de prévoyance fondées au profit des employés et des ouvriers, stipule qu'en cas de faillite, l'entreprise doit restituer les sommes affectées aux institutions de prévoyance établies en faveur des ouvriers, et exige qu'à l'avenir, les sommes destinées à la constitution des retraites soient déposées dans des établissements spéciaux[25]. Or, en 1910, une seule institution patronale de retraites répondait aux exigences de cette loi, la Compagnie Générale des Eaux. Les autres caisses continuaient à fonctionner comme elles l'entendaient[26].

Les professions les mieux protégées par les caisses patronales au XIXe sont des professions caractéristiques du développement industriel. Comme le note l'ingénieur des mines Robert Pinot, qui s'est consacré à la bonne marche des institutions patronales des industries métallurgiques et minières, « la question des retraites ne se posa d'une façon évidente qu'une fois le régime de la grande industrie instaurée. Il fallut alors remplacer pour l'ouvrier tous les appuis que sa vieillesse rencontrait jusqu'alors dans sa propre famille, dans son établissement

---

25 . L'article premier de cette loi stipule que : « En cas de faillite, de liquidation judiciaire ou de déconfiture, lorsque, pour une institution de prévoyance, il aura été opéré des retenues sur les salaires, ou que des versements auront été reçus par le chef de l'entreprise, ou que lui-même se sera engagé à fournir des sommes déterminées, les ouvriers, employés ou bénéficiaires sont admis de plein droit à réclamer la restitution de toutes les sommes non utilisées conformément aux statuts. Cette restitution s'étendra, dans tous les cas, aux intérêts convenus des sommes ainsi retenues, reçues ou promises par le chef de l'entreprise. » L'article 3 est ainsi rédigé : « Dans les trois mois qui suivront la promulgation de la présente loi, toutes les sommes qui, à l'avenir, seront retenues sur les salaires des ouvriers et toutes celles que les chefs d'entreprise auront reçues ou se seront engagés à fournir en vue d'assurer des retraites devront être versées, soit à la Caisse Nationale des Retraites pour la vieillesse, au compte individuel de chaque ayant droit, soit à la Caisse des Dépôts et Consignations, soit à des caisses syndicales ou patronales spécialement autorisées à cet effet. L'autorisation sera donnée par décret rendu dans la forme des règlements d'administration publique. »

26 . L.-P. MAJOUX, *Les caisses patronales de retraites*, thèse de doctorat en droit, Versailles, C. Cloteaux, 1924, page 22 et page 25.

dans des centres ruraux, dans la continuité des engagements, et enfin dans l'accession facile au petit patronat. Aussi lorsque furent créés les grands établissements industriels, et que fut perçue la nécessité de s'attacher d'une façon permanente la main-d'oeuvre nécessaire pour maintenir la continuité et la régularité de leurs travaux, leurs chefs se préoccupèrent de garantir à ceux de leurs ouvriers qui avaient fourni ou qui devait fournir chez eux une longue carrière industrielle, la sécurité de leurs vieux jours. Bien des combinaisons furent alors essayées, chacune répondait au cas particulier qui se posait à l'établissement qui voulait assurer une retraite à son personnel »[27].

L'hypothèse selon laquelle les institutions patronales des grandes entreprises - mines et chemins de fer en particulier - ont contribué à assurer de façon efficace le recrutement de la main-d'oeuvre et sa stabilité reste donc la plus convaincante. Selon H. Hatzfeld, « dans tous les cas qui posent le problème d'un recrutement massif d'un personnel dont il faut assurer la discipline et la stabilité, les solutions adoptées ont été comparables ». Elles ont consisté à « ajouter au salaire des « avantages » accessoires répondant aux besoins des travailleurs mais dont l'attribution n'obéit pas aux règles qui président à la distribution des salaires. Répondant à des besoins que le salaire est incapable de satisfaire - en particulier le besoin de sécurité - ces avantages sont soumis en fait à des conditions telles que la fidélité du travailleur et sa bonne tenue, éléments que les chefs d'entreprises peuvent librement apprécier »[28]. La pension de vieillesse est un de ces avantages qui accroissent la dépendance du travailleur à mesure que les années passent.

Et, les caisses de retraites une fois créées, celles-ci vont faire partie intégrante de la gestion de la main-d'oeuvre au sein de l'entreprise.

Vers une rationalisation de la gestion de la main-d'oeuvre âgée

Sur la fin du XIXe siècle, de nouveaux impératifs de gestion de la main-d'oeuvre se font jour dans la grande entreprise. La mise en place d'un nouveau mode d'accumulation repose en effet sur un nouveau

---

27 . R. PINOT, « Les institutions sociales de la grande industrie », *Revue Politique et Parlementaire*, tome 118, 1924, pages 421 à 438.
28 . H. HATZFELD, *op. cit.*, pages 109 et 110.

type, plus rationnel, d'utilisation de la force de travail. Dans ce processus, les caisses de retraites vont avoir un rôle fondamental, celui d'assurer une meilleure circulation de la main-d'oeuvre au sein de l'appareil de production et de contribuer ainsi à une meilleure efficacité.

Caisses de retraites et rajeunissement de la main-d'oeuvre

Au sein des entreprises, et pour les ouvriers usés ou âgés, parfois le travail change de nature et s'adapte à la vieillesse. Les changements de métier ou de qualification vers des emplois de vieillissement ou des « professions-refuges » sont massifs au XIXe siècle. Pour A. Cottereau, « dans les meilleurs des cas, ils [les emplois de vieillissement] fournissaient une activité moins fatigante et adaptée au degré d'usure. Dans le plus grand nombre de cas, c'était un parcours vers des travaux de plus en plus dévalorisés et exploités »[29]. A. Cottereau cite le cas des usines métallurgiques de Fourchambault, qui réemploient les ouvriers usés comme simples manoeuvres, avec des salaires très bas et discontinus. Selon Michel Rondet, porte-parole des mineurs dans les années 1880, les compagnies minières font tout leur possible pour se débarrasser des ouvriers qui ont plus de quarante ans ; faute de pouvoir renvoyer directement les ouvriers de cinquante ans, elles les renvoient indirectement en les retirant de la production pour les affecter, soit au fond, soit au jour, à des activités moins fatigantes, mais aussi moins bien payées, pour une journée de travail allongée[30].

Cependant cette forme de gestion de la main-d'oeuvre âgée tend à disparaître avec la rationalisation de la gestion de la main-d'oeuvre dans la grande entreprise. En effet, les ouvriers sont de plus en plus nombreux à arriver à l'âge de la vieillesse au sein de l'entreprise. Pour encourager leurs ouvriers à prolonger leur carrière au sein de l'entreprise pendant les années où ils peuvent offrir les plus grands

---

29 . A. COTTEREAU, « Usure au travail, destins féminins et masculins dans les cultures ouvrières en France, au XIXe siècle », *Le Mouvement Social*, juil.-sept., n°124, 1983, pages 71 à 112.

30 . R. TREMPE, « Travail à la mine et vieillissement des mineurs au XIXe siècle », *Le Mouvement Social*, n°124, juil.-sept. 1983, pages 131 à 152.

services, les patrons leur feront miroiter une retraite pour leurs vieux jours. Mais cette politique comporte également un corollaire indésirable : les ouvriers vieillissent au sein de l'entreprise. Ce vieillissement des ouvriers, dans une entreprise où les contraintes de productivité et d'efficacité se font plus impérieuses, comme c'est le cas vers la fin du XIXe siècle, ont des conséquences néfastes. La retraite va alors être un moyen de gérer la fin de carrière des ouvriers âgés, de procéder à un rajeunissement de la main-d'oeuvre.

Nous avons vu que R.-F. Melchers avait établi, à partir du recensement de 1896, une corrélation entre la taille des établissements et la présence d'ouvriers âgés. Cependant, dans le groupe comprenant la grande majorité des industries dominées par les grands établissements (chemins de fer, mines, métallurgie, ...) le nombre d'ouvriers âgés est inférieur au nombre auquel on s'attendrait si la corrélation entre la proportion d'ouvriers âgés et la taille des établissements était plus forte : malgré l'importance des effectifs dans chaque établissement, le nombre de travailleurs âgés d'au moins 55 ans y est relativement faible.

Les industries se situant le plus à l'écart de la ligne de corrélation sont les transports ferroviaires, les mines, la métallurgie, l'industrie du livre et l'industrie chimique. Or, la répartition par catégorie d'activité industrielle des établissements qui offrent des pensions de vieillesse à leurs ouvriers suit de près les industries pour lesquelles le nombre de travailleurs âgés d'au moins 55 ans est relativement faible malgré l'importance des effectifs dans chaque établissement.

On peut en conclure qu'une fois adopté ce nouveau mode de gestion de la main-d'oeuvre, caractérisé par la création de caisses de retraites, la proportion d'ouvriers âgés retombe à un niveau plus bas, à un niveau qui rappelle celui des établissements de taille plus modeste.

Cela ne prouve évidemment pas que les grands établissements aient eu recours aux caisses de retraites essentiellement pour rajeunir leurs effectifs : en l'absence de législation de travail, ceux-ci auraient pu être simplement congédiés. Néanmoins ces institutions contribuent effectivement à un rajeunissement de la main-d'oeuvre.

Productivité et mise à l'écart des travailleurs âgés

Cependant, avec les nouveaux impératifs de productivité et d'efficacité au sein de la grande entreprise, le patronat a probablement vu dans les systèmes de retraites un moyen commode, peu coûteux et socialement indolore de licencier le personnel vieilli dont la rentabilité devenait insuffisante. R. Trempé[31] montre que, dans l'industrie minière, l'initiative en matière de retraites a surtout été le fait des patrons soucieux de se séparer de travailleurs usés, faiblement productifs, et dont l'emploi alourdissait les prix de revient.

Dans les houillères du bassin creusotin après 1880 lorsque la direction cherche un moyen de rendre plus aisé le remplacement des anciens ouvriers par des plus jeunes, mieux disposés à s'adapter à l'évolution des modes de travail, les règlements de la caisse de retraites changent[32]. La durée du service minimum pour l'octroi d'une pension est abaissée et fixée à trente ans, à l'âge minimum de 55 ans. Une retraite proportionnelle au service pourra également être accordée aux ouvriers invalides après vingt ans de services, à l'âge minimum de 45 ans. Désormais, il sera donc possible à la compagnie de renvoyer ou de déplacer à un poste moins rémunéré un ouvrier dès l'âge de 45 ans, en le mettant à la retraite d'invalidité : « Ce qui est ainsi favorisé, c'est l'évacuation ou le transfert à l'intérieur de l'usine des ouvriers dont le rendement est jugé insuffisant, ou qui résisteraient par trop aux nouvelles conditions de travail.[33] » Ainsi, dans les usines Schneider au Creusot, l'adoption d'un régime de retraites en 1877 coïncide avec une nouvelle orientation de la politique de main-d'oeuvre : la charge du maintien au travail, même à un salaire réduit, des ouvriers dont la productivité est faible, commence à peser sur le prix de revient[34].

Dans les chemins de fer, l'usure du métier légitime la retraite. D'après un médecin ayant étudié la santé des mécaniciens et des chauffeurs dans les chemins de fer, ces derniers « sont fatigués après dix ans de

31 . R. TREMPE, *Les mineurs de Carmaux, 1848-1914*, tome II, *op. cit.*, page 585.
32 . J.-B. MARTIN, *La fin des mauvais pauvres - De l'assistance à l'assurance*, Seyssel, champ Vallon, 1983, page 75.
33 . J.-B. MARTIN, *op. cit.*, pages 75 et 76.
34 . J.-B. MARTIN, *op. cit.*, page 169.

services, souffrants après 15 ans, et peu capables, après vingt ans, de faire leur service »[35].

W. Graebner, pour les Etats-Unis, a souligné le lien étroit entre l'émergence de caisses de retraites et « l'élimination » des travailleurs âgés[36]. A la fin du XIXe siècle, les retraites ont servi à créer une main-d'oeuvre plus efficace, en facilitant le transfert de l'emploi d'une génération à l'autre, tout cela s'effectuant dans un compromis social relatif. La politique de retraite est ainsi liée à l'efficacité : les employeurs ont pensé que l'introduction de nouvelles technologies rendait obsolète le savoir-faire des travailleurs âgés, et que ceux-ci ne pouvaient assurer les niveaux de productivité requis. Cet argument, selon W. Graebner, a été très influent avant 1914.

L'élimination des travailleurs âgés du système productif s'insère alors dans une nouvelle logique de rationalisation de la production. Avec le « Scientific Management », le « taylorisme », cette politique prend son essor. En cherchant des méthodes pour augmenter la productivité du travail, les « scientific managers » vont se concentrer sur deux thèmes principaux, l'incitation par les salaires et la sélection de la force de travail[37].

En 1901, Andrew Carnegie, l'industriel américain de l'acier, disciple de Taylor, a établi un fonds de retraite pour son personnel, et le destine à l'évacuation de la main-d'oeuvre vieillissante et peu productive de l'entreprise. L'augmentation du rendement est également la condition qui incite l'American Steel and Wine

---

35 . Dr DUCHESNE, *Des chemins de fer et de leur influence sur la santé des mécaniciens et des chauffeurs*, Paris, Mallet-Bachelier, 1857, cité par POIRIER de LAVOUËR, *Des retraites des employés de chemins de fer*, thèse de doctorat, Rennes, Imprimerie du journal de Rennes, 1913, page 8.

36 . W. GRAEBNER, *A History of Retirement, The Meaning and Function of an American Institution*, 1885-1978, Yale University Press, 1980.

37 . Cf. W.A. ACHENBAUM, « The obsolescence of Old Age in America », 1865-1914, *Journal of Social History*, 1974, pages 48 à 62. « From a larger perspective, pensions were part of an overall strategy to attract an ambitious, proficient work force : The corporation that can assure its employees a reasonably permanency of employment, promotion in order of precedence and fitness and a satisfactory program for old age, will inevitably attract the highest grade of men and obtain from them the most efficient work. »

Company à proposer dès 1902 un service de retraites, où le départ est automatique à l'âge de 65 ans[38].

Cependant, pour la France, le lien entre les caisses de retraites et le souci de rationalisation de la gestion de la main-d'oeuvre est difficile à établir[39], et, en dehors des mines et des chemins de fer, le développement des caisses de retraites reste très circonscrit.

En conclusion, les caisses patronales de retraites se sont développées dans la grande industrie d'abord par souci de gestion de la main-d'oeuvre (attirer, fixer, discipliner la main-d'oeuvre) et ce même outil servira par la suite à faciliter l'élimination d'ouvriers trop âgés ou trop faibles dans le cadre d'un objectif d'amélioration de la productivité : « A l'origine, les caisses de retraites étaient inventées pour convaincre, en lui garantissant un bien-être minimal, une population que sa méfiance tenait hors des murs de l'usine. A partir des années 1880, les mêmes institutions, remaniées sur quelques points, participent à l'organisation de la vie de l'usine.[40] » Ainsi, avec la grande industrie naît un nouveau mode de gestion de la force de travail dans lequel la retraite intervient pour encourager les ouvriers à rester au sein de l'entreprise pendant leurs années les plus productives et pour assurer un renouvellement plus rapide de la main-d'oeuvre en facilitant le renvoi des ouvriers insuffisamment productifs.

Et pourtant, on observe dans les industries qui ont créé très tôt des caisses de retraites, une certaine « autonomisation » des retraites, comme si cet instrument de gestion du personnel commençait à s'échapper de ses fonctions premières.

L'EVOLUTION DES REGIMES DE RETRAITES

Dans les entreprises dont les ouvriers ont bénéficié très tôt « d'avantages sociaux » particuliers, ceux-ci s'améliorent avec le temps et sont vécus progressivement comme un droit. En revanche, ce

---

38 . B. DUMMONS, G. POLLET, « Politiques de vieillesse et rationalisation dans l'entreprise : la gestion des vieux travailleurs en France au début du siècle », *Sociologie du travail*, XXXVI, n°3, 1993, pages 241 à 255.

39 . B. DUMMONS, G. POLLET, *op. cit.*, page 252.

40 . J.-B. MARTIN, *op. cit.*, page 76.

modèle a du mal à s'imposer dans les autres professions et pour l'ensemble des salariés.

Vers des retraites plus sûres

Pour les entreprises qui les mettent en place, les retraites constituent une arme à double tranchant : une fois instituées, les pensions de retraites finissent par devenir un « droit » pour le salarié, elles peuvent donner lieu à des revendications ouvrières, d'autant plus légitimes que souvent le salarié subit des retenues sur son salaire. Il y a alors un risque qu'elles ne deviennent, sous la pression des salariés et l'impulsion du législateur, une obligation pour les employeurs. C'est ce qui s'est produit pour les militaires et les fonctionnaires, les mineurs et les cheminots.

Des revendications ouvrières pour les retraites

Un mouvement ouvrier plus général se développe au cours des dernières décennies du XIXe et au début du XXe. La grève, légalisée par une loi de 1864, connaît dès lors une prodigieuse croissance : 190 grèves et 110000 grévistes seront enregistrés en 1880, 341 grèves et 139000 grévistes en 1890, et toujours plus de 1000 grèves après 1904. L'essor du syndicalisme contribue également à faire aboutir les revendications ouvrières. Légitimés par la loi de 1884, les syndicats deviennent la forme moderne des associations ouvrières et professionnelles.

Cependant, les premières revendications ouvrières ont davantage porté sur des questions de salaire ou d'amélioration des conditions de travail que sur des éléments de protection sociale[41] . Selon P.-J. Pouillot, dans les mines, « c'est seulement à la fin du siècle passé qu'apparaissent les premières demandes relatives au régime de retraites. Puis les réclamations se multiplient ; les campagnes deviennent très vives ; la

---

41 . Selon P.-J. Pouillot, « à la vérité, les mineurs semblent bien, à l'origine, s'être assez désintéressés de la question [de l'assurance-vieillesse et invalidité] : la conquête de hauts salaires, de conditions de vie moins pénibles, ont pendant bien des années accaparé toute leur activité corporative », P.-J. POUILLOT, *op. cit.*, page 5.

question est de plus en plus fréquemment agitée dans les Congrès, au Parlement »[42].

Souvent, des faillites de compagnies feront surgir le problème des caisses de retraites et donneront lieu aux premières revendications. Ainsi, en 1880, lorsque la Compagnie de Terrenoire, La Voulte et Bessèges est mise en liquidation, elle avait depuis plus de quarante ans une caisse de retraites alimentée notamment par des retenues de 6% sur les salaires. Les ouvriers furent dans l'impossibilité de récupérer les sommes versées, qui s'élevaient à cette époque à 1700000 francs, mais que cette société métallurgique avait mêlé à ses propres fonds. A partir de 1871 dans les chemins de fer, des procès font également apparaître le problème des caisses de retraites.

Dès juin 1881, au 2ème congrès socialiste de la Région de l'Est, tenu à Saint-Etienne, un délégué des mineurs, Michel Rondet, présente un programme pour son organisation dans lequel la création d'une caisse de secours et de retraites centralisée et solidaire pour tous les mineurs du bassin est demandée[43]. En 1883, dans un congrès corporatif national tenu à Saint-Etienne, les ouvriers mineurs groupèrent, sur le plan national, les différents syndicats en une *Fédération nationale des diverses chambres syndicales des ouvriers mineurs*. Dès lors, les questions relatives à la protection sociale vont s'inscrire en première place parmi les préoccupations des mineurs[44]. Selon D. Cooper-Richet, l'histoire de la Fédération Nationale des Mineurs sera étroitement liée à celle de la protection sociale pour cette corporation.

Dans les chemins de fer, les retraites commencent également à faire l'objet de luttes sociales sur la fin du XIXe. En avril 1893, le programme du 4ème Congrès National du syndicat des travailleurs des chemins de fer revendique entre autres une réglementation uniforme des caisses de retraites pour toutes les compagnies, la fixation du minimum de la retraite à 1200 francs après vingt ans de services et ceci sans condition d'âge ni de retenue sur les salaires, et enfin la gestion des caisses par une commission paritaire.

---

42 . P.-J. POUILLOT, *op. cit.*, page 6.

43 . D. COOPER-RICHET, *Les étapes de la constitution d'un système de protection sociale dans les mines (1850-1950)*, Rapport MIRE et CGP, CNAM-CNRS, 1987, page 20.

44 . Cf. R. BONNET, *op. cit.*, page 13.

Entre ces revendications ouvrières pour les retraites et l'intervention du législateur existe une liaison étroite. Par exemple, c'est à la suite de grèves générales dans les mines que vint en discussion au Sénat, le 26 janvier 1893, sur le rapport de M. Cuvinot, un nouveau projet qui devait devenir la loi du 29 juin 1894. Dans un rapport établi, en juillet 1885, au nom de la Commission chargée d'examiner la proposition de loi relative aux retraites minières, M. Mazeron, député, écrivait que ce sujet « s'imposait à l'attention du législateur non seulement pour des considérations de justice et d'humanité, mais encore du point de vue de l'ordre public, car il n'était pas de grèves, parfois sanglantes, soulevées au cours des années antérieures dans les bassins miniers qui n'aient eu avec les questions de salaires, pour cause ou pour prétexte, l'insuffisance des Caisses de Secours et leur organisation défectueuse »[45]. C'est également pour tenir compte des revendications ouvrières qu'est votée, après de nombreuses polémiques, la loi du 25 février 1914, créant enfin la Caisse autonome que les mineurs réclamaient depuis de nombreuses années[46].

Dans les chemins de fer, la loi de 1909 sur les retraites sera jugée décevante, d'abord parce qu'elle est loin des revendications premières des cheminots, ensuite parce qu'elle n'a pas un caractère rétroactif. Avec les revendications salariales, ce sera une des causes de la grande grève de 1910 décidée par le Syndicat National. Peu après, la loi du 28 décembre 1911 introduit la rétroactivité.

Une amélioration des pensions et une extension du nombre des bénéficiaires

Les régimes de retraites mis en place pour les fonctionnaires, les mineurs ou les cheminots vont tous dans le sens d'un droit reconnu,

45 . Rapport n°3965, annexé au procès-verbal de la Chambre des députés du 7 juillet 1885, cité par Bonnet, *op. cit.*, page 13.

46 . Dans les mines, les ouvriers réclamaient depuis longtemps la création, pour la couverture des risques sociaux les plus importants, l'invalidité et la vieillesse, d'un régime d'assurance uniforme et obligatoire pour tous les salariés de la mine, établi sous la garantie des Pouvoirs Publics, avec la participation financière des exploitants et dont la gestion serait confiée à une Caisse spéciale, à l'administration de laquelle les intéressés seraient appelés à collaborer.

d'une extension du nombre des ayants droit et d'une amélioration des avantages servis.

Pour les fonctionnaires, la refonte du régime des pensions civiles de l'Etat sera réalisée par la loi du 9 juin 1853. L'objet de cette loi était de ramener la liquidation des pensions à des bases uniformes, d'introduire dans la liquidation des conditions plus rigoureuses, de généraliser l'application à tous les fonctionnaires et enfin de centraliser au Trésor les recettes et les dépenses des pensions civiles grâce à la suppression des 25 caisses existantes dont l'actif était attribué à l'Etat. L'effectif des fonctionnaires relevant de cette loi passera de 158000 en 1853 à 315000 en 1906 compte tenu de l'extension des activités de l'Etat.

Cependant, la loi de 1853 laissait dans l'ombre la question de savoir si les fonctionnaires remplissant les conditions exigées pour la retraite pouvaient réclamer comme un droit cette admission. Le Conseil d'Etat avait même émis l'avis (17 juin 1889) que l'administration restait toujours libre d'apprécier de façon discrétionnaire et suivant les exigences du service, le moment où elle devait autoriser ou prescrire la cessation de l'activité de ses agents[47]. R. Rivet note « qu'en cas de départ anticipé, un fonctionnaire perdait tous ses droits ; on ne lui accordait même pas le remboursement des retenues subies par son traitement »[48]. La législation de 1853 étaient depuis longtemps l'objet de critiques, et les pensionnés leur reprochaient de nombreuses lacunes. La loi du 14 avril 1924 interviendra pour faire de la retraite un droit. Pour F. Netter, « le régime des pensions civiles de l'Etat s'édifie progressivement au cours du XIXe siècle. Son évolution qui se poursuivra au cours du XXe siècle s'effectue dans le sens d'une amélioration et d'une garantie croissante des avantages qu'il prévoit. Il présente une grande diversité due à la complexité de la structure des services publics mais s'unifie lentement »[49]. En 1855, 31000 pensions étaient servies, en 1900, 90000 pensions, et à la veille de la guerre,

---

47 . R. RIVET, « Notes sur l'évolution de la dette viagère », *Bulletin de la Statistique Générale de la France et du service d'observation des prix*, avril-juin, 1938, pages 445 à 484.
48 . R. RIVET, *op. cit.*, page 446.
49 . F. NETTER, « Les retraites en France avant le XXe siècle », *Droit Social*, n°6, juin 1963, pages 358 à 373.

122000 pensions, dont 75000 pensions d'invalidité ou d'ancienneté, et 47000 pensions de veuves. A cette date, la moyenne des pensions s'établissait à 1300 francs environ, et 600 francs pour les pensions de veuves. L'âge moyen des fonctionnaires admis à la retraite était de 57 ans et demi, la durée moyenne de service s'établissait à 33 ans ; l'âge moyen des retraités civils décédés en 1914 était 72 ans ; ils avaient bénéficié de leur pension pendant 12 ans en moyenne.

Concernant les mineurs, plusieurs propositions de lois vont être présentées au Parlement entre 1880 et 1894. La loi du 29 juin 1894 constitue une étape importante dans la réalisation des revendications ouvrières en matière de retraite, puisqu'elle pose les deux principes fondamentaux de l'obligation et de la contribution des employeurs. Les exploitants des mines devaient prélever 2 % des salaires des ouvriers, rajouter un versement égal et verser ce montant à la Caisse Nationale des Retraites. En 1893, seules 10 exploitations utilisaient la Caisse Nationale des Retraites pour constituer des rentes à leurs ouvriers ; en 1895, 120 exploitations utiliseront la Caisse et en 1896, 168 exploitations. En 1913, 347000 livrets de mineurs étaient ouverts à la Caisse, contre 161500 en 1895. Il est cependant difficile de connaître avec exactitude le nombre de mineurs retraités dans cette période. Comme le système fonctionne par capitalisation, peu de mineurs ont dû percevoir une retraite à l'origine, le système ne fonctionnant pas depuis suffisamment longtemps. Concernant le montant des pensions, une loi de 1903 a organisé la « prévoyance subsidiée » en faveur des mineurs : l'Etat ouvre un crédit chaque année pour relever les pensions à 240 francs ou 360 francs sous certaines conditions. Cependant le système des livrets à la CNR présentait de nombreux inconvénients et les mineurs réclamaient depuis longtemps la création d'une caisse autonome de retraites.

La loi du 25 février 1914 va confier la gestion du régime des retraites des mineurs à un organisme central, la Caisse Autonome de Retraites des ouvriers mineurs. Cette caisse fonctionne toujours par capitalisation, avec des cotisations patronales et ouvrières identiques à celles de la loi de 1894, mais un fonds de répartition (fonds spécial) est également créé, destiné à majorer les pensions acquises, tant à la Caisse des Retraites qu'à la Caisse autonome, à un chiffre fixé par la loi. Le nombre des comptes d'assurance ouverts à la Caisse autonome atteindra 282500 en 1918. 19 millions avaient été versés au fonds d'assurance en 1918, 14 millions au fonds spécial de répartition ; cette même année, 26800 ouvriers ou veuves d'ouvriers avaient été admis à bénéficier du fonds spécial et avaient reçu 7,5 millions de francs. Le nombre de bénéficiaires du fonds spécial passera de moins de 40000 en 1920 à 81000 en 1929 et 115000 en 1939 (cf. graphique 15).

Graphique 15
Mineurs : bénéficiaires de la loi de 1903 et bénéficiaires du fonds spécial

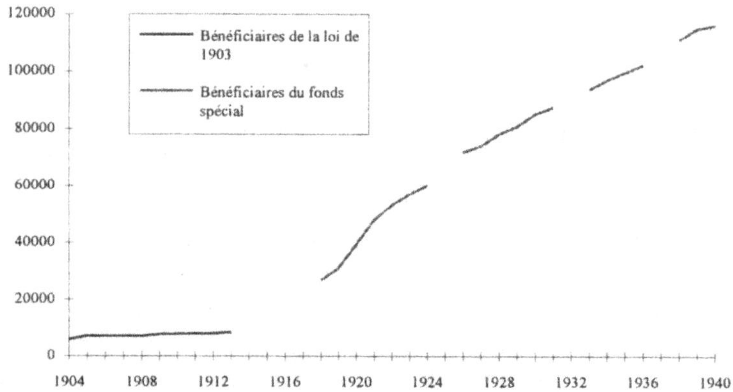

Graphique 16
Retraites des compagnies de chemins de fer : participants et retraités

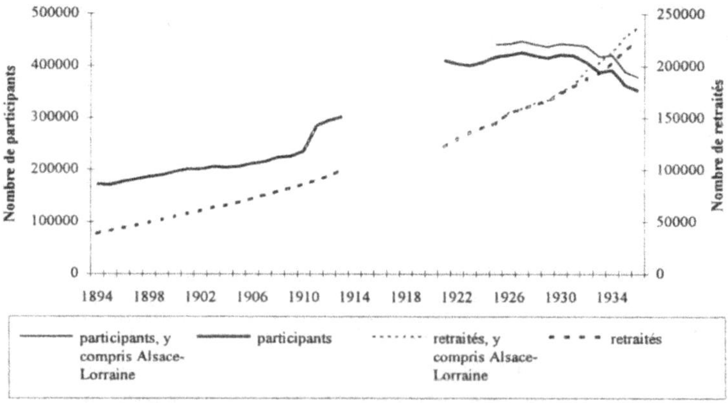

Dans les chemins de fer, les lois de 1909 et 1911 vont réaliser une unification des régimes de retraites institués par les grandes compagnies de chemins de fer. Le nombre de participants aux caisses de retraites des grandes compagnies passe de 200000 en 1900 à 300000 à la veille de la guerre. Dans le même temps, le nombre de retraités double de 50000 à 100000, pour atteindre 150000 en 1939 (cf. graphique 16).

Les retraites s'étendent progressivement à l'ensemble de la profession. Pour les salariés des chemins de fer secondaires, la loi de finances du 8 avril 1910 va disposer que les compagnies et administrations des chemins de fer secondaires, des chemins de fer d'intérêt local et des tramways, devaient dans un délai de 18 mois soumettre à l'homologation ministérielle les statuts et règlements des caisses de retraites en faveur de leur personnel.

En résumé, les régimes de retraites des fonctionnaires, des mineurs et des cheminots s'édifient progressivement dans le sens d'une garantie croissante des droits consentis, d'une amélioration des avantages et d'une extension des bénéficiaires[50].

Pourtant, les tentatives pour instituer des retraites au profit de catégories sociales nouvelles échoueront.

Les difficultés de l'extension de ce modèle à d'autres catégories

Sur la fin du XIXe siècle, la question de la retraite est devenue le problème social dont il est le plus débattu au Parlement. Pourtant, la loi sur les Retraites Ouvrières et Paysannes sera un échec, soit que le principe de l'obligation y ait été très vite contourné, soit que la médiocrité des pensions ait découragé les bénéficiaires potentiels.

L'hostilité à la loi des Retraites Ouvrières et Paysannes

La retraite ouvrière est véritablement le grand problème social de la

50 . A. Prost souligne le parallélisme des évolutions : qu'il s'agisse des fonctionnaires, des cheminots des grands réseaux ou des mineurs, le nombre des retraités double en vingt ans (de 1914 à 1935). Cf. A. PROST, « Jalons pour une histoire des retraites et des retraités, 1914-1939 », *Revue d'Histoire Moderne et Contemporaine*, tome XI, oct.-déc. 1964, pages 263 à 289.

fin du XIXe siècle. De 1890 à 1905, on ne compte pas moins de 30 propositions ou projets de lois relatifs aux retraites ouvrières déposés à la Chambre ou au Sénat[51] , ce qui témoigne de l'intérêt porté à cette question.

Le besoin de sécurité est si intense à la fin du XIXe siècle et au début du XXe que H. Hatzfed rapporte « que certains se plaignaient de voir de bons ouvriers déserter de bons métiers pour prendre une profession donnant droit à la retraite »[52]. J. Fagedet souligne également l'insécurité du lendemain pour l'ouvrier et la fascination qu'exercent les emplois de fonctionnaires, où la rétribution est sûre avec au terme une retraite : « Comment s'étonner ensuite du nombre sans cesse grandissant, au point de représenter un véritable danger pour la société, de demandes pour l'obtention d'un emploi rétribué par l'Etat. C'est que là l'individu est sûr du lendemain. Il est sûr que sa journée terminée il aura du travail pour la journée prochaine. [...] Avec un emploi rétribué par l'Etat, c'est la sécurité presque absolue, c'est la tranquillité presque parfaite, c'est aussi le pain assuré pour la vieillesse par la retraite.[53] »

Et il est vrai que les emplois de service public (PTT, emplois municipaux ou ministériels, enseignement, ...) ou privé (chemins de fer) ouvrant droit à une retraite exercent un attrait considérable. L'affluence des candidats aux postes offerts le montre : dans la Seine, selon le Bulletin Municipal du 6 février 1902, pour 857 offres de toute nature (du manutentionnaire à l'instituteur), 77615 candidats étaient recensés[54]. Pour M. Perrot, « la sûreté de l'emploi, la perspective d'une petite retraite, de menus avantages sociaux, la perspective d'un métier propre et moins fatigant, un profond besoin de considération expliquent la séduction de ces professions »[55].

Pourquoi, dans un tel contexte, la loi des R.O.P. a-t-elle été si mal accueillie ?

---

51 . H. EMBOULAS, *La mutualité et les retraites ouvrières*, thèse de doctorat, Paris, 1905, pages 6 et 7.
52 . H. HATZFELD, *op. cit.*, page 122.
53 . J. FAGEDET, *Les retraites par la mutualité*, thèse de droit, Paris, Charles Noblet, 1905.
54 . M. PERROT, « Les classes populaires urbaines », in *Histoire économique et sociale de la France*, ouv. coll., tome IV, premier volume, PUF, 1979, pages 454 à 534.
55 . M. PERROT, « Les classes populaires urbaines », *op. cit.*, page 509.

Cette loi, votée après vingt années de débats parlementaires[56], va en effet rencontrer l'hostilité des associations patronales et ouvrières : hostilité des grands patrons car certains ont institué des caisses patronales de retraites qu'ils entendent gérer eux-mêmes, des petits patrons qui craignent les charges nouvelles ; hostilité des ouvriers[57] relative à l'insuffisance des prestations prévues, à la charge que représente la cotisation ouvrière, à l'âge trop élevé de liquidation de la pension, à l'utilisation des sommes capitalisées.

L'échec de la loi des Retraites ouvrières et paysannes

Il faut dire que la loi sur les Retraites Ouvrières et Paysannes (R.O.P.) ne devait guère changer le sort des travailleurs âgés.

Cette loi retient le principe de l'obligation pour les salariés dont la rémunération annuelle ne dépasse pas un certain plafond (3000 francs) et prévoit une cotisation annuelle de 9 francs pour les hommes et 6 francs pour les femmes avec cotisation identique de l'employeur, versées à un compte individuel ouvert dans les caisses de capitalisation préexistantes (Caisse Nationale des Retraites et mutuelles principalement). Aux rentes ainsi constituées par ces versements s'ajoute une contribution de l'Etat (60 francs par an puis 100 francs par an à partir de 1912). Déjà, les versements prévus étaient tout à fait insuffisants ; à titre de comparaison, le montant annuel moyen versé sur un livret CNR s'élevait en 1910, pour un compte « par intermédiaire », à 39 francs.

De plus, cette loi ne reçut qu'une application très partielle. En effet, un arrêt décida dès juin 1912 que le fait de ne pas présenter la carte annuelle pour le dépôt des cotisations constituait une faute de l'employé, qui en mettant l'employeur dans l'impossibilité d'observer la loi, le dispensait de verser la cotisation patronale, et l'exonérait de toute responsabilité pénale. Le principe de l'obligation sera donc bien

---

56 . Concernant les premières propositions de lois relatives aux retraites ouvrières, et l'histoire des débats, cf. F. NETTER, « Les retraites en France au cours de la période 1895-1945 », *Droit Social*, n°9-10, sept.-oct. 1965, page 514, et H. HATZFELD, *op. cit.*, pages 33 et suivantes.

57 . Sur l'attitude du mouvement ouvrier face à la loi des ROP, voir H. HATZFELD, *op. cit.*, pages 229 à 249 : « Le mouvement ouvrier et les ROP : l'opposition à l'escroquerie des ROP ».

vite contourné, et effectivement, le nombre des assurés au titre des ROP, qui aurait dû dépasser les 7 millions, ne dépassera jamais les 3,4 millions (1913) et se stabilise ensuite autour de 1,6-1,7 million (cf. graphique 17).

Graphique 17
R.O.P. : Nombre d'assurés et nombre de rentes liquidées

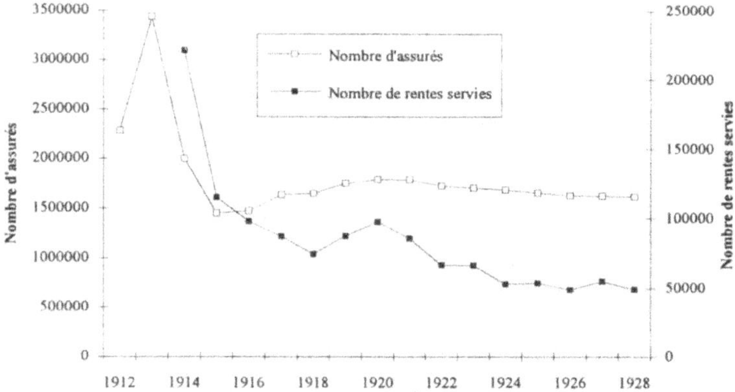

Le nombre des rentes liquidées, assez important durant les premières années de mise en application de la loi à cause d'une disposition spéciale pour les travailleurs âgés[58], diminue par la suite pour n'être plus que de l'ordre de 40000 vers 1930. De toute manière, même avec une durée de cotisation importante, le montant des pensions constituées selon le mécanisme de la loi aurait été bien modeste, à peine supérieur aux allocations d'assistance de la loi de 1905 : « Un homme entré dans l'assurance à l'âge de 18 ans et qui justifie du versement chaque année d'une cotisation de 18 francs effectuée, tant par lui que par son patron, reçoit à 65 ans, au tarif de 3 % de la Caisse Nationale des Retraites, 286 fr. 04 de rente par an, non compris

58 . Les travailleurs âgés peuvent demander immédiatement la liquidation de leur pension à 65 ans (60 ans à partir de 1912) et bénéficier d'une petite allocation sans avoir eu à cotiser longuement. Ainsi, le premier rapport sur l'application de la loi des ROP constate qu'au cours de la période 1911-1912, environ 46 % des assurés avaient plus de 50 ans.

l'allocation viagère de l'Etat (60 francs). Si le même assuré demande sa pension à partir de 60 ans, il reçoit 168 fr. 95.[59] » Pour P. Saly la perspective de prestations aussi modestes a peu à peu discrédité les ROP[60].

Mais encore une fois, c'est le principe de l'obligation qui a posé problème dans l'instauration de cette loi sociale. Il faut dire qu'étendue, l'idée d'obligation implique l'acceptation de la société industrielle, l'acceptation de la société en deux camps : le principe d'obligation finit par enfermer les individus dans leur destin social, dans leur condition salariée. Or, le triomphe de la logique salariale semble bien être un préalable à toute législation sociale « moderne »[61]. Au début du XXe siècle, la société française est encore faiblement différenciée de ce point de vue.

* *
*

Peut-on affirmer qu'une politique des retraites naît sur la période 1880-1914 ? Certes, certains éléments sont déjà bien en place ; mais les retraites ne concernent encore qu'une faible part de la population âgée. Si l'on compte, à la veille de la première guerre mondiale, 535000 titulaires d'une rente de la Caisse Nationale des Retraites, et environ un million de retraités des Retraites Ouvrières et Paysannes[62], les montants des avantages perçus sont trop faibles pour que l'on puisse les considérer comme de véritables retraites. Les retraités des « régimes spéciaux » - mineurs, fonctionnaires, militaires, cheminots - sont 411000 environ en 1914.

---

59. M. MALZAC, « Une loi à refaire - A propos des retraites ouvrières », *Revue Politique et Parlementaire*, n°204, juin 1911, pages 417 à 433.

60. P. SALY, « Les flux financiers induits par les retraites ouvrières et paysannes, 1910-1930 », in *De la charité médiévale à la sécurité sociale*, ouv. coll. sous la dir. d'A. Gueslin et P. Guillaume, Les Ed. Ouvrières, Paris, 1992, pages 279 à 285.

61. G. NOIRIEL, « "Etat-Providence" et "colonisation du monde vécu" : l'exemple de la loi de 1910 sur les Retraites Ouvrières et Paysannes », *Prévenir*, n°19, 1989, pages 99 à 112.

62. Les statistiques relatives à la loi des Retraites Ouvrières et Paysannes ne permettent pas de connaître le nombre total de retraités, mais seulement le nombre de rentes liquidées chaque année.

Selon R. Bertaux, « on ne peut pas considérer que la protection sociale soit en France une caractéristique de la société industrielle libérale, elle n'apparaît dans sa généralisation que dans les années 30, et surtout en 1945, c'est-à-dire dans la société industrielle fordienne. Certes depuis la fin du XIXe siècle on trouve des prémices déjà bien avancées dans certains secteurs. Il s'agit de préparation, de transition, mais pas d'une caractéristique dominante, même s'il faut bien noter que l'interventionnisme de l'Etat-Providence trouve là ses origines.[63] »

Dans cette difficile mutation de la sécurité-propriété à la sécurité-droit[64], les institutions de prévoyance créées pour le personnel des grandes entreprises auront une importance considérable, et constitueront la base de revendications sociales plus poussées et de réalisations sociales plus avantageuses. En effet, si les premiers régimes de retraites se trouvent à la jonction de logiques strictement économiques (gestion de la main-d'oeuvre, productivité), ils deviennent rapidement un processus relativement autonome par rapport à ces préoccupations premières. Comme le note Yves Saillard, « si les besoins couverts par un financement socialisé sont liés au développement du salariat et participent à la socialisation des conditions générales de la production, ils ont aussi un développement largement autonome »[65].

Cependant les premières réalisations restent cantonnées à des professions bien circonscrites, les militaires, les fonctionnaires, les cheminots, les mineurs, toutes catégories de salariés qui ont bénéficié

---

63 . R. BERTAUX, « Les dimensions historiques de la gestion du social », *Les Cahiers de la recherche sur le Travail Social*, n°18, 1990, Caen, page 115.

64 . H. HATZFELD, « La difficile mutation de la sécurité-propriété à la sécurité-droits », *Prévenir*, n°5, mars, 1982, pages 55 à 59.

65 . Y. SAILLARD, « Le salaire indirect », in *Théorie de la régulation. L'état des savoirs*, ouv. coll. sous la dir. de R. Boyer et Y. Saillard, Ed. La Découverte, coll. « Recherches », 1995, pages 153 à 161.

d'une protection de façon précoce et qui s'améliore au fur et à mesure. Les autres salariés doivent se prémunir eux-mêmes dans la vieillesse ou recourir à l'assistance.

CHAPITRE 5

EMERGENCE D'UN NOUVEAU MODELE ? LES ASSURANCES SOCIALES

La période de l'entre-deux-guerres est une période cruciale pour le développement des politiques sociales en général. Elle ne l'est d'ailleurs pas seulement en France, puisque c'est dans cette période que se mettent en place, dans la plupart des pays développés, des systèmes d'assurances sociales obligatoires plus ou moins complets selon les pays.

L'idée de rendre obligatoire la prévoyance collective contre les risques sociaux et d'y astreindre toute la population vivant exclusivement de son travail a trouvé sa première application dans les lois allemandes de 1883 et 1889. Quelles qu'aient pu être les intentions de ses promoteurs, il est indéniable que cette réforme a, par contagion, exercé une influence sur la législation sociale d'autres pays, et ce mouvement a repris, sous l'impulsion d'organisations internationales comme le Bureau International du Travail, une vigueur nouvelle après la première guerre.

En matière de prise en charge de la vieillesse, les assurances sociales françaises nées dans l'entre-deux-guerres sont encore une réponse imparfaite, et les bénéficiaires tout comme les prestations, vont rester limités. Cette période marque pourtant l'avènement d'un autre modèle de gestion de la vieillesse. Le principe de l'assurance obligatoire est entré dans les moeurs, le passage de la prévoyance individuelle à une « véritable » prévoyance collective, exprimé par la substitution de la répartition à la capitalisation, est acquis. Toutes ces réalisations ont lieu dans un contexte d'essor du rôle de l'Etat en matière de « social ».

UNE PRESSION DU BESOIN DE RETRAITES

En France, l'avènement des assurances sociales peut être expliqué à la fois par les changements économiques sociaux qui caractérisent la période (poursuite de la concentration industrielle, augmentation du nombre des salariés, crise de l'entre-deux-guerres) et par le caractère limité des réalisations françaises comparées à celles des pays voisins.

Le contexte social de l'entre-deux-guerres

Dans l'entre-deux-guerres apparaît véritablement un besoin d'assurance sociale. L'ensemble des risques sociaux s'expriment et demandent à être couverts. Plusieurs éléments y contribuent. D'une part, les contours du salariat se précisent, notamment du fait de la poursuite de la concentration industrielle. D'autre part, la plupart des pays industrialisés commencent à se doter de systèmes d'assurances sociales obligatoires, et vont jouer un rôle de « modèle » pour les politiques sociales adoptées en France.

Une définition des salariés plus précise

Nous avons déjà longuement mis l'accent sur la liaison directe existant entre l'extension du salariat et la « montée » de nouveaux besoins sociaux. Or la période d'après-guerre connaît encore un « saut qualitatif » en matière de salariat et de concentration industrielle.

En effet, l'expansion industrielle des années 20 est à l'origine d'un élargissement très net et rapide du salariat : la part des ouvriers et employés dans la population active passe de 50,8 % en 1921 à 54,5 % en 1926. Le nombre de salariés de l'industrie, des transports, du commerce, des banques et des assurances augmente d'environ 1,3 million entre 1920 et 1930.

Parallèlement, l'organisation du travail se modifie, le taylorisme se développe : la mécanisation des tâches, le travail à la chaîne, la spécialisation deviennent plus fréquents. L'économie tout entière se modernise, grâce à un effort d'investissement des entreprises, qui concerne aussi bien des branches traditionnelles que des branches qui procèdent de la « seconde révolution industrielle » - comme l'automobile, l'électricité, le pétrole, la chimie organique.

La concentration industrielle se poursuit également. Le nombre d'établissements employant de 501 à 1000 personnes passe de 427 en 1906 à 506 en 1921 et à 679 en 1926. La progression des établissements de plus de 1000 personnes est encore plus nette : on en dénombre 228 en 1906, 314 en 1921 et 406 en 1926[1]. La période de l'entre-deux-guerres connaît ainsi un processus de concentration industrielle accéléré et voit se multiplier toutes les formes de concentration. Pour B. Rosier et P. Dockès, « cette évolution était contenue dans la logique même de l'accumulation capitaliste, amorcée dès la fin du XIXe siècle dans la « grande dépression » et renforcée par la grande crise de 1929. »[2] Cette concentration est due notamment à la volonté des grands groupes d'atteindre une dimension internationale. En effet, les marchés mondiaux s'organisent, et les regroupements nationaux, au sein de cartels, témoignent d'un souci nouveau, celui d'atteindre des dimensions suffisantes pour participer activement aux ententes internationales.

Souvent, l'Etat encourage ces regroupements nationaux et ces concentrations et « pour certains, cette mutation marque (déjà) le passage de l'âge du capitalisme caractérisé par la concurrence, à celui du néocapitalisme, qui associe les pouvoirs publics aux responsabilités des intérêts privés »[3]. Ces transformations seraient à l'origine de l'affirmation d'un nouveau mode de régulation, le « capitalisme monopoliste » : « Ces grands oligopoles ayant, en fait - par leurs ententes -, un comportement de type monopolistique, il est légitime de qualifier ce nouveau stade du mode de production capitaliste dont

---

1 . M. de VILLE-CHABROLLE, « La concentration des entreprises en France avant et depuis la guerre, d'après les recensements généraux de mars 1906, 1921 et 1926 », *Bulletin de la Statistique générale de la France et du service d'observation des prix*, tome XXII, oct.-sept. 1933, Paris.

2 . B. ROSIER, P. DOCKES, *Rythmes économiques, crises et changement social, une perspective historique*, Ed. la Découverte/ Maspéro, coll. « Economie critique », Paris, 1983, page 198. Pour B. Rosier et P. Dockès, la grande crise de 1929 « marque la fin d'une époque, celle du capitalisme (relativement et imparfaitement) concurrentiel lié à l'obsolescence de son mode de régulation », *op. cit.*, page 196.

3 . P. GUILLAUME, C. GERAD, J.-A. LESOURD, *Nouvelle Histoire Economique*, tome II, « Le XXe siècle », A. Colin, coll. U, Ed. 1992 (dixième édition), page 56.

accouche définitivement la crise de 1929 de "capitalisme monopoliste".[4] »

Parallèlement à cette extension du salariat et cette concentration industrielle, les organisations ouvrières acquièrent une plus grande puissance ; tous ces éléments vont contribuer à faire émerger des revendications visant à satisfaire les nouveaux besoins de protection sociale.

Les interférences internationales en matière de « social »

Si les interférences internationales en matière économique (cartels, concentration, ...) dynamisent les échanges, mettent en avant le rôle de l'Etat, elles jouent également un rôle en matière de social, par la comparaison des réalisations qu'elles suscitent.

Le développement du capitalisme a entraîné progressivement une internationalisation de la vie sociale, économique et politique, et la guerre a encore contribué à mettre en évidence les différences d'un pays à l'autre. On regarde davantage ce qui se fait ailleurs[5], et cela met en lumière le retard du système de protection sociale en France.

Les réalisations en matière de prise en charge socialisée de la vieillesse des pays au développement économique comparable vont avoir un effet de « catalyse » sur les législations françaises ; notamment, la législation allemande va jouer un rôle primordial.

Peu à peu, dans l'entre-deux-guerres, les pays industrialisés se rallient au principe de l'assurance obligatoire. Celle-ci se développe considérablement en Europe après la guerre de 1914-1918.

En effet, les revendications sociales prennent un caractère international après les conflits ; les organisations ouvrières, notamment, avaient réclamé la création de systèmes d'assurances

4 . B. ROSIER, P. DOCKES, *op. cit.*, page 198.

5 . Très tôt les pays industrialisés ont ressenti la nécessité de confronter, de comparer leurs réalisations en matière d'assurances sociales. En 1889, se tient le premier « Congrès International des accidents du Travail » à Paris ; il devient, dès le deuxième congrès (Berne, 1891) le « Congrès International des Accidents du Travail et des Assurances sociales », puis le « Congrès des Assurances Sociales » (Rome, 1908) où l'on décide de créer le « Comité permanent International des Assurances Sociales », rassemblant 18 pays.

sociales au cours de la guerre. Après la fin des hostilités, l'action de l'Organisation Internationale du Travail va également dans ce sens. Le préambule de sa Constitution donnait à l'OIT la mission d'améliorer les conditions de vie ouvrière « par la lutte contre le chômage, la protection des travailleurs contre les maladies générales et professionnelles et les accidents résultant du travail, et par l'institution de pensions de vieillesse et d'invalidité »[6].

Dans les pays d'Europe centrale, la fin de la guerre ne compromet pas le développement des institutions dont l'Allemagne avait donné le modèle. L'Autriche étend à l'agriculture le bénéfice des assurances sociales : un régime transitoire est constitué pour les vieux travailleurs de l'agriculture en 1929. La Hongrie crée, en 1928, une assurance-vieillesse-invalidité pour les travailleurs de l'industrie. Elle organise en 1937, une assurance vieillesse pour les employés de l'agriculture, et en 1938, pour les ouvriers agricoles.

Les nouveaux états nés de la décomposition de l'Allemagne, de l'Autriche et de la Hongrie organisent également leur système d'assurance selon le type de l'assurance obligatoire. La Pologne s'efforce d'unifier et de mettre en place une législation de portée générale à partir de 1920. La Tchécoslovaquie, au lendemain de la guerre, entreprend de perfectionner et d'unifier les anciennes législations autrichiennes et hongroises. Après avoir refondu, en 1924, la législation de l'assurance maladie et celle de l'assurance vieillesse-invalidité des ouvriers, elle étend l'assurance-vieillesse aux employés en 1929.

Les états balkaniques se dotent également d'assurances sociales. La Roumanie s'efforce de résoudre le problème d'unification de ses législations successives par une loi unique de 1934 créant, pour tous les risques, une unique caisse d'assurance. La Grèce avait institué, avant la guerre de 1914, certains régimes de garantie sociale pour les marins, les fonctionnaires et les mineurs ; mais le premier système général d'assurance ne date que de 1922, quand une loi institue l'assurance obligatoire contre la maladie, le décès, la vieillesse et l'invalidité. Cependant, l'assurance obligatoire ne rentrera

---

6 . P. DURAND, *La politique contemporaine de sécurité sociale*, Paris, Librairie Dalloz, 1953, page 71.

véritablement en application qu'après 1937. En 1924, la Bulgarie crée un régime général d'assurance, couvrant les accidents du travail, la maladie, la maternité, la vieillesse et l'invalidité.

Les pays d'Europe occidentale ont en règle générale moins facilement cédé à l'évolution vers l'assurance obligatoire. Néanmoins, la Grande-Bretagne complète son système d'assurance après la guerre. Concernant l'assurance-vieillesse, sa législation d'assistance aux vieillards date de 1911, elle est complétée par une assurance vieillesse-décès en 1925.

Hors du continent européen, les assurances sociales se généralisent également. Aux Etats-Unis, le *Social Security Act* est promulgué le 14 août 1935[7]. Le Canada organise, à partir de 1927, une assistance aux vieillards.

Dans les pays qui avaient adopté un régime « de liberté subsidiée », l'évolution se fait également vers l'assurance obligatoire : « Le phénomène, peut-être le plus caractéristique, qui révèle la pénétration de l'assurance obligatoire, est la conversion à ce système de la plupart des pays qui avaient adopté à l'origine le régime de la liberté subsidiée.[8] » L'assurance invalidité-vieillesse obligatoire est instituée en Espagne et en Italie en 1919, en Belgique en 1924 et 1925. En Suisse, le principe d'une assurance vieillesse-décès est admis en 1925. Au Portugal, l'assurance maladie-vieillesse facultative, organisée en 1919, a été remplacée par un régime d'assurance obligatoire pour un certain nombre d'industries, à l'exclusion des travailleurs de l'agriculture.

Le tableau 13 compare les réalisations, en matière d'assurance vieillesse, de quelques pays en 1930.

Le schéma est pratiquement le même dans chaque pays : il révèle le souci de perfectionner les institutions anciennes et d'en étendre le domaine. Cependant, la comparaison des réalisations d'un pays à l'autre ne doit pas se limiter à l'étude des législations car l'écart a

---

7 . Cependant, pour P. Durand, cette organisation est davantage à rattacher à la Sécurité sociale qu'aux assurances sociales proprement dites ; P. Durand, *op. cit.*, page 84

8 . P. DURAND, *op. cit.*, page 88.

souvent été grand entre le régime qu'annoncent les textes juridiques et l'application pratique qui en a été faite.

Tableau 13

Réalisations de quelques pays en matière d'assurance-vieillesse, 1930

PAYS	LEGISLATIONS EN MATIERE D'ASSURANCE-VIEILLESSE	NOMBRE D'ASSURES EN 1930
Allemagne	1889 : assurance invalidité-vieillesse de l'ensemble des ouvriers et employés dont le salaire ne dépasse pas une certaine limite 1899 : assurance invalidité-vieillesse des salariés agricoles 1911 : établissement d'un régime spécial d'assurance invalidité-vieillesse-décès pour les employés 1923 : établissement d'une législation fédérale d'assurance invalidité-vieillesse-décès des mineurs	Ouvriers : 18000000 Employés : 3500000
Belgique	1911 : assurance vieillesse-décès des mineurs 1924 : assurance vieillesse-décès des ouvriers 1925 : assurance vieillesse-décès des employés	Ouvriers : 1900000 Employés : 240000
Grande-Bretagne	1911 : assurance maladie-invalidité des salariés 1925 : assurance vieillesse-décès des salariés	Invalidité-vieillesse-décès, assurés facultatifs ou volontaires : 16316000
Italie	1919 : assurance obligatoire vieillesse-invalidité-décès des salariés	Nombre des assurés obligatoires évalué à 5600000 en 1930
Suède	1913 : assurance nationale invalidité-vieillesse	3727000 assurés en 1928
Espagne	1919 : assurance vieillesse des salariés	Assurés obligatoires (salariés) : 3619000

Source : D'après Bureau International du Travail, *L'assurance invalidité-vieillesse-décès obligatoire, analyse comparative des législations nationales et les résultats de leur application*, Etudes et Documents, série M, n°10, Genève, 1933.

En effet, si l'on s'en tient aux seuls textes législatifs, la France n'apparaît pas en retard puisque la loi des retraites ouvrières et paysannes aurait déjà dû avoir une portée générale et être obligatoire.

Or nous savons qu'avec cette loi l'obligation est restée pratiquement lettre morte.

La législation allemande a également joué un rôle déterminant dans l'adoption d'un système d'assurance sociale obligatoire en France. C'est en effet en Allemagne que, par une série de lois échelonnées de 1883 à 1889, fut créé le premier système d'assurances sociales obligatoires.

Le « retard »[9] de la France apparaît avec évidence lors du rattachement à la France de l'Alsace-Lorraine, qui a bénéficié de la législation allemande de 1871 à 1914. Il n'est évidemment pas possible de priver de leurs avantages acquis les travailleurs des départements recouvrés. Cette question fait progresser les débats sur une législation s'appliquant à toute la France et accélère les prises de conscience. Dans toutes les discussions des années 1920-1930 relatives aux assurances sociales, référence est faite aux législations étrangères, notamment à la législation allemande.

Le caractère limité des réalisations françaises

Face à tous ces changements accélérant la prise de conscience des besoins, les réalisations françaises en matière de prise en charge de la vieillesse s'avèrent bien limitées.

Ces limites sont encore accentuées par la crise de l'entre-deux-guerres. Tout d'abord, les épargnants, les petits rentiers sont touchés par l'inflation pendant et après la guerre. Ensuite, la crise de 1929 contribue à une montée du chômage qui affecte plus particulièrement les travailleurs âgés.

---

9 . Cf. C. DIEBOLT, A. REIMAT, « Old Age Policies in France and Germany from the last Decade of the Nineteenth Century to the First World War », Colloque *International European Social Science History Conference*, Social Inequalities Session : Welfare Policies in the late 19th and 20th Centuries, Amsterdam, 9-11 mai 1996. Ce papier insiste sur les différences qui existent entre textes législatifs et réalisations effectives. Pour cela, il compare, par une analyse quantitative des personnes protégées et du niveau des prestations, les systèmes de prise en charge de la vieillesse français et allemand de la fin du XIXe à la première guerre. Au terme de l'étude, il apparaît que le « retard » de la France au regard du nombre de personnes protégées et de la qualité de la protection doit être largement relativisé.

Epargne et inflation

Nous avons déjà mis l'accent sur l'échec des systèmes d'épargne libre. Les statistiques françaises et étrangères indiquent que l'épargne ouvrière ne constitue généralement qu'une assez faible part de l'épargne nationale. Les dépôts de faible montant, qui représentent, en nombre, un pourcentage considérable des sommes déposées, n'ont, en valeur, qu'une importance négligeable. La majorité des épargnants n'a pu trouver dans l'épargne une réelle garantie des risques sociaux[10].

Ce phénomène sera encore accentué par les fortes hausses de prix, donnée nouvelle : l'indice des prix du P.I.B., base 100 sur la période 1905-1913, passera à 108,3 en 1913, et à 419,4 en 1920[11]. Le niveau des pensions servies par la Caisse Nationale des Retraites et la mutualité va alors devenir insignifiant et tout à fait déconnecté des prix et du coût de la vie.

Quant à la loi de 1910 sur les retraites ouvrières et paysannes, elle avait été vidée de sa substance dès 1912 ; depuis cet échec, on ne croit plus guère à l'assurance facultative.

Les prestations d'assistance (loi de 1905, bureaux de bienfaisance) ne retrouvent pas non plus leur niveau d'avant-guerre.

Le graphique 18 exprime le montant moyen, en francs courants et en francs constants, de la pension servie par la Caisse nationale des retraites.

Il faut attendre 1935 pour que la pension moyenne retrouve son niveau d'avant-guerre, qui était déjà bien modeste.

10. En Belgique, où fonctionnait une caisse de retraites semblable à la Caisse nationale des retraites française, les résultats de l'assurance facultative sont également décevants. Lors d'une enquête effectuée en 1900, sur 630000 assurés, moins de la moitié était représentée par des salariés, tandis que l'on comptait 1600000 ouvriers ou employés. L'assurance facultative couvrait donc à peine le cinquième de la population salariée. Cf. P. DURAND, *op. cit.*, page 70.

11. J.-C. TOUTAIN, « Le P.I.B. de la France de 1789 à 1982 », *Economies et Sociétés*, série « Histoire quantitative de l'économie française », tome XXI, n°5, mai 1987.

Graphique 18
Montant annuel moyen de la pension CNR, francs courants et francs constants

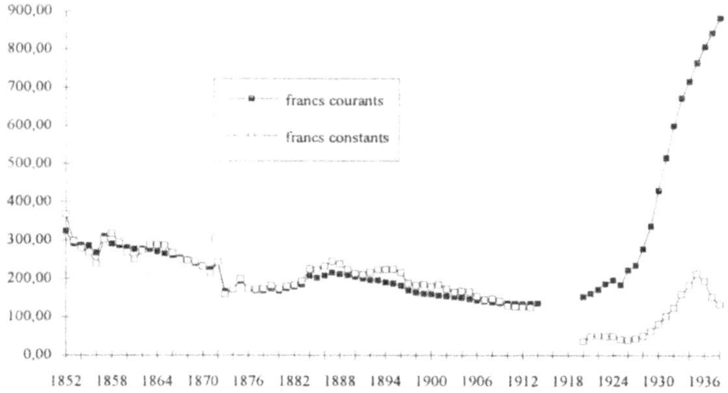

Ainsi, les pensions constituées par les petits épargnants sont désormais d'un montant négligeable.

La crise de l'entre-deux guerres, le chômage et l'augmentation du nombre de retraités

La crise de l'entre-deux-guerres va encore accentuer le besoin de retraites et ceci de deux façons. Tout d'abord, les travailleurs âgés sont les plus touchés par le chômage. Ensuite, la crise entraîne la mise à la retraite des salariés les plus âgés dans les secteurs où existe un système de retraites et cette augmentation du nombre de retraités dans l'entre-deux guerres va avoir un effet de contagion.

Alors que l'on compte 452000 sans-emploi au recensement de la population de 1931, ce nombre est presque doublé au recensement de 1936, où l'on en dénombre 864000[12]. Dans le même temps, le nombre d'individus classés par le recensement dans la population active occupée diminue de 1760000, dont 1423000 ouvriers. La réduction des effectifs des établissements industriels de plus de 100

12 . R. SALAIS, N. BAVEREZ, B. REYNAUD, *L'invention du chômage*, PUF, coll. Economie en liberté, 1986, page 77.

salariés, qui fait l'objet d'une statistique à partir de 1930, est rapide et forte à partir de la fin de l'année 1931. Elle atteint environ 20 % en septembre 1932, un an après le début de la crise.

La crise économique a donc engendré un chômage dont devaient souffrir tout particulièrement les travailleurs âgés, au point que, en 1939, L. Legrain n'hésite pas à classer les allocations de chômage parmi les mesures prises en faveur des vieux travailleurs[13].

Si la création de fonds de chômage est encore facultative, la plupart des départements et des communes en sont pourvus. D'après une circulaire du 16 juillet 1934, les vieillards de 70 ans peuvent être admis au bénéfice des secours chômage, mais ne sont susceptibles de recevoir des secours que ceux restant capables de travailler régulièrement et suffisamment pour se procurer les ressources nécessaires à leur existence[14].

Les enquêtes effectuées en 1931, 1935 et 1936 témoignent de l'importance des chômeurs âgés par rapport au nombre total des chômeurs[15]. Les chômeurs de plus de 50 ans représentent près de 24% de l'ensemble des chômeurs en mars 1931, 35 % en juillet 1935 et 31,5 % en juillet 1936, alors que les plus de 50 ans constituent moins de 17 % de la population active. Un communiqué du Ministère du Travail daté de 1939 signalait que dans les trois départements de la région parisienne (Seine, Seine-et-Oise et Seine-et-Marne), totalisant alors plus de 61 % du chômage français, sur 215000 chômeurs contrôlés 20 % avaient plus de 60 ans et 46 % plus de 50 ans.

La crise économique et les difficultés d'emploi des personnes âgées ont également contribué à augmenter le nombre des retraités, selon un cheminement aujourd'hui bien connu, mais qui à l'époque en est à ses premiers balbutiements.

A. Prost donne plusieurs explications à la rapide croissance du nombre des retraités dans l'entre-deux guerres chez les fonctionnaires, les mineurs, les cheminots, c'est-à-dire les catégories bénéficiant déjà d'un système de retraites. Tout d'abord, les institutions de retraites,

---

13 . L. LEGRAIN, *La retraite nationale des vieux travailleurs*, Librairie sociale et économique, Paris, 1939, page 27.
14 . L. LEGRAIN, *op. cit.*, page 28.
15 . D'après L. LEGRAIN, *op. cit.*, page 28.

relativement jeunes, commencent à porter leurs fruits. Ensuite, de nouveaux bénéficiaires font leur apparition à l'intérieur de ces catégories professionnelles (invalidité, veuvages sont mieux couverts par les régimes). Enfin, et surtout, la crise économique qui frappe le pays à partir des années 30 pousse à substituer des retraités à des chômeurs : « Cependant l'évolution économique et technique est aussi responsable, pour une part, de l'accroissement du nombre des retraités : c'est une sorte de « succédané » de chômage. Il est en effet remarquable que ce gonflement s'accompagne, à partir de 1927 dans les mines, de 1931 dans les chemins de fer, d'une contraction des effectifs employés. Mettre à la retraite, un peu plus tôt parfois, de vieux ouvriers que le progrès technique ou la diminution de la production dispenseront de remplacer, est une manière de réduire la main-d'oeuvre. Au demeurant, des règles statutaires interdisent dans ces professions de renvoyer qui l'on veut ; on doit commencer par ceux qui ont atteint l'âge de la retraite. Toute compression d'emploi entraîne donc des mises à la retraite : qu'elles soient plus nombreuses reflète à la fois les progrès de la productivité et les difficultés de la crise.[16] »

Ainsi, l'augmentation du nombre des retraités dans l'entre-deux-guerres participe à la mise en place d'un nouveau mode de gestion de la main-d'oeuvre et de suppression d'effectifs. Dans les mines, la loi du 7 avril 1936 institue une allocation temporaire annuelle de 5500 francs (revalorisée périodiquement par la suite), payable jusqu'à l'âge de 55 ans, à tous les ouvriers et employés qui en font la demande, justifiant de 50 ans d'âge et de 30 ans de travail dans les mines, et prenant l'engagement de n'occuper aucun emploi ou de n'exercer aucune profession artisanale, industrielle ou commerciale[17]. Le régime de l'allocation aux vieux travailleurs salariés, mis en place en 1941, poursuivait également des fins de ce type, puisque l'un des motifs de son adoption était qu'il tendrait à « atténuer le chômage

---

16 . A. PROST, « Jalons pour une histoire des retraites et des retraités, 1914-1939 », *Revue d'Histoire Moderne et Contemporaine*, tome XI, oct.-déc. 1964, pages 263 à 289.

17 . *Statistique de l'Industrie Minérale*, année 1936, page 51. En 1946, cette allocation est supprimée, mais le décret du 27 novembre 1946 prévoit certaines dispositions spéciales transitoires (allocations spéciales). Cf. *Statistique de l'Industrie Minérale*, année 1946, page 12.

dans certains secteurs de l'économie nationale en dégageant le marché de la main-d'oeuvre, des travailleurs trop âgés ou inaptes »[18].

Cette augmentation du nombre des retraités aura un effet de contagion. Une question se fait de plus en plus pressante dans l'opinion publique : pourquoi certains bénéficient-ils d'une retraite et pas d'autres ? L'existence de régimes de retraites dont jouissent environ un million de français donne à penser que les autres salariés devraient également bénéficier d'avantages identiques.

En conclusion, le besoin de véritables assurances sociales est clairement défini et exprimé, d'autant plus que la mise à l'écart des salariés âgés s'inscrit dans la gestion de la main-d'oeuvre accompagnant les restructurations industrielles de l'entre-deux-guerres. Pourtant, surtout en matière de vieillesse, les assurances sociales seront loin de répondre aux exigences exprimées.

LES ASSURANCES SOCIALES, REPONSE IMPARFAITE

Si les assurances sociales sont limitées dans leur étendue et dans leurs prestations, il n'en reste pas moins qu'elles mettent en place la plupart des éléments « modernes » des systèmes de protection sociale. Il s'agit en premier lieu de l'obligation d'assurance qui va véritablement transformer le risque individuel en risque social. C'est, en second lieu, et pour l'assurance vieillesse, le passage du système de la capitalisation au système de la répartition. En ce sens, les assurances sociales de 1928-1930 commencent à affirmer la nécessité d'un changement.

Des assurances sociales limitées

Mettre en place un système d'assurance sociale - notamment concernant la vieillesse - apparaît donc comme une nécessité. Pourtant, la loi sur les assurances sociales va rester ambiguë à plusieurs titres ; elle est loin de satisfaire aux exigences apparues en pleine lumière dans la décennie qui suit la fin de la guerre. Ces

18 . Cité par J. FLESCH, *Les régimes de retraite*, PUF, coll. Que sais-je ?, Paris, 1967, page 68.

ambiguïtés se manifestent au niveau des bénéficiaires, des prestations versées. Déjà en 1941, il sera nécessaire de réaménager le fonctionnement de l'assurance vieillesse.

La lenteur de la mise en place des assurances sociales

Dès juillet 1920, le gouvernement constitue une commission extraparlementaire chargée de procéder à l'étude d'un projet d'assurance maladie-invalidité-vieillesse. Pourtant, la loi sur les assurances sociales ne date que du 5 avril 1928. Remaniée le 30 avril 1930, elle est mise en vigueur le 1er juillet 1930.

Ce n'est qu'au prix de compromis constants entre le monde politique et les milieux professionnels que la loi sur les assurances sociales est menée à terme, à l'issue de cette décennie de gestation. Il faut dire que la réforme est d'importance : elle doit toucher plus de huit millions de travailleurs, et parallèlement, tous les employeurs, mais également le corps mutualiste et le corps médical.

Les délais nécessaires pour préparer les décrets d'application et constituer les caisses d'assurance sociale vont donner l'occasion d'une vive campagne contre la loi. Les agriculteurs réclamaient un régime financier moins onéreux, et le maintien de leurs mutuelles. Les médecins s'inquiétaient d'un risque de fonctionnarisation et des abus possibles dans le fonctionnement de l'assurance maladie. Les employeurs protestaient contre les charges financières qui leur étaient imposées, ils souhaitaient le maintien des institutions créées au profit de leur personnel. L'opposition provenait également des sociétés de secours mutuels, qui craignaient une diminution de leur influence.

Le législateur voulut apaiser ces critiques. La loi du 30 avril 1930 concéda aux agriculteurs la faveur d'un régime spécial, les médecins obtinrent d'être payés directement par leurs clients, les sociétés de secours mutuels purent constituer des caisses spéciales avantageuses pour leurs membres, des simplifications furent opérées et le taux des cotisations provisoirement abaissé.

La lenteur de la mise en place des assurances sociales tenait donc principalement au fait que l'on ne partait pas de rien, et des divergences d'intérêts entre les différents acteurs. Selon P. Durand, l'originalité du système français d'assurance sociale « manifesta moins un désir d'éclectisme que la volonté de satisfaire les mouvements d'opinion qui s'étaient manifestés après la création du régime des assurances sociales »[19].

Les milieux patronaux étaient généralement opposés aux assurances sociales, et leurs principaux arguments portaient sur trois grands thèmes : la crainte des charges nouvelles, la répugnance à l'obligation, mais surtout la volonté de conserver la gestion des institutions patronales créées au profit des salariés.

Selon D. Simon, ce sont surtout les charges nouvelles et le spectre de la « vie chère » qui constituent les véritables leitmotive de l'opposition patronale : « Sous le prétexte de lutter contre le déficit budgétaire, et au nom des intérêts économiques de la nation, le monde des affaires s'alarme contre les charges supplémentaires que la loi va imposer aux finances publiques et privées. D'une part, le concours financier de l'Etat risque de menacer l'équilibre des budgets futurs et de mettre en péril la monnaie. D'autre part, l'accroissement des charges sociales contribuera à précipiter la dépression économique.[20] » Pour le patronat, les assurances entraîneraient une majoration du coût de la vie et, en conséquence, un ralentissement de la consommation intérieure et une concurrence accrue des marchandises étrangères.

Mais les craintes émanent surtout des dirigeants des petites et moyennes entreprises qui craignent les charges supplémentaires et les obligations administratives nouvelles qui vont heurter leurs habitudes.

Quant aux employeurs qui ont déjà organisé la protection sociale de leurs employés dans le cadre de l'entreprise, ils répugnent à voir la gestion de leurs institutions accaparée. Le grand patronat industriel est concerné en premier chef par cette question[21], mais les diverses organisations syndicales, confessionnelles, économiques et sociales participant à la mise en place des assurances sociales revendiquent également leur indépendance en matière de gestion des caisses.

---

19 . P. DURAND, *op. cit.*, pages 81 et 82.

20 . D. SIMON, « Le patronat face aux assurances sociales : 1920-1930 », *Le mouvement social*, oct.-déc. 1986, n°137, pages 7 à 27.

21 . Déjà les articles 26 et 44 de la loi du 5 avril 1928 répondaient aux souhaits des employeurs et autres partenaires sociaux en leur permettant de constituer des caisses primaires. En 1930, l'autonomie de gestion est reconnue et devient la base de l'organisation du régime d'assurance sociale.

En même temps que le patronat se préoccupe de maintenir ses positions devant le Parlement, il se prépare activement à la mise en application de la loi, en constituant des caisses d'assurances placées sous son contrôle[22]. Puisque le monopole de gestion ne lui a pas été accordé, mais que la loi de 1928 lui permet d'organiser des institutions sur le modèle mutualiste, il s'efforce d'adapter ses oeuvres sociales - reconnues d'utilité publique - aux conditions de la nouvelle législation et d'élargir leurs attributions. Le patronat se rallie ainsi aux principes mutualistes : « A côté de la mutualité officielle s'est constituée toute une fausse mutualité qui ne s'est réclamée de la loi de 1928 que pour dissimuler ses véritables buts qui étaient d'accaparer les assurances sociales au profit de certains intérêts sociaux.[23] »

Enfin, l'idée de sauvegarder et de promouvoir les institutions patronales avait encore d'autres justifications. Pour l'assurance vieillesse, des fonds considérables devaient être réunis et placés, vraisemblablement selon une réglementation et un contrôle de l'Etat. Il était alors capital pour le patronat de ne pas se désintéresser du problème et d'essayer d'assumer des responsabilités gestionnaires dans ce domaine. Sous le titre *Organisez dès maintenant la gestion des Assurances sociales*, le rapport Grinda-Antonelli de 1930 incitait les patrons à se grouper pour fonder des caisses professionnelles : « Les risques d'invalidité et de vieillesse entraînent la capitalisation de sommes dont l'ensemble atteindra près de trois milliards par an. Il est superflu de souligner l'intérêt qu'ont les producteurs à orienter l'affectation de ces capitaux vers des investissements dont profitera l'activité générale plutôt que vers des fins étatistes.[24] »

---

22 . En vertu de l'article 26 de la loi du 5 avril 1928, les caisses patronales, fondées dans les conditions prescrites par la loi du 1er avril 1898 sur les sociétés de secours mutuels, peuvent se transformer en caisses primaires et continuer à assurer les travailleurs. D'après l'article 44, tout syndicat professionnel ou union syndicale régulièrement constitué en application de la loi de 1884 peut créer une caisse primaire de répartition, tandis que toute caisse autonome mutualiste de la loi du 1er avril 1898 peut créer une caisse primaire de capitalisation.

23 . Rapport présenté au nom de la Commission d'Assurance et de Prévoyance sociale par MM. Antonelli et Grinda, *J.O.*, documents parlementaires de la Chambre des députés, 1930, annexe n°3187, page 541, cité par H. HATZFELD, *op. cit.*, page 167.

24 . Rapport présenté au nom de la Commission d'Assurance et de Prévoyance sociale, *op. cit.*, page 541.

Contrôler si possible la main-d'oeuvre, un vaste secteur médico-social en voie de développement et finalement des fonds considérables qu'il conviendra de placer, de gérer, tel est semble-t-il le problème majeur que l'élaboration de la loi sur les assurances sociales pose au grand patronat.

Les employeurs ne manqueront pas d'utiliser des moyens de pression et de séduction pour attirer un maximum d'assurés dans leurs caisses. L'adhésion à la mutuelle de l'usine est, dans certains cas, une condition d'embauche et l'ouvrier réticent est menacé de perdre son emploi[25].

Toutefois, les résistances patronales aux assurances sociales, dans la période 1920-1930, sont tout de même loin des débats du siècle précédent et du début du XXe siècle, lesquels se focalisaient avant tout sur les principes. En effet, il semble qu'à présent toutes les discussions sur l'obligation soient des combats d'arrière-garde ; l'opposition se fonde désormais essentiellement sur des considérations économiques et financières.

Dans une large mesure, les organisations ouvrières ont également changé d'attitude vis-à-vis de l'assurance obligatoire. H. Hatzfeld souligne d'ailleurs que « si dans l'ensemble la classe ouvrière a mieux reçu la loi de 1930 que la loi de 1910 n'est-ce pas en partie tout au moins parce que la France s'est, entre ces deux dates, industrialisée, parce que dans l'ensemble un mouvement se fait qui réduit l'importance des petits ateliers archaïques au profit des usines modernes ? »[26]. Les travailleurs s'adaptent peu à peu aux conditions de la société industrielle et abandonnent leurs rêves d'indépendance en prenant davantage conscience du caractère irréversible du salariat. La nature des débats change, et c'est à présent la situation de salarié elle-même qu'il convient d'aménager.

Une définition restrictive des assurés

Les assurances sociales restent marquées par la finalité qui leur a été attribuée à l'origine comme instrument de protection des seuls

---

25 . D. SIMON, *op cit.*, page 18.
26 . H. HATZFELD, *op. cit.*, page 259.

travailleurs salariés de l'industrie. Cette finalité constitue pour G. Perrin une caractéristique intrinsèque des assurances sociales : « Les assurances sociales se caractérisaient aussi par la limitation du cadre de solidarité qui cernait leur domaine d'intervention. A l'origine, le champ d'application des législations d'assurance sociale a été limité aux travailleurs de l'industrie ou, par référence à la classe des travailleurs salariés, aux catégories placées au-dessous de la ligne de respectabilité sociale tracée au niveau du plafond d'affiliation. Ces limites initiales de l'institution bornaient le domaine de la protection ainsi garantie, dans le premier cas, au prolétariat industriel, dans l'autre, à la section la moins favorisée de la classe salariée en attendant de s'étendre progressivement à l'ensemble de cette classe.[27] »

D'ailleurs, comme dans la loi sur les retraites ouvrières et paysannes, les assurés obligatoires sont les salariés du commerce et de l'industrie dont la rémunération annuelle ne dépasse pas un certain plafond, fixé à 15000 francs18000 francs dans les villes de plus de 200000 habitants et dans certaines circonscriptions industrielles), et augmenté pour charges de famille.

Cette fixation d'un revenu minimum pour l'admission d'un salarié indique clairement que l'on estime toujours que le travailleur bénéficiant d'un revenu plus élevé est capable de couvrir ses risques grâce à la prévoyance libre : « Au moment de l'institution des assurances sociales en 1928-1930, le législateur était parti de cette idée que celles-ci ne devaient être obligatoires que pour les économiquement faibles, pour ceux qui ne pouvaient pas matériellement, faire acte de prévoyance individuelle en dehors de ce cadre », écrira E. Antonelli, un des acteurs majeurs de l'instauration des assurances sociales et de la sécurité sociale[28].

En outre, l'assujettissement à la loi reste imparfaitement réalisé. D'après des estimations effectuées en 1930, de 8 à 8,5 millions de salariés non agricoles devaient être immatriculés et de 2 à 3 millions

---

27 . G. PERRIN, « Pour une théorie sociologique de la Sécurité sociale dans les sociétés industrielles », *Revue Française de Sociologie*, vol. VIII, n°3, juil.-sept. 1967, page 309.

28 . E. ANTONELLI, *Trente-trois ans de la sécurité sociale en France*, préface de Pierre Laroque, Montpellier, 1962, page 83.

de salariés agricoles. Or, le nombre des cotisants réguliers est loin d'atteindre ces chiffres (cf. tableau 14).

Tableau 14
Assurances sociales, cotisants réguliers (en milliers)

Année	Assurés du commerce et de l'industrie	Assurés de l'agri-culture	Année	Assurés du commerce et de l'industrie	Assurés de l'agri-culture
1932	5816		1939	6715	918
1933	5636	473	1940	3668	640
1934	5614	523	1941	6915	
1935	5516	552	1942	7000	
1936	5855	579	1943	7000	
1937	6697	860	1944	7000	969
1938	6833	950	1945	7500	1107

L'assujettissement à la loi reste donc inachevé. Les pourcentages d'affiliés atteignent 65 à 75 % pour les assurés du commerce et de l'industrie, tandis que 25 à 30 % des salariés agricoles sont effectivement assurés.

Des prestations limitées et un faible nombre de bénéficiaires

La part des dépenses d'assurance sociale consacrées à la vieillesse restera médiocre. Tout d'abord, le financement des assurances sociales est limité. Ensuite, les prestations qui doivent être servies sont faibles. Enfin, les conditions d'obtention de la pension s'avèrent très restrictives.

Bien que les assurances sociales couvrent plusieurs risques, une cotisation unique est perçue pour l'ensemble des risques et ventilée ensuite entre les divers organismes chargés de la gestion[29]. En 1930, les cotisations d'assurance sociale, fixées par la loi à 8 % des salaires,

29 . P. LAVAGNE, « Le financement des Assurances Sociales », *coll. Droit Social*, décembre 1944, fascicule XXIV, pages 15 à 20.

se répartissaient entre les différents risques comme indiqué dans le tableau 15.

Tableau 15
Cotisations des Assurances sociales

Année	% des salaires	% de l'ensemble des cotisations
Maladie-maternité	3.2	40.0
Invalidité	0.432	5.4
Décès	0.096	1.2
Garantie compensation - hygiène sociale	0.272	3.4
Vieillesse	4.0	50.0
Total	8.0	100.0

Le partage de la cotisation est alors égal entre employeur et salarié, et les cotisations d'assurance sociale ont rapporté en moyenne 3 milliards de francs par an de 1930 à 1935, 5 milliards de francs en 1939, 7,8 milliards de francs en 1942.

A ces cotisations s'ajoutent un financement public limité, dont une partie est la simple prolongation d'engagements antérieurs. En effet, la loi des retraites ouvrières et paysannes étant abrogée en 1930, c'est le nouveau système des assurances sociales qui doit assurer la succession et assumer les charges. L'Etat fournit une contribution correspondant à ses obligations au titre des retraites ouvrières et paysannes, contribution fixée à 540 millions par an puis réduite à 140 millions à partir de 1935. D'autre part, il était apparu difficile d'exiger dans le secteur agricole les cotisations prévues. Aussi, pour permettre l'adoption de la loi de 1930, les cotisations ouvrières et patronales pour les salariés de l'agriculture furent réduites, et l'Etat s'engagea à fournir un complément pour assurer aux salariés agricoles des prestations semblables à celles des autres assurés.

Le financement de l'Etat au titre des retraites ouvrières et paysannes et pour majoration des prestations agricoles ne représente cependant, pour les sept premières années d'application, que 15 % du montant total des cotisations. Par la suite, le pourcentage du financement de l'Etat tend à se réduire, pour représenter 5 % environ en 1939, le mouvement s'accentuant encore pendant la guerre, puisque les subventions effectives de l'Etat pour 1941-1944 auraient été de 300 millions de francs pour 33 milliards de cotisations, soit moins de 1 %.

Concernant les prestations vieillesse, le mécanisme de l'assurance vieillesse institué par la loi du 30 avril 1930 est un régime mixte associant capitalisation et répartition. La cotisation affectée à l'assurance vieillesse est répartie entre les caisses d'assurance vieillesse (la loi sur les assurances sociales, tout comme la loi sur les retraites ouvrières et paysannes prend appui sur le réseau existant de caisses de capitalisation, la caisse nationale des retraites et des caisses mutualistes principalement) et une caisse générale de garantie. Les caisses d'assurance vieillesse ouvrent un compte individuel au nom de chaque assuré, compte sur lequel sont capitalisés 90 % de la cotisation vieillesse des assurés âgés de plus de 30 ans et 50 % de la cotisation des moins de 30 ans. La différence entre la cotisation vieillesse et la part affectée aux caisses d'assurance est versée à un Fonds de Majoration et de Solidarité dépendant de la caisse générale de garantie. Ce fonds fonctionne en répartition, il est chargé de couvrir l'écart entre le minimum de pension garanti et le montant des recettes inscrit aux comptes individuels quand l'assuré remplit les conditions pour avoir droit à la pension.

Pour connaître le montant de la pension et les bénéficiaires potentiels, il faut classer en quatre catégories les personnes susceptibles d'être assujetties au 1er juillet 1930. La première catégorie regroupe les personnes dont l'âge est alors inférieur à 30 ans ; ce sont les « assurés normaux », à qui la loi garantit une retraite d'au moins 40 % de leur salaire moyen après 30 ans de cotisations. Les personnes dont l'âge est compris entre 30 et 60 ans, appelés « assurés transitoires », ont droit, à l'âge de 60 ans, à une pension d'un montant minimum de 600 francs, majorée d'autant de trentièmes de la pension normale qu'il y a eu de versements annuels effectués. Pour les personnes dont l'âge est compris entre 60 et 65 ans, une retraite de 500 francs est acquise après 5 ans de versements, mais celles-ci ont été très peu nombreuses à faire valoir leurs droits. Enfin, rien n'a été prévu pour les plus de 65 ans au 1er juillet 1930.

Ces modes de constitution de pensions expliquent que les dépenses vieillesse des assurances sociales soient restées très faibles jusqu'en 1935 et les pensionnaires peu nombreux jusqu'en 1937. Le taux peu élevé des retraites du régime transitoire fait d'ailleurs l'objet des plus vives critiques. « Il faut reconnaître que ces retraites, malgré l'effort de solidarité consenti par l'intermédiaire du fonds de majoration pour les porter aux taux prévus, ne peuvent être considérées comme constituant à elles seules un minimum vital acceptable », constate L. Legrain[30]. Pour E. Antonelli, « il est certain que le minimum garanti de retraite qui est fixé à 600 francs dans le décret-loi du 28 octobre 1935, comme il l'était dans la loi de 1930, est devenu manifestement insuffisant, pour tous les vieux travailleurs entrés tardivement dans l'assurance sociale. Il faudrait logiquement, pour tenir simplement compte du coût de la vie, porter ce minimum garanti à 2400 francs »[31].

En 1937, 304621 pensions avaient été liquidées, la pension moyenne s'élevait à 625 francs dont la majeure partie - 496 francs - était versée par le fonds de majoration, c'est-à-dire le fonds fonctionnant en répartition. Les « vieux assurés sociaux » (bénéficiaires du régime transitoire) ne reçoivent donc qu'une pension très modeste, d'ailleurs inférieure aux allocations d'assistance prévues par la loi de 1905 (l'allocation moyenne servie au titre de la loi d'assistance obligatoire s'élevait alors à 700 francs par an).

Très vite, le bilan des assurances sociales est jugé peu satisfaisant du point de vue de l'assurance vieillesse. En effet, si la loi de 1930 organise la prévoyance des travailleurs en activité et la rend obligatoire, elle reporte à trente ans le service des premières pensions convenables et elle ignore la misère des vieillards sans retraite. Outre la faiblesse des pensions acquises avec le régime transitoire, plusieurs catégories de travailleurs restent sans protection. C'est le cas, notamment, des travailleurs qui, âgés de plus de 65 ans en 1930, sont de ce fait exclus des assurances sociales et ne peuvent bénéficier que de la loi d'assistance aux vieillards de 1905. Mais c'est également le cas des vieux travailleurs indépendants, petits artisans, fermiers,

---

30 . L. LEGRAIN, *op. cit.*, page 55.
31 . E. ANTONELLI, *op. cit.*, page 64.

cultivateurs, etc., touchés par la crise économique, et pour qui rien n'a été prévu. Aussi, dès 1937, de nombreuses propositions concernant le problème des exclus des Assurances sociales, le problème de la « retraite des vieux travailleurs » sont déposées à la Chambre ou au Sénat. Le nombre des bénéficiaires âgés de plus de 60 ans était alors estimé entre 1,5 million et 2 millions selon les propositions.

En 1938, les « oubliés » la loi de 1930 deviennent l'objet d'un projet de retraite des vieux travailleurs. Il ne s'agit que d'une allocation minime (1500 francs par an), mais, fait significatif, elle devait être financée grâce, d'une part, à une majoration de la cotisation globale et d'autre part, à une modification dans l'affectation de ces cotisations d'assurances sociales. La part destinée à la capitalisation devait être réduite, celle consacrée à la répartition augmentée. Le projet suscita de nombreuses controverses et ne devait aboutir que sous le régime de Vichy. La loi du 14 mars 1941 instituera l'allocation aux vieux travailleurs salariés, et substituera le régime de répartition au régime de la capitalisation à compter du 1er janvier 1941. A partir de cette date, les cotisations affectées chaque année à la vieillesse sont utilisées pour le service des rentes ou allocations payées chaque année, ces allocations étant versées par la Caisse Générale de Garantie[32].

A la fin de 1942, on comptait 1540000 titulaires d'avantages vieillesse, dont 525000 assurés sociaux, 250000 pensionnés des retraites ouvrières et paysannes, 765000 vieux travailleurs. Au 31 décembre 1945, les bénéficiaires de l'allocation aux vieux travailleurs salariés étaient au nombre de 1,7 million, dont 751000 pensionnés des assurances sociales ou des retraites ouvrières et paysannes, et 949000 non pensionnés[33].

---

32 . Le rôle des caisses de capitalisation en matière d'assurance vieillesse va consister, à partir du 1er janvier 1941, à gérer les capitaux de couverture des rentes inscrites au compte individuel des assurés pour les versements antérieurs à cette date.

33 . A. GUIONNET, « Situation financière des Assurances sociales de 1930 à 1950 », *Bulletin d'Histoire de la Sécurité sociale*, CHSS, n°28, juillet 1993, pages 33 à 52.

Des changements irréversibles introduits dans l'entre-deux-guerres

C'est dans l'entre-deux-guerres que les bases « modernes » de la sécurité sociale vieillesse sont jetées. Si en elles-mêmes, les assurances sociales se révèlent insuffisantes, tout au moins dans la prise en charge du risque vieillesse, elles introduisent très clairement le principe de l'obligation. De même, la période de l'entre-deux-guerres est marquée par le passage de la capitalisation à la répartition, et par une intervention plus marquée de l'Etat dans la gestion du « social ».

Le principe de l'assurance obligatoire

Par leur caractère d'obligation générale - en définitive, assurés et ayants droit représentaient un peu plus du tiers de la population à la veille de la seconde guerre mondiale - les assurances sociales de 1930 constituent bien un progrès décisif dans l'histoire de la protection sociale. Ce principe de l'assurance obligatoire ne sera pas remis en cause par la suite. L'assujettissement obligatoire va profondément marquer la technique de l'assurance sociale. Pour P. Durand, elle en est d'ailleurs une caractéristique essentielle[34] .

Depuis l'échec de la loi des retraites ouvrières et paysannes, et des arrêts rendus par la Cour de Cassation qui lui enlevaient pratiquement tout caractère obligatoire, la protection sociale des régimes facultatifs ne pouvait plus être prise au sérieux. Le caractère obligatoire s'avérait indispensable pour organiser la protection des travailleurs, et nécessaire pour le passage à une gestion collective des risques, en permettant d'opérer une plus grande compensation.

Selon P. Grevet, l'obligation s'impose à partir du moment où la mise en place d'un système de protection sociale devient incontournable, comme c'est le cas dans l'entre-deux-guerres avec la montée de nouveaux besoins sociaux[35] . Le développement du capitalisme ayant

---

34 . P. DURAND, *op. cit.*, page 62. L'originalité de ce trait s'est toutefois atténuée avec l'apparition des formes obligatoires d'assurance privée.

35 . P. GREVET, *Besoins populaires et financement public*, Ed. Sociales, coll. Economie et politique, 1976, page 440.

entraîné progressivement une internationalisation de la vie sociale, économique et politique, la réalisation des assurances sociales devait avoir un caractère général et obligatoire afin d'égaliser les conditions de la concurrence. Ce facteur a dû jouer dans les années trente.

Une seconde évolution marque cette période. En effet, tandis que l'on passe résolument de l'idée de prévoyance facultative à celle de prévoyance obligatoire, le passage de la prévoyance au profit de l'organisation collective de la sécurité se dessine. C'est ce que marque l'abandon de la capitalisation au profit de la répartition dans le financement des retraites.

Le progressif passage de la capitalisation à la répartition

Plusieurs éléments ont contribué, dans des proportions variables, à la substitution de la répartition à la capitalisation. Après la guerre, l'inflation va constituer une donnée nouvelle pour les régimes de retraites. Dans l'entre-deux-guerres, la grande crise va accroître la misère des vieillards ; les assurances sociales ne résoudront pas le problème social criant que la guerre et l'occupation vont encore amplifier.

En 1930, l'inflation a déjà touché le pays, pourtant, on calcule encore la pension qui résultera des versements collectifs capitalisés pour les assurances sociales. Ainsi, l'inflation ne semble pas avoir été l'élément déterminant du passage de la capitalisation à la répartition. Les contemporains paraissent en effet avoir gardé les habitudes mentales du temps du franc Germinal et la stabilisation opérée par Poincaré a dissipé les inquiétudes nées de l'après-guerre.

Plus que l'inflation, la nécessité de servir des retraites à des personnes n'ayant jamais cotisé apparaît décisive dans le passage de la capitalisation à la répartition. Pour les assurances sociales, le passage de la capitalisation à la répartition en 1941 s'accompagne également du glissement du contributif au non contributif et conduit à prendre en charge des pensions pour environ 700000 personnes n'ayant jamais cotisé : « Aussi n'est-ce pas le scepticisme à l'égard de la monnaie qui condamne la capitalisation, c'est au contraire sa défense. La répartition triomphe non parce que les contemporains prévoient l'inflation, mais parce qu'ils veulent l'éviter. C'est la politique de déflation qui, paradoxalement, fait abandonner la très orthodoxe capitalisation. Elle suppose en effet un effort financier très lourd : pour « amorcer la pompe » en quelque sorte, il faut accumuler des capitaux considérables. Or, au même moment, on doit servir des pensions revalorisées à un nombre croissant de retraités. C'était trop demander à une même génération que de supporter en même temps le poids des retraites des générations précédentes et celui des siennes propres.[36] »

Un régime fonctionnant en répartition est le seul mécanisme à même de financer immédiatement des pensions non contributives. Chaque fois que des pensions non contributives ont dû être versées immédiatement, c'est le système de la répartition qui a été adopté[37].

Concernant les assurances sociales, les dépenses de la Caisse Générale de Garantie (fonctionnant en répartition) ont toujours été bien supérieures aux dépenses des caisses de capitalisation (cf. graphique 19).

Graphique 19
Assurances sociales, dépenses vieillesse 1930-1940 : dépenses de la caisse générale de garantie et dépenses des caisses de capitalisation

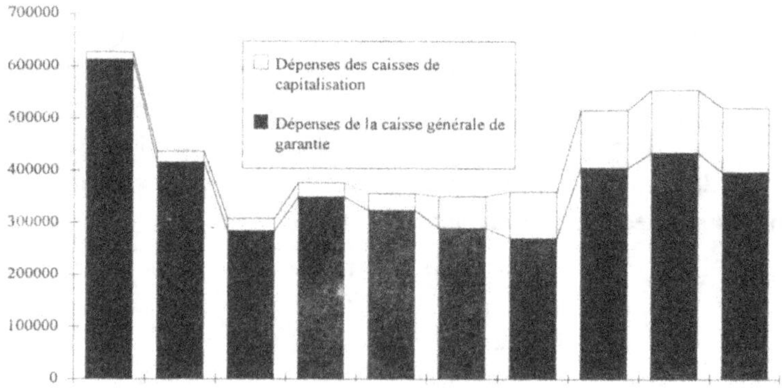

36 . A. PROST, *op. cit.*, page 279.
37 . F. NETTER, « Capitalisation ou répartition. Etude des régimes de retraites », Colloque sur l'histoire de la sécurité sociale, *Actes du 111e Congrès National des sociétés savantes*, Poitiers, 1986, pages 121 à 131.

Dans le régime de retraites des mineurs, deux fonds également étaient chargés de servir les pensions, le fonds spécial, fonctionnant en répartition, et le fonds d'assurance, fonctionnant en capitalisation. Peu à peu, les recettes vont se diriger davantage vers le fonds spécial. A partir de 1934, ce dernier reçoit environ les deux tiers des recettes destinées à l'assurance vieillesse (cf. graphique 20).

Graphique 20
Régime de retraite des mines : recettes du fonds spécial (répartition) et recettes du fonds d'assurance (capitalisation)

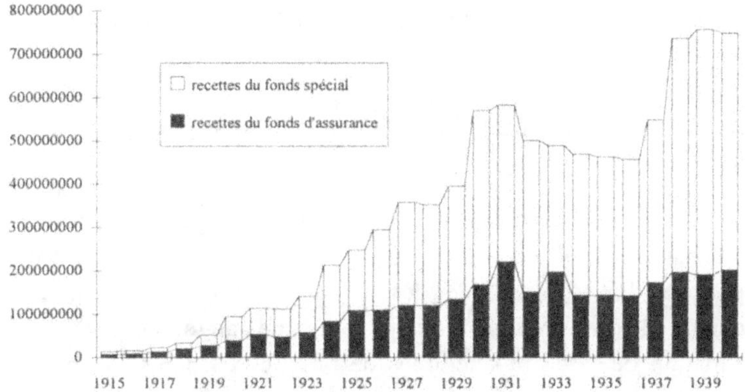

Les caisses patronales de retraites des grandes compagnies de chemin de fer fonctionnaient le plus souvent en combinant versements à la caisse nationale des retraites et versements de retraites par répartition. Aussi, les dépenses des caisses de retraites des chemins de fer sont-elles constituées par trois postes : les versements à la Caisse Nationale des Retraites en vue de la constitution de pensions par capitalisation, les versements de retraites ou de compléments de retraites par répartition, et les dépenses diverses (gestion, administration, ...). Si les versements à la Caisse Nationale des Retraites n'ont jamais été le poste de dépense majoritaire, ce dernier représentait tout de même plus de 20 % des dépenses jusqu'en 1910, alors qu'il devient négligeable après 1926. Dès la fondation de la SNCF, un fonds de réserve unique est créé, reprenant tous les avoirs des caisses de retraites des réseaux au 1er janvier 1938. Mais c'est à la répartition que la SNCF a recours principalement, puisqu'elle inscrit chaque année, parmi ses dépenses d'exploitation, les sommes nécessaires pour couvrir les dépenses de pension. Le système est donc hybride, unissant à la fois capitalisation et répartition, mais comme le constate J. Bouisson, le fonds de réserve reste fixe, alors que le montant des pensions augmente sans cesse, et les ressources sont de plus en plus largement fournies par les versements de la SNCF. Là aussi, la répartition a désormais triomphé[38].

Ainsi la période de l'entre-deux-guerres voit-elle s'imposer la répartition, c'est-à-dire la prise en charge par la population active des vieillards retraités. A une politique d'épargne plus ou moins collective, se substitue une véritable politique de « transferts sociaux ».

Le rôle de l'Etat : l'augmentation des dépenses publiques à « caractère social »

Dans la période de l'entre-deux guerres, les dépenses publiques destinées au « social » dans son ensemble augmentent. On observe à la fois une hausse générale des dépenses publiques à caractère « social » et des charges sociales, et une augmentation de la participation de l'Etat aux régimes de retraites existants (cheminots, mineurs).

Les charges sociales couvertes par le budget entre 1913 et 1946 sont en forte progression : « De 1913 à 1946, les dépenses à caractère social lato sensu, c'est-à-dire en tenant compte non seulement des charges classées sous la septième partie du budget "charges sociales" mais encore de toutes celles qui sont couvertes par des crédits inscrits en d'autres parties ou titres du budget, sont passées d'un demi milliard à 105 milliards de francs. Les charges sociales, stricto sensu, de la septième partie du budget s'élèvent de 48 millions en 1913 à 32898 millions en 1946, soit un coefficient brut de majoration de 685,4 et un coefficient pondéré de 15,5, sur la base de l'indice des prix de détail aux époques considérées. De 1938 à 1946, ces mêmes dépenses

38 . J. BOUISSON, *Les institutions de sécurité sociale de la SNCF*, Thèse de doctorat en droit, Montpellier, 1950, pages 111 et 112.

s'élèvent de 3422 à 32898 millions, soit un coefficient de majoration brute de 9,6 et un pondéré de 1,53.[39] »

Comme l'explique l'auteur, la dépréciation de la monnaie n'est pas le facteur déterminant de cette augmentation car si l'on applique aux dépenses sociales inscrites au budget de 1913 un coefficient de dépréciation monétaire, ces mêmes dépenses, toutes choses égales par ailleurs, auraient été en 1946 de l'ordre de 23 milliards. Comme elles atteignent 105 milliards, d'autres facteurs d'augmentation ont joué un rôle majeur.

L'Etat a, dans cette période, élargi considérablement son intervention dans le domaine social. Cette extension des dépenses sociales de l'Etat se combine avec une augmentation du poids des charges sociales. En 1944, R. Monier établit une évaluation du poids des charges sociales en pourcentage des salaires et du revenu national[40]. Le poids des charges sociales en pourcentage des salaires serait passé de 22,3 % en 1936 à 30 % en 1943, et de 10,8 % à 14,4 % du revenu national. Selon cet auteur, l'accroissement des charges sociales est dû au développement de la législation sociale (institution des congés payés en 1936, loi du 14 mars 1941 sur l'allocation aux vieux travailleurs salariés, refonte des systèmes d'allocations familiales et son extension à l'agriculture en 1938-1939, ...). Toutes ces réformes législatives ont incontestablement accru les charges sociales.

La participation de l'Etat au financement des assurances sociales est toutefois négligeable ; en revanche, il contribue largement au financement des régimes de retraites des mineurs, des marins.

Pour le régime de retraites des mines, les subventions versées par l'Etat à la caisse de retraites des ouvriers mineurs (CAROM) sont passées de 216 millions en 1941 à 1417 millions en 1946. Le graphique 21 indique l'origine des recettes du fonds spécial de retraites des mineurs.

---

39 . « Notes sur l'évolution des charges sociales couvertes par le budget entre 1913 et 1946 », Extrait de « L'inventaire de la situation financière de la France 1913-1946, établi sur les instructions de M. Robert Schumann », *Droit Social*, n°5, mai 1947, pages 198 à 201.

40 . R. MONIER, « Le poids des charges sociales », *coll. Droit Social*, fascicule n°XXIV, 1944, pages 3 à 9.

Graphique 21
Retraites des mineurs : recettes du fonds spécial, francs

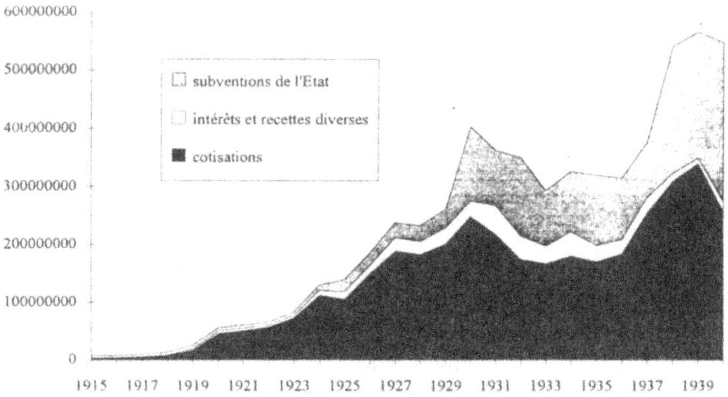

D'après A. Cornillière, les subventions de l'Etat à la Caisse des Invalides de la Marine passent de 265 millions en 1938 à 1020 millions en 1946[41]. La caisse des marins était alimentée par une retenue de 5 % sur les salaires des marins de commerce pour les grandes pêches et la navigation au long cours. La contribution patronale était de 4,25 % des salaires depuis le 22 juillet 1937. Mais ces revenus étaient cependant insuffisants et l'Etat ajoutait une contribution annuelle, portée au budget et variable selon les besoins. Son montant a progressé de 14,5 millions de francs en 1910 à 178,5 millions de francs en 1930, et la loi de finance du 31 décembre 1938 l'a porté à 260 millions.

Enfin, la charge des pensions civiles et militaires représente 5443 millions de francs en 1937 et 33000 millions de francs en 1946.

Cette période est donc marquée par une augmentation de la prise en charge par l'Etat de dépenses sociales, et par l'augmentation des charges sociales.

41 . A. CORNILLIERE, *L'assurance invalidité des marins*, thèse de doctorat en droit, Toulouse, Imprimerie toulousaine, 1941, page 23.

* *
*

En définitive, c'est bien dans l'entre-deux-guerres que se mettent en place les éléments de la sécurité sociale vieillesse tels que nous les connaissons actuellement. Le passage de la capitalisation à la répartition est largement accompli, le principe de l'obligation semble définitivement adopté, et l'on assiste aux premières tentatives de généralisation de la protection.

Toutefois les assurances sociales, en elles-mêmes, restent une réponse bien imparfaite. La couverture est encore insuffisante, les prestations sont très limitées. Le modèle « fordiste » campe encore aux marges de l'économie, il est largement inachevé. Il reviendra à la période de l'après seconde guerre mondiale de réaliser une symbiose entre modèle de développement économique et système de protection sociale.

CHAPITRE 6

LA SECURITE SOCIALE VIEILLESSE DANS LA SOCIETE FORDISTE

Si c'est dans l'entre-deux-guerres que le nouveau modèle de la gestion de la vieillesse est né, basé sur l'instauration de la retraite obligatoire et son financement par répartition, c'est surtout après 1945 qu'il va véritablement se généraliser.

L'adhésion à des mesures de politiques sociales avait été, de par le passé, toujours difficile (lenteur des débats, réalisations toujours inférieures à celles initialement prévues, oppositions des groupes sociaux, ...), mais l'idée de sécurité sociale semble cette fois-ci acquise, bien que dans un premier temps, elle concerne encore davantage la population salariée, les autres professions manifestant quelques réticences à son égard.

Cette adhésion « relative » semble trouver son explication dans la conjonction de plusieurs éléments favorables. Dans le modèle économique et social dit « fordiste » de l'après-guerre, la sécurité sociale tiendra un rôle important. La dialectique entretenue entre système économique et système social n'a jamais été aussi forte que durant cette période.

Dans ce modèle, la protection de la vieillesse, dont le mode de prise en charge « retraite » est désormais dominant, occupe également une grande place : il participe réellement à la vie de ce modèle en instaurant un cycle de vie particulier et s'avère être un élément déterminant du nouveau « rapport salarial ».

Avant d'aborder la prise en charge de la vieillesse dans cette étape particulière du développement économique, une première partie met en évidence le rôle joué par la sécurité sociale dans ce modèle. Celui-ci découle du type même de croissance qui se met en place après la seconde guerre mondiale.

OBJET ET SIGNIFICATION DE LA SECURITE SOCIALE DANS LE MODELE FORDISTE

La sécurité sociale - et, plus généralement, l'ensemble des transferts sociaux - vont jouer un rôle fondamental dans le modèle économique de l'après seconde guerre. Ils participent à la régulation d'ensemble de l'économie, selon des modalités qui sont déjà clairement exprimées dans l'œuvre de Keynes ou dans le rapport Beveridge.

Caractérisation de la société fordiste : le modèle

Si le modèle « fordiste » était déjà ébauché dans l'entre-deux-guerres, c'est seulement après la seconde guerre mondiale qu'il se diffuse et se généralise. La croissance économique est particulièrement forte, plus ou moins dirigée par la mise en place d'un processus de « contrôle » central, ou régulation étatique.

Une période d'exceptionnelle croissance

Les 30 années qui suivent la fin des hostilités sont marquées par une croissance économique exceptionnellement élevée, justifiant pour J. Fourastié l'emploi de l'expression de « Trente Glorieuses » pour les désigner[1] . Le dynamisme de cette croissance est d'ailleurs commun à l'ensemble des pays développés. Le quart de siècle 1945-1970 se caractérise par des taux de croissance inégalés jusqu'alors, atteignant 5 % en moyenne sur l'ensemble des pays membres de la CEE, et 3,9 % de 1950 à 1970 aux Etats-Unis. L'originalité de cette période conduit certains auteurs à soutenir qu'elle marque une nouvelle étape du développement. Pour B. Rosier et P. Dockès, « étape particulière dans

---

1 . J. FOURASTIE, *Les Trente Glorieuses ou la révolution invisible de 1946 à 1975*, Fayard, 1979.

le développement historique du capitalisme, la période 1945-1970 connaît la mise en oeuvre d'un nouvel ordre productif »[2].

Deux autres particularités de cette croissance résident dans sa durée (jusqu'à la fin des années 60) et sa relative régularité, les cycles économiques étant particulièrement adoucis en France.

Les facteurs à l'origine de cette croissance restent néanmoins difficiles à appréhender[3]. Concernant la contribution du capital, durant cette période, la croissance de l'investissement, induite par la pression de la demande et l'optimisme quant à l'avenir, est plus forte que celle de la production. Le niveau de la population active est stable et élevé aux environs de 19,5 millions de 1946 à 1962, et la productivité du travail est forte : entre 1949 et 1969, elle croît au rythme de 4,5 à 5 % par an en moyenne[4].

L'école de la régulation insiste, pour expliquer cette croissance, sur des facteurs insuffisamment pris en compte. Après 1950, aurait émergé en France un régime d'accumulation intensive avec consommation de masse et un mode de régulation « monopoliste » générateur d'un « cercle vertueux » : productivité, croissance, consommation, investissement. Les régulationnistes mettent l'accent sur le rôle du « modèle fordiste », défini par référence à la politique des salaires relativement élevés, mais aussi par la diffusion du travail à la chaîne[5] : « Le passage à la société capitaliste fordienne (en France, après 1945) se marque par la consolidation des deux piliers de celle-ci : la production de masse, liée au développement du taylorisme, et la consommation de masse, liée à l'instauration de l'Etat-Providence.[6] »

---

2 . B. ROSIER, P. DOCKES, *op. cit.*, page 198.

3 . Les analyses économétriques conduites par J.-J. Carré, P. Dubois et E. Malinvaud au début des années 70, parviennent à expliquer environ la moitié du taux de croissance. J.-J. CARRE, P. DUBOIS, E. MALINVAUD, *La croissance française. Un essai d'interprétation économique causale de l'après-guerre*, Ed. du Seuil, 1972.

4 . A. GUESLIN, *Nouvelle histoire économique de la France contemporaine*, t. 4, L'économie ouverte, 1948-1990, Ed. La Découverte, 1991, Paris, pages 19 à 26.

5 . Si ce travail à la chaîne s'est peu développé en France (6% des ouvriers de l'industrie en 1975), la part des travailleurs en équipe est passée de 15 % en 1957 à 31 % en 1970-1974 dans l'industrie manufacturière. Cf. A. GUESLIN, *op. cit.*, page 31.

6 . R. BERTAUX, « Les dimensions historiques de la gestion du social », *op. cit.*, page 117.

La régulation étatique

Le principe de l'intervention de l'Etat dans l'économie est une des particularités du nouveau modèle économique qui se met en place après-guerre. Dans tous les pays capitalistes avancés, les interventions de l'Etat deviennent une composante essentielle de cette étape du développement économique.

Dans l'ensemble des pays impliqués, la seconde guerre mondiale a induit une participation accrue de l'Etat. En effet, la guerre a amplifié la tendance déjà observée dans les années trente en introduisant par le biais des "économies de guerre" (Grande-Bretagne, Etats-Unis, Allemagne, ...) ou d'hyperpénurie (pays occupés) l'intervention systématique des Etats sous diverses formes[7]. Le processus avait été identique pendant la première guerre mondiale, mais après le conflit, on avait observé un net désengagement de l'Etat. Cette fois, la situation va perdurer après la fin des hostilités, d'abord par l'énorme effort de reconstruction d'après-guerre, puis, et surtout, sous l'influence de nouvelles logiques.

En effet, ce principe de régulation étatique découle du type même de croissance qui se met en place après-guerre. Les interventions systématiques de l'Etat ont d'abord une fonction de régulation intentionnelle de la croissance, dont Keynes s'est fait le premier théoricien. Suite au développement de politiques keynésiennes, la socialisation de l'investissement et de certaines dépenses collectives seront analysées comme un facteur de l'équilibre économique et de la croissance.

Cette période voit donc l'avènement d'un capitalisme « dirigé » fondé sur la nécessité de satisfaire les besoins vitaux, d'assurer le plein emploi et de modérer les cycles économiques. En France, le Plan va diffuser un volontarisme et une rationalité dans l'appareil d'Etat[8].

L'intervention de l'Etat touche à tous les domaines de la vie économique : dans le domaine de la production et de l'investissement,

---

7 . Cf. P. ROSANVALLON, *L'Etat en France de 1789 à nos jours*, Ed. du Seuil, coll. « l'Univers historique », 1990.

8 . Cf. A. GUESLIN, *op. cit.*, page 67 à 72.

l'Etat mène une politique industrielle active[9]. Mais c'est peut-être dans le domaine social que l'intervention de l'Etat se différencie le plus des périodes antérieures : le « compromis social » qui s'instaure va permettre une croissance relativement équilibrée et durable. Cette « révolution » qu'est l'intervention volontaire et surtout massive, de l'Etat dans l'économie, a été rendue possible par l'adhésion consensuelle à un nouveau modèle économique, dont les bases seront largement diffusées sous le terme de « keynésianisme ».

Keynes et le keynésianisme

Dans cette période, le rôle joué par l'adhésion consensuelle à une idéologie est sans doute primordial pour expliquer la régulation mise en place. En ce sens, il existe bien un lien entre la doctrine keynésienne et les politiques, notamment sociales, menées par « l'Etat-Providence » de 1945 à 1974. Comme le remarque R. Bertaux, « les doctrines économiques produites dans les siècles passés ont toujours eu des liens assez étroits avec la régulation sociale, c'est-à-dire avec la régulation des rapports sociaux, au point que, d'une certaine manière, et bien que ce ne fût pas directement leur objet, elles ont toujours produit conjointement des analyses proprement économiques et un discours sur les rapports sociaux, et, du coup, ont influencé fortement les pratiques de gestion des rapports sociaux »[10]. Or, si la pensée économique des années 30 est dominée par le nom de Keynes, la politique économique de l'après-guerre est dominée par le keynésianisme.

Quel a été l'apport de Keynes ? Il faut tout d'abord souligner que des « politiques keynésiennes » existaient avant Keynes. En effet, dès le XIXe siècle, certains économistes avaient lié le niveau de la production à la capacité de consommation de l'ensemble de la population. Dans les années 20, Henry Ford justifiait sa politique de hauts salaires par la nécessité de faire de ses propres ouvriers, ses

---

9. Cf. P. GUILLAUME, C. GERAD et J.-A. LESOURD, *Nouvelle Histoire Economique*, tome II, « le XXe siècle », *op. cit.*, pages 264 et suivantes.

10. R. BERTAUX, « Doctrines économiques et régulation sociale », *Les Cahiers de la Recherche sur le Travail Social*, Université de Caen, n°14, 1988, Centre de Recherche sur le Travail Social, pages 19 à 42.

clients. La perception de l'importance du pouvoir d'achat se précise pendant la grande crise des années 30, dans la mesure où l'on met l'accent sur la nécessité d'accroître les petits revenus. Un des moyens de relever le pouvoir d'achat est alors d'accroître les dépenses de l'Etat, de lancer des grands travaux, même au prix d'un déficit budgétaire. Déjà existait une "conception empirique du pouvoir d'achat"[11].

Aussi, l'apport de Keynes est-il avant tout d'avoir formalisé, théorisé et également diffusé une vision nouvelle et globale des mécanismes économiques. Keynes introduit en 1936 une rupture dans la pensée économique en se fondant principalement sur le système économique conçu comme une globalité, comme un ensemble, ou encore comme un circuit d'échanges et de relations entre agrégats économiques[12].

Reste à savoir dans quelle mesure l'instauration des Etats interventionnistes après 1945 dans la plupart des pays développés est liée à cette théorisation nouvelle. Pour certains, le grand tournant de l'après-guerre repose vraiment sur les idées que Keynes a introduit dans l'économie[13] et doctrine keynésienne et politiques sociales sont étroitement liées.

Quoi qu'il en soit, une imbrication se crée entre la croissance et les politiques de régulation menées : « La croissance de l'après-guerre n'y est pas pour rien, mais elle-même ne s'explique que parce qu'une politique volontariste d'augmentation du pouvoir d'achat des grandes masses de consommateurs a été mise en place par les gouvernements successifs dans leur adhésion profonde aux thèses keynésiennes. La nécessité de respecter les grands équilibres macro-économiques, l'idée qu'un investissement supplémentaire doit avoir une contrepartie dans une consommation supplémentaire, le principe fordien qu'il ne suffit pas de produire, mais qu'il faut aussi vendre, aboutissent à une conviction tout à fait neuve : la bonne marche de l'économie n'exige

---

11 . P. GUILLAUME, C. GERAD et J.-A. LESOURD, *Nouvelle Histoire Economique*, tome II, le XXe siècle, *op. cit.*, page 109.

12 . J.-M. KEYNES, *Théorie Générale de l'emploi, de l'intérêt et de la monnaie*, Paris, Petite Bibliothèque Payot, 1975.

13 . P. Rosanvallon note la pénétration d'une vision keynésienne de l'économie dans les rangs de toute une génération de jeunes hauts fonctionnaires. P. ROSANVALLON, *L'Etat en France de 1789 à nos jours*, *op.cit.*, page 244.

pas de bataillons de pauvres, au contraire, elle demande des armées de consommateurs. Du coup, à droite comme à gauche, pendant trente ans, on est keynésien, les uns pour faire plus de profit, les autres pour assurer plus de justice sociale.[14] »

En France, tout un appareil de connaissance de l'économie et de la société (comptabilité nationale, système de prévision) est mis en place pour rendre possible cette régulation[15], et la nécessité d'une intervention régulatrice de l'Etat dans l'économie est reconnue.

Le rôle de la demande effective - et donc du pouvoir d'achat - devient primordial dans ce modèle. Une des particularités de la croissance d'après-guerre est une croissance du salaire réel à peu près parallèle à celle de la productivité, permettant une extension considérable de la consommation finale de produits industriels : « Lutter contre la pauvreté par l'augmentation des salaires n'est plus anti-économique, cela devient au contraire une politique sérieuse.[16] » La sécurité sociale sera un élément central de « régulation » de ce modèle économique.

Le rôle de la sécurité sociale dans ce modèle

> *« Le vice essentiel de l'économie de marché libre réside moins dans une organisation défectueuse de la production que dans son impuissance à créer une demande régulière pour ses propres produits ».*
> *J. Lajugie,* A l'abri du besoin, la sécurité sociale, *Ed. Bourrelier, Paris, 1948, page 127.*

Par son développement et son extension, la sécurité sociale devient après la seconde guerre mondiale un élément central de régulation et de cohésion de la société. La sécurité sociale participe à la régulation d'ensemble de la société, c'est l'instrument d'une politique économique largement diffusée dans l'après-guerre.

---

14 . R. BERTAUX, « Les dimensions historiques de la gestion du social », *op. cit.*, page 117.

15 . Pour P. Rosanvallon, cette liaison est très nette : « Les formes d'intervention de l'Etat et les outils de savoir progressent toujours de pair : le savoir permet l'action et l'action s'adapte en retour au savoir. Le développement d'un Etat instituteur du social avait été lié au progrès des enquêtes sociales : l'Etat keynésien se met en place parallèlement au développement d'un nouveau système de comptabilité nationale. », P. ROSANVALLON, *op. cit.*, page 253.

16 . R. BERTAUX, « Les dimensions historiques de la gestion du social », *op. cit.*, page 118.

Sécurité sociale et régulation d'ensemble de l'économie

Le compromis social qui s'instaure après la guerre est donc basé sur l'adhésion à une vision d'ensemble de l'économie. La sécurité sociale participe à ce compromis, elle y joue un rôle prépondérant.

En effet, la sécurité sociale et plus généralement l'ensemble des transferts dits « sociaux », vont mettre en jeu des sommes considérables et toucher l'ensemble de la population : la part des prestations sociales dans les ressources totales de l'ensemble des ménages atteint 15% à la fin des années cinquante, elle est de 19 % en 1965.

Croissance économique et développement du social s'entretiennent l'un l'autre dans cette période, et à ce titre, la sécurité sociale constitue à la fois un aménagement et un développement du capitalisme : « Si la généralisation de la Sécurité sociale et des allocations familiales devaient constituer d'abord, pour certains, une mesure de justice sociale en même temps qu'un moyen essentiel de la politique démographique, pour d'autres, les prestations sociales permettaient d'introduire dans le système un puissant stabilisateur de conjoncture puisque cette masse importante de revenus indirects était pratiquement indépendante des fluctuations du niveau de l'emploi. Dans cette perspective, les garanties de revenu créées par la Sécurité sociale, de même que celles assurées plus tard par les allocations complémentaires de chômage ou par le système de retraite complémentaire, contribuaient à la stabilité du système libéral en amortissant les fluctuations de l'activité économique.[17] » De ce fait, le salaire indirect socialisé en vient à jouer un rôle dit de « stabilisateur automatique » non négligeable dans la mesure où il est déconnecté de la conjoncture.

Pour B. Rosier et P. Dockès, ce développement des transferts sociaux s'explique tout à la fois par les besoins mêmes de l'accumulation et par les revendications des salariés : « Pour permettre la réalisation d'un produit croissant (donc la mise en valeur du capital privé accumulé), les politiques économiques de l'Etat keynésien tendent

17 . M. PARODI, *L'économie et la société française depuis 1945*, A. Colin, coll. U, 1981, page 36.

parallèlement - sous la pression du nouveau rapport de forces établi par la puissance syndicale et pour répondre aux besoins mêmes du capital - à permettre une croissance régulière du pouvoir d'achat de larges fractions de salariés. Pour ce faire, elles interviennent au niveau même de la gestion de la force de travail, forme nouvelle de régulation sociale (salaire minimum, assurances sociales, etc.) et de sa reproduction et exerçant une fonction liée "d'absorption" d'un surplus économique croissant et de socialisation d'une partie des coûts de l'expansion industrielle (processus parfois dénommé "dévalorisation" d'une fraction du capital). Toutes ces actions visent à accroître et régulariser la demande effective et à améliorer la rentabilité du capital privé.[18] »

Les transferts monétaires organisés par la sécurité sociale se retrouvent dans la sphère marchande où ils permettent l'extension de la consommation privée et des débouchés du secteur privé. La sécurité sociale entraîne également le développement du secteur non marchand en élargissant la sphère des biens collectifs, de la consommation collective et des investissements collectifs.

Le plan Beveridge, le keynésianisme, la sécurité sociale et l'économie

Le célèbre rapport Beveridge, élaboré pendant la guerre et rendu public en 1942, caractérise cette conception de la sécurité sociale[19]. « Qu'apportait ce rapport pour soulever un tel enthousiasme ? Un ensemble de propositions concrètes relatives aux Assurances sociales et aux Allocations familiales, propositions minutieusement étudiées jusque dans les plus petits détails administratifs et dans toutes leurs répercussions financières, démographiques, économiques, mais surtout une conception entièrement nouvelle du progrès social. C'est à bien des égards une véritable révolution sociale dans le cadre du régime capitaliste que représente le plan Beveridge.[20] »

Dans le rapport Beveridge, il est déjà prévu que l'application du Plan contribuera à maintenir le pouvoir d'achat de la classe ouvrière, à

---

18 . B. ROSIER, P. DOCKES, *op. cit.*, page 204.
19 . Sur le plan Beveridge, cf. J. LAJUGIE, *A l'abri du besoin, la sécurité sociale*, Ed. Bourrelier et Cie, Paris, 1948, pages 9 à 51. P. DURAND, *op. cit.*, pages 104 à 113.
20 . J. LAJUGIE, *op. cit.*, page 9.

stabiliser la demande de produits de consommation et, également, la demande de main-d'oeuvre. Il serait possible d'accroître cette stabilité en faisant varier à la fois le taux des prestations et celui des cotisations en fonction des fluctuations cycliques. Et en effet, dans l'optique de W. Beveridge, la politique de sécurité sociale est intimement liée à la politique du plein emploi[21]. Il s'agit d'obtenir « le maintien, en tout temps, d'une dépense totale suffisante, tant en demande de consommation qu'en investissements privés ou publics, pour provoquer une demande de produits qui ne puisse être satisfaite sans que l'on fasse appel à toute la force de travail du pays »[22]. Cela exige l'orientation par l'Etat des fonds tant privés que publics vers les placements ou les dépenses de consommation les plus capables d'améliorer le bien-être. Les dépenses de sécurité sociale sont un élément important de cette mise de fonds, car la redistribution de revenus qu'elles réalisent, en stabilisant le pouvoir d'achat des masses, stabilise la demande de main-d'oeuvre. Elles contribuent, de ce fait, à préparer les conditions de cette sécurité sociale elle-même.

Le plan Beveridge est donc largement imprégné des théories keynésiennes : « Beveridge, s'inspirant des théories de Keynes, souligne que la sécurité sociale doit être replacée dans un ensemble de mesures économiques » note A. Getting[23].

Il s'agit donc d'une vision d'ensemble du fonctionnement économique, remettant largement en cause toutes les conceptions antérieures.

---

21 . En introduction du « Rapport sur le plein emploi dans une société libre », W. Beveridge précise bien que celui-ci fait suite au « Rapport sur les assurances sociales » ; plein emploi et sécurité sociale ne peuvent s'envisager séparément. W. BEVERIDGE, *Full employment in a free Society*, 1944, traduction française, *Du travail pour tous dans une société libre*, Ed. Domat-Montchrestien, 1945, pages 9 à 16.

22 . Cité par J. LAJUGIE, *op. cit.*, page 127.

23 . A. GETTING, *La sécurité sociale*, PUF, Paris, 1966, 7ème édition (1ère éd. 1948).

Sécurité sociale et compromis social

Si protection sociale et société industrielle sont étroitement imbriquées, sécurité sociale et modèle économique « fordiste » le sont encore davantage.

Les politiques keynésiennes vont permettre de dépasser la vision dichotomique de l'économique et du social ; en ce sens, elles représentent une révolution : « Le développement de l'Etat-Providence et le dynamisme économique pouvaient dorénavant être pensés comme non contradictoires. Le progrès social n'était plus seulement envisagé comme un coût pour l'économie.[24] »

Et pour G. Perrin, la sécurité sociale est un élément déterminant de la constitution des sociétés industrielles en sociétés « globales » : « la sécurité sociale participe de la tendance à l'intégration des sociétés industrielles avancées, que le progrès technique suscite et favorise à la fois, d'une part, en facilitant la résorption ou la transmutation de la structure de classes constituées dans la phase initiale de l'industrialisation, d'autre part, en proposant les moyens techniques d'une organisation rationnelle des ressources et valeurs humaines, qui est en voie de réaliser discrètement l'un des rêves les plus lointains des utopies socialistes, alors même que celles-ci paraissent avoir largement perdu de leur crédit.[25] »

Certains, comme l'école de F. Perroux[26], dépassent cette vision en présentant la sécurité sociale comme une réponse aux conditions de la croissance capitaliste, qui impliquent une couverture de risques liés aux coûts sociaux de la croissance. La sécurité sociale est alors tout à la fois un instrument d'adaptation sociale né de l'histoire du mode de production capitaliste et un instrument d'action dans l'économie. Ainsi, selon F. Sellier, « la sécurité sociale est devenue un instrument d'action économique (politique des salaires, politique de l'emploi, politique des revenus médicaux) et demeure un puissant agent

---

24 . P. ROSANVALLON, *op. cit.*, page 186.

25 . G. PERRIN, *op. cit.*, page 314.

26 . F. PERROUX, *L'économie du XXe siècle*, PUF, 1969. *Industrie et création collective*, tome 1, PUF, 1964. H. BARTOLI, *Economie et création collective*, et plus particulièrement chapitre III, « L'économique et le social », pages 161 à 301, chapitre V, « Echec social de l'économie », pages 425 à 535, Economica, 1977. F. SELLIER, *Dynamique des besoins sociaux*, Ed. ouvrières, Paris, 1970.

d'adaptation sociale : plus le changement et le progrès économique s'accélèrent, plus les risques sont nombreux (transferts d'activité, vieillissement technique des hommes) et plus augmente le besoin d'assurance contre ces risques »[27].

Par rapport à ce qui vient d'être évoqué, deux lectures de la sécurité sociale - et des politiques sociales en général - peuvent être proposées. L'une soutient que la croissance économique, permet le développement du « social ». L'autre insiste sur le fait que le développement du « social » permet le développement économique tel qu'il se caractérise dans cette période : « De la même façon, la place nouvelle prise par les finances publiques et d'une manière plus large par le secteur public après la guerre devait constituer pour les uns une évolution irréversible dans le sens d'une altération du capitalisme et pour les autres un moyen efficace de résoudre certaines difficultés temporaires ou durables du système.[28] »

Finalement, il semble bien que la sécurité sociale s'impose comme un moyen privilégié pour résoudre les contradictions qui se développent au cours de ce stade précis du capitalisme.

Assurances sociales et sécurité sociale

La mise en place de la sécurité sociale opère une rupture d'ordre culturel, que l'adoption du terme même de « sécurité sociale » symbolise. Le concept de sécurité sociale déborde largement celui d'assurance sociale. Pierre Laroque exprimera avec clarté et concision le sens de cette évolution sémantique : « Les deux idées ne se situent d'ailleurs pas sur le même plan. La sécurité sociale est un but, l'assurance sociale est un moyen parmi d'autres d'atteindre ce but.[29] »

En quoi les plans de sécurité sociale diffèrent-ils des plans d'assurance sociale antérieurs ? En premier lieu, ils sont censés s'appliquer à l'ensemble de la population. Jusqu'alors, les assurances

---

27 . F. SELLIER, *op. cit.*, pages 11 et 12.

28 . M. PARODI, *op. cit.*, page 36.

29 . P. LAROQUE, « De l'assurance sociale à la sécurité sociale, l'expérience française », *Revue Internationale du Travail*, vol. LVII, n°6, Genève, 1948, pages 621 à 649. P. LAROQUE, « Le plan français de Sécurité sociale », *Revue française du Travail*, n°1, avril 1946, pages 9 à 20.

sociales n'avaient pris en considération que les éléments de la vie économique les plus faibles, les salariés, et le plus souvent, uniquement les « salariés inférieurs ». Avec la sécurité sociale, c'est l'ensemble de la population qui sera considérée sur le même pied d'égalité.

Ensuite, la généralisation de la sécurité sociale conduit sur le plan technique, à l'abandon des méthodes traditionnelles de l'assurance, dans lesquelles les prestations étaient largement fonction de la capacité contributive : « il n'y a plus à mesurer exactement l'importance de chaque risque pour chaque individu, à établir un lien nécessaire entre les cotisations versées par chacun et les prestations qui peuvent lui revenir, à constituer des réserves mathématiques en fonction de la situation de chaque assuré. La solidarité nationale que traduit nécessairement la mise en oeuvre d'un plan complet de sécurité sociale rend tous ces mécanismes inutiles. La masse des cotisations et la masse des risques s'équilibrent sur le plan collectif par une compensation entre les éléments les plus riches et les éléments les plus pauvres.[30] »

Cet élément est fondamental, car il permet de dépasser l'opposition traditionnelle entre assurance et assistance, ou entre système de protection sociale s'inspirant de l'assurance privée (système bismarckien) ou de l'assistance publique (logique inspirée de Beveridge). Citons encore P. Laroque, pour qui ce dépassement est très clair : « A partir du moment, en effet, où le problème de la sécurité sociale est posé dans le cadre d'une politique d'ensemble et d'un mécanisme général, il importe relativement peu que les ressources destinées à assurer le fonctionnement de ces mécanismes, à couvrir les dépenses de soins, à indemniser les dommages subis, à attribuer les revenus de remplacement, aient leur origine dans des cotisations ou dans des ressources fiscales. C'est toujours, en effet, l'économie du pays prise dans son ensemble qui supporte cette charge, et ce n'est plus qu'une question d'opportunité économique ou psychologique que de savoir si, pour recouvrer les ressources nécessaires à la couverture de la masse des dépenses de la sécurité

---

30 . P. LAROQUE, « De l'assurance sociale à la sécurité sociale. L'expérience française », *op. cit.*, page 627.

sociale, il est préférable d'adopter telle méthode plutôt que telle autre. Dans tous les cas le résultat est le même : il y a toujours, d'une part, un service public fonctionnant au profit de la collectivité tout entière et dont la collectivité assume donc les frais, et, d'autre part et surtout, une répartition par voie d'autorité d'une fraction du revenu national.[31] »

En définitive, que la sécurité sociale soit réalisée par l'application de la conception de Beveridge ou de Bismarck devient alors de peu d'importance. Le développement de la sécurité sociale après 1945 est commun à l'ensemble des pays industrialisés, et, même si les systèmes nationaux sont différents (systèmes à base professionnelle ou non, faisant appel au budget de l'Etat ou aux contributions des intéressés ...), des régularités existent dans leur développement : l'essor de la sécurité sociale dans les sociétés industrielles fait apparaître des analogies, des convergences, en dépit des différences historiques, sociales ou politiques. Ceci donne à penser qu'il existe en quelque sorte des rapports « nécessaires » entre l'état de développement des sociétés industrielles et celui de la protection sociale.

Toutefois, les réalisations effectives de sécurité sociale ont bien souvent été moins ambitieuses que les théories établies par leurs concepteurs ou promoteurs ne l'avaient envisagé.

LA PRISE EN CHARGE DE LA VIEILLESSE DANS LA PERIODE D'APRES-GUERRE

Durant les années d'après-guerre, le bénéfice des retraites va progressivement s'étendre à l'ensemble de la population, notamment par la mise en place de systèmes de pensions largement non contributives et par la création de régimes autonomes pour les non-salariés. Toutefois, les pensions restent alors modestes ; les droits obtenus par les nouveaux bénéficiaires sont très inférieurs à ceux obtenus par les salariés des régimes spéciaux. Si l'on a pu parler « d'âge d'or des retraites » pour la période 1950-1970, on est encore loin de « l'âge d'or des retraités ».

---

31 . P. LAROQUE, *op. cit.*, page 627.

En revanche, la généralisation des pensions contribue à la constitution du « modèle de la retraite ». Celui-ci fait partie intégrante du rapport salarial fordiste où tout se passe comme si en contrepartie de l'acceptation d'une organisation du travail particulière, le taylorisme, les travailleurs bénéficiaient d'un accroissement continu des avantages sociaux liés au travail, dont la retraite est un élément central.

Des vieux pauvres à « l'âge d'or des retraites »[32]

Si dans les années qui suivent la fin des hostilités, les pensions se généralisent pour la population âgée, l'idée d'unification des régimes prévue à l'origine sera rapidement abandonnée. En outre, les pensions restent très modestes pour la plupart des retraités, et la vieillesse est largement associée à la pauvreté.

L'impossible unification

En 1945, le législateur, s'inspirant du programme du Conseil national de la résistance, envisage un système unique de protection sociale géré par les intéressés, et l'ordonnance du 4 octobre crée le régime général. Ensuite, la loi du 22 mai 1946 pose le principe de l'assujettissement obligatoire de tous les français, mais en renvoie l'application à plus tard. Le 13 septembre 1946, une autre loi, moins timorée, ordonne que toute la population active soit affiliée à l'assurance vieillesse dès le 1er janvier 1947. Ce sera chose faite, mais seulement dans les années soixante. Tout actif est obligatoirement affilié à un régime, mais il en existe beaucoup[33] .

Trop ambitieuse, contestée dès le départ, l'unification ne s'est donc pas réalisée. « Malgré le titre pompeux de la loi du 22 mai 1946 (portant généralisation de la sécurité sociale), il ne faut pas en surestimer l'importance. Si elle sacrifie à la mode du temps en parlant de sécurité sociale, c'est une conception très restrictive qu'elle s'en fait. C'est simplement une réforme des assurances sociales qui a été

32 . A. Babeau situe approximativement « l'âge d'or des retraites » de 1950 à 1975. A. BABEAU, *La fin des retraites ?*, Ed. Pluriel, 1981.

33 . Une commission du huitième Plan dénombrait 120 régimes de base et 600 régimes complémentaires, ce qui est beaucoup, même si la plupart sont des survivances historiques.

réalisée pour l'instant par l'extension de leur champ d'application, par la refonte des accidents du travail et des prestations familiales, par la réorganisation des services sociaux. A s'en tenir aux textes, le législateur français ne semble même pas avoir eu conscience de la différence fondamentale qui sépare de telles mesures de l'avènement de la Sécurité sociale lato sensu.[34] »

La loi du 22 mai 1946, qui avait fixé les bases de la généralisation des assurances sociales à toute la population active et non active, se heurte à une campagne de protestation d'une telle violence que le gouvernement dut renoncer à son application.

Les salariés relevant des régimes spéciaux n'acceptaient pas de rentrer dans le régime général qui leur aurait servi des avantages nettement inférieurs. Ces régimes spéciaux antérieurs dont bénéficiaient certains salariés furent d'abord maintenus à titre provisoire, puis finalement réorganisés et pérennisés par un décret du 8 juin 1946.

Les cadres de l'industrie et du commerce, non couverts par les assurances sociales de 1930 du fait du niveau de leur salaire, avaient contracté pour la plupart des assurances volontaires au sein d'une entreprise ou d'un groupe d'entreprise dans les années trente[35]. Ils n'entreront au régime général que pour la partie de leur salaire sous plafond, ce qui les a conduit à maintenir et étendre une protection complémentaire. En 1947, ils obtinrent le développement de retraites complémentaires négociées et gérées paritairement.

La spécificité du monde agricole est également reconnue. Déjà, les agriculteurs étaient assujettis aux assurances sociales dans le cadre d'un régime autonome. Seuls les salariés et les métayers étaient assurés obligatoires, les exploitants conservant la faculté de s'assurer ou non. Le régime des salariés agricoles, institué par le décret du 6 juin 1951, est pourtant très proche du régime général.

Mais l'hostilité la plus violente à l'extension des assurances sociales est venue de ceux qui, jusqu'alors non assujettis aux assurances sociales, se trouvent désormais compris dans le champ d'application

34 . J. LAJUGIE, *op. cit.*, page 89.

35 . Cf. B. FRIOT, « De la propriété au salaire : la retraite des fonctionnaires et des cadres en France (1920-1950) », in B. Cochemé, F. Legros (sous la dir. de), *Les retraites. Genèses, acteurs, enjeux*, A. Colin, 1995, pages 49 à 63.

de la sécurité sociale : les non-salariés travailleurs indépendants, artisans, commerçants, industriels, membres des professions libérales.

L'opposition se concentrait autour de plusieurs thèmes. Les travailleurs indépendants ne souhaitaient pas entrer dans un régime de salariés de peur que leurs cotisations ne financent les pensions des vieux salariés. Les cotisations étaient souvent présentées comme un simple impôt supplémentaire sans garantie de prestation effective, et on insistait sur l'incertitude de l'engagement de l'Etat à l'égard des nouveaux assurés. Enfin, le thème récurrent de la surcharge qui résulterait pour les trésoreries des entreprises des nouvelles cotisations et le thème de la réduction des marges bénéficiaires étaient également développés.

Les travailleurs indépendants restent encore dans la logique de la dimension sécurité-propriété, alors que celle-ci devient de moins en moins fiable. J. Lajugie a parfaitement résumé cette attitude : « Malheureusement, les intéressés eux-mêmes ne semblent pas avoir compris que des méthodes qui firent leurs preuves au XIXe siècle, risquent au XXe de s'avérer tristement insuffisantes.[36] »

La généralisation progressive, à l'ensemble de la population, de la sécurité sociale, prévue par la loi du 22 mai 1946, s'est donc heurtée à l'opposition catégorique des futurs assujettis, autres que les salariés. Soucieux de préserver leur indépendance professionnelle et rejetant la charge de cotisations qu'ils estimaient trop lourdes, les non-salariés obtinrent du Parlement la suspension des dispositions prévoyant l'entrée en vigueur, en ce qui les concerne, de l'assurance-vieillesse au 1er janvier 1947.

Après qu'une commission saisie du problème eut recommandé la constitution d'organisations professionnelles autonomes, la loi du 17 janvier 1948 sanctionna ce principe en instituant quatre organisations autonomes d'assurance-vieillesse.

La généralisation des pensions

Si l'unification des régimes ne s'est pas réalisée, en revanche, l'assurance vieillesse a été généralisée à l'ensemble de la population.

---

36 . J. LAJUGIE, *op. cit.*, page 114.

Cette extension s'est effectuée par deux canaux principaux, la mise en place de pensions non contributives et la création de régimes autonomes pour les non-salariés.

Le régime d'assurance vieillesse fonctionnait largement sur une base professionnelle. Or, un système professionnel laisse toujours certains individus à l'écart, notamment des femmes qui n'ont pas eu de carrière professionnelle complète. Il a donc fallu compléter ce système par des allocations diverses, ce qui génère un dispositif complexe d'insertion de pensions non contributives dans un ensemble d'inspiration contributive.

La plus ancienne de ces allocations est l'Allocation aux Vieux Travailleurs Salariés, au profit des personnes âgées justifiant d'un minimum d'années de salariat sans considération de cotisations versées aux assurances sociales. Mais le régime était encore défectueux quant à son financement et à sa portée. Pour le financement, aucune recette nouvelle n'avait été prévue, et cette retraite n'était accordée, ni aux artisans, ni aux petits commerçants ou exploitants agricoles, ni aux mères de famille n'ayant pas occupé d'emploi salarié.

Une première réforme (ordonnance du 30 décembre 1944) a consisté à créer une contribution spéciale de 4 %, payable par tous les employeurs, pour alimenter le « fonds de retraite des vieux ». Celle-ci était intégrée aux assurances sociales et la prestation devait être octroyée à tous les vieux salariés ayant cotisé pendant cinq ans au moins. Elle était égale à 20 % du salaire moyen des 20 dernières années à 60 ans et 40 % à 65 ans.

Mais de nombreux vieillards ne remplissaient pas les conditions exigées et se trouvaient encore exclus du bénéfice de cette pension. En attendant que l'application des nouvelles dispositions de sécurité sociale permette à tous les français d'avoir droit à une pension de retraite, une « allocation aux vieux » est créée pour toute personne âgée de plus de 65 ans, privée de ressources suffisantes et ne bénéficiant d'aucune retraite d'assurance sociale.

Le système des pensions non contributives sera encore complété par la loi du 10 juillet 1952 instituant l'allocation spéciale, destinée aux travailleurs arrivant à l'âge de la retraite sans avoir acquis de droits suffisants, voire aucun droit. Le montant de cette allocation est égal à celui de l'allocation aux vieux travailleurs salariés, et les conditions d'attribution, pour l'âge, les ressources, sont également les mêmes.

Le second vecteur de la généralisation des pensions est la création de régimes autonomes pour les non-salariés. Le régime des industriels et commerçants, géré par l'Organisation autonome nationale de l'industrie et du commerce (ORGANIC) fonctionne à partir de 1949 ; l'effectif des cotisants était, au 31 décembre 1960, proche d'un million, pour 385000 retraités. Le régime des artisans, géré par la Caisse autonome de compensation de l'assurance-vieillesse artisanale (CANCAVA), fondé par la loi du 17 janvier 1947, comptait, en 1960, 576000 cotisants pour 171000 retraités. La Caisse nationale d'assurance-vieillesse des professions libérales (CNAVPL), créée par la loi du 17 janvier 1948, gère la retraite des professions libérales, qui ont chacune leur section au sein de la Caisse. En 1960, elle comptait 143000 cotisants pour 45000 pensionnés. Enfin, le régime des exploitants agricoles, géré par la mutualité agricole, comptait au 31 décembre 1960, 1015000 bénéficiaires pour 3652000 cotisants, dont 2009000 chefs d'exploitation et 1643000 membres de leur famille[37]. Entre 1945 et 1960, le bénéfice de pensions s'est donc étendu à l'ensemble de la population. En 1960, on compte plus de 6 millions de retraités en France (Cf. graphique 22).

L'augmentation des prestations

Pendant l'immédiat après-guerre, les pensions de retraite sont restées faibles en France. C'est le cas des pensions « non contributives », mais même les pensions dites « contributives » - et qui le sont en fait très peu - sont généralement fort médiocres, pour le régime général comme pour la plupart des nouveaux régimes. La vieillesse est alors largement associée à la pauvreté, et les personnes âgées font partie des exclus de la croissance. Les pensions du régime général ne rattrapent guère celles servies par les régimes spéciaux (cf. tableau 16).

---

37 . Haut Comité Consultatif de la population et de la famille, *Politique de la vieillesse*, Rapport de la Commission d'étude des problèmes de la vieillesse, présidé par P. Laroque, La Documentation française, 1962, pages 82 à 88. E. ANDREANI, *Les retraites*, Ed. La Découverte, coll. Repères, 1986, pages 115 à 116.

Tableau 16
Montant de la pension annuelle moyenne (anciens francs) - divers régimes

REGIME :	1947	1959
REGIME GENERAL	18300	116300
PENSIONS CIVILES ET MILITAIRES	65200	403000
OUVRIERS DE L'ETAT	36600	
SNCF	53700	321000
EGF	132000	491900
RATP	57800	363400
MINES	45600	189900

Sources : pour 1947, Melle MASSE, « La charge des vieillards pour les finances françaises et pour la Sécurité sociale », Compte rendu des « *Trois journées pour l'étude scientifique du vieillissement de la population* », organisées par l'Alliance Nationale contre la dépopulation, 22-24 avril 1948, fascicule IV, pages 54 à 68. Pour 1959 : Haut Comité consultatif de la population et de la famille, *Politique de la vieillesse*, rapport de la Commission d'Etude des problèmes de la vieillesse, 1962, pages 62 à 87.

La situation va s'améliorer avec la création de l'allocation supplémentaire du Fonds national de solidarité, mais surtout avec le développement des régimes complémentaires.

L'allocation supplémentaire du fonds national de solidarité a été instituée pour ajouter aux différentes formes de pensions, de retraites et de rentes une « allocation supplémentaire », dont le montant est fixé forfaitairement et révisé périodiquement. En effet, pour l'obtention de l'allocation aux vieux travailleurs salariés tout comme pour celle de l'allocation spéciale, il est prévu des plafonds de ressources que souvent les personnes démunies d'autres revenus n'atteignent pas. L'allocation supplémentaire est accordée à toutes les personnes qui bénéficient à titre personnel ou au titre de conjoint survivant d'un avantage vieillesse des régimes de salariés ou de non salariés, de l'allocation aux vieux travailleurs salariés ou de l'allocation spéciale. Les conditions d'âge et de ressources sont les mêmes que celles de l'allocation aux vieux travailleurs salariés. Au moment de la création du fonds national de solidarité, en 1956, 90 % des plus de 65 ans étaient, selon un recensement, des ayants droit potentiels, c'est-à-dire disposant de ressources inférieures à 2010 francs par an (nouveaux francs) pour une personne seule[38]. En fait, si plus de 2,5 millions de personnes ont bénéficié de cette mesure dans les premières années de son application, le nombre de bénéficiaires diminue régulièrement par la suite pour n'être plus que de l'ordre de 1 million à l'heure actuelle.

Le minimum vieillesse, constitué de l'allocation aux vieux travailleurs salariés (ou d'un autre avantage vieillesse) et de l'allocation supplémentaire du fonds national de solidarité, connaît une croissance sensible dans les années 60 et 70 : de 40 % du salaire minimum (SMIG) en 1963, il passe à 46 % du salaire minimum (SMIC) en 1974, et à 60,7 % en 1984.

Le pourcentage des pensionnés de divers régimes bénéficiant en 1958 du fonds national de solidarité est un indicateur du niveau de retraite accordé par chaque régime. Là encore, les régimes spéciaux se révèlent plus avantageux que le régime général, mais aussi que les régimes autonomes de non-salariés (cf. tableau 17).

Tableau 17

Titulaires du fonds national de solidarité selon le régime, 1958 (pourcentages)

REGIME	%
REGIME GENERAL	55
SALARIES AGRICOLES	67
REGIMES SPECIAUX	5
ARTISANS, COMMERÇANTS	89
PROFESSIONS LIBERALES	33
NON-SALARIES AGRICOLES	67

Source : Haut Comité consultatif de la population et de la famille, *Politique de la vieillesse*, *op. cit.*, page 93.

Mais la situation financière des retraités ne s'améliorera véritablement qu'avec le développement des retraites complémentaires. L'article 18 de l'ordonnance du 4 octobre 1945 permettait déjà aux institutions de prévoyance de se maintenir ou d'être créées pour accorder des

38. Commissariat Général du Plan, *Vieillir demain*, Préparation du huitième plan, La Documentation française, 1985, page 59.

avantages s'ajoutant à ceux de la sécurité sociale[39]. D'abord institués en faveur des cadres, les retraites complémentaires ont été progressivement étendues au personnel de maîtrise, puis au personnel ouvrier. L'association des régimes de retraites complémentaires est créée par l'accord du 8 décembre 1961 entre le CNPF et les organisations syndicales. Et, depuis 1972, l'affiliation à un régime de retraite complémentaire est obligatoire pour les salariés ne relevant pas d'un régime spécial. Pour P. Laroque, l'essor de ces régimes s'explique par le faible montant des pensions : « Ces régimes, dont le développement s'explique par la modicité des prestations vieillesse servies par les régimes généraux et la nécessité de superposer à ces prestations des avantages supplémentaires moyennant un effort de financement qui s'ajoute à celui qu'impose la sécurité sociale obligatoire, ont connu un essor remarquable : le nombre des salariés bénéficiant d'un régime complémentaire était proche de un million en 1955. Le montant des arrérages versés atteignait 55 milliards d'anciens francs.[40] » La création, en 1958, de l'Union nationale des institutions de retraites des salariés (UNIRS) a contribué à l'augmentation spectaculaire du nombre des cotisants à des régimes de retraite complémentaire. En 1960, le nombre des cotisants atteignait plus de 5 millions compte tenu du développement de l'UNIRS, et le nombre des bénéficiaires dépassait les 800000 (cf. tableau 18).

Parallèlement à ces dispositions, en 1971, la loi Boulin améliore les pensions du régime général, en prenant en compte 37,5 années de cotisations pour accorder à 65 ans une retraite maximum de 50 % du salaire moyen des dix meilleures années (au lieu de 40 % du salaire des dix dernières années après 30 ans de cotisations).

39 . Art. 18 de l'ordonnance du 4 octobre 1945 : « Les institutions de prévoyance de toute nature, autres que celles qui gèrent des régimes spéciaux et que les sociétés de secours mutuels, établies dans le cadre d'une ou plusieurs entreprises au profit des travailleurs salariés ou assimilés ne peuvent être maintenues ou créées qu'avec l'autorisation du ministère du travail et de la sécurité sociale et en vue seulement d'accorder des avantages s'ajoutant à ceux qui résultent de l'organisation de la sécurité sociale. »

40 . Haut Comité consultatif de la population et de la famille, *Politique de la vieillesse*, *op. cit.*, page 78.

Tableau 18
Situation des régimes de retraite complémentaires de salariés

	Effectifs en milliers		Millions d'anciens francs	
Année	Cotisants	Pensionnés	Cotisations	Prestations
1955	1000	n.d.	n.d.	n.d.
1957	1757.5	334	104975	75025
1958	2846.5	455.9	146432	104511
1959	3764.5	591.4	177170	127980
1960	5000	800		

Source : Haut Comité consultatif de la population et de la famille, *Politique de la vieillesse*, *op. cit.*, pages 78 à 80.

Constitution du modèle de la retraite

La retraite, devenue le mode dominant de gestion de la vieillesse, va contribuer à instaurer un cycle de vie spécifique, dit « cycle de vie ternaire », et s'inscrira dans le rapport salarial fordiste impulsé dans l'après-guerre.

La retraite devient le mode de gestion de la vieillesse dominant

Dans la période de croissance de l'après-guerre, la retraite est devenue le mode de prise en charge de la vieillesse dominant. En 1947, on recensait 1800000 retraités du régime général, 1,5 million de retraités des régimes spéciaux de salariés ; en 1969, on compte plus de 3,6 millions de retraités du régime général (y compris les retraités du régime des salariés agricoles), 2,5 millions de retraités des régimes spéciaux de salariés, un peu moins d'un million de retraités des régimes autonomes de non salariés (artisans, commerçants, industriels, professions libérales) et 1,5 million de retraités du régime des exploitants agricoles (cf. graphique 22).

Cette généralisation de la retraite va instaurer un cycle de vie spécifique, dit « cycle ternaire », formation, production, inaction, lié à des âges bien précis : la jeunesse correspond à la période d'éducation, l'âge adulte à la vie professionnelle et la vieillesse à la retraite.

Graphique 22
Nombre de retraites servies par le Régime général, les régimes spéciaux, les régimes autonomes (en milliers)[41]

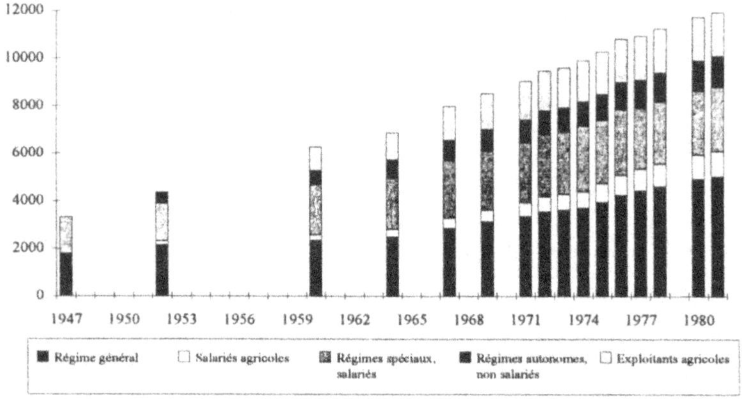

Retraite et activité professionnelle sont particulièrement bien séparées, ce phénomène est désigné par les termes de « retraite-couperet » : « Quand l'âge de la retraite arrive, l'activité professionnelle s'arrête de façon claire et relativement uniforme, à un âge fixe : on parle de « couperet ». Il y a alors équivalence, au niveau du vécu, entre la fin de l'activité salariée, la retraite et la vieillesse. La retraite est toujours un plein temps de temps libre ; elle est occupée par les travaux domestiques non rémunérés et la vie familiale, le repos, le bricolage et le jardinage, la télévision, puis, de plus en plus, les loisirs.[42] » La

---

41 . Pour 1947, source : Melle MASSE, « La charge des vieillards pour les finances françaises et pour la sécurité sociale », *op. cit.*. Pour 1952, d'après J. DOUBLET, « Sécurité sociale et démographie », *Population*, n°2, avril-juin 1953, pages 259 à 280. Par la suite, INSEE, *Annuaire statistique de la France*, diverses années.
En 1947 et 1952, non compris les bénéficiaires de l'allocation « aux économiquement faibles » (1400000 en 1947, 950000 en 1952). Les régimes spéciaux de salariés comprennent les régimes des fonctionnaires et des militaires, des ouvriers de l'Etat, des agents des collectivités locales, d'EGF, de la RATP, et autres régimes spéciaux de salariés. Les non salariés comprennent les artisans, industriels, commerçants, professions libérales. Il existe des doubles comptes si l'on se réfère au total des bénéficiaires, du fait des personnes percevant plusieurs pensions.
42 . X. GAULLIER, *La deuxième carrière. Age, emploi, retraites*, Ed. Du Seuil, 1984, page 26.

retraite est alors surtout un temps de repos avant la mort, elle est synonyme de vieillesse.

Un changement sera observé à partir des années soixante-dix avec la conjonction de plusieurs éléments. La diminution de l'âge à la cessation d'activité, conjuguée avec l'augmentation de l'espérance de vie, contribuera à l'allongement de la période de la retraite ; cet allongement et l'amélioration du montant des pensions donneront un tout autre sens à cette période de la vie.

Retraite et rapport salarial fordiste

La gestion de la vieillesse, à travers la retraite, peut être considérée comme partie constitutive du rapport salarial « fordiste ». Celui-ci se caractérise par la généralisation des méthodes scientifiques d'organisation du travail, une relative stabilité de l'emploi, un salaire nominal de moins en moins lié à la conjoncture et la constitution du salaire indirect, qui connaît une extension de sa part relative dans le revenu salarial total[43] .

Le rapport salarial dans la configuration fordiste d'après-guerre est relativement stable, et les revendications des salariés portent davantage sur des augmentations de salaire, direct ou indirect, que sur l'aménagement des conditions de travail : « Dans l'entreprise, les syndicats acceptent les prérogatives des directions en matière d'organisation, de technologie et de politique des produits, en contrepartie d'avantages financiers, portant soit sur le salaire direct soit sur les avantages sociaux. Au niveau du secteur ou de la nation, la négociation de conventions collectives codifie des principes généraux d'évolution des salaires qui se diffusent ensuite au reste de l'économie, ne serait-ce que grâce au quasi-plein emploi qui prévaut à cette époque. En d'autres termes, le compromis social fordiste associe acceptation de la rationalisation et de la mécanisation et institutionnalisation d'une formule salariale garantissant une progression du niveau de vie plus ou moins en ligne avec la dynamique de la productivité. Il est ainsi exemplaire que les conflits

---

43 . R. BOYER, « Rapport salarial et analyses en termes de régulation. Une mise en rapport avec les théories de la segmentation du marché du travail », *Economie Appliquée*, tome XXXIII, n°2, 1980, pages 491 à 509.

des OS des années soixante et soixante-dix n'aient abouti qu'à de très timides tentatives d'humanisation du travail, mais aient convergé vers des augmentations salariales, visant à compenser financièrement un travail répétitif, monotone, parfois dangereux et pour le moins peu stimulant.[44] »

Or, la retraite apparaît comme l'élément le moins contestable du salaire indirect. Elle constitue un élément central du fonctionnement du monde du travail, de gestion du personnel. Elle est également l'instrument d'une politique globale de l'emploi ou des salaires. « Dans le modèle taylorien », écrit X. Gaullier, « la retraite est liée à toute une gestion du personnel qui permet de stabiliser la main-d'oeuvre, de la maintenir productive, de s'en séparer à un certain âge »[45].

Dans le cadre de l'entreprise, un départ à la retraite à un âge pas trop tardif permet aux entreprises de se séparer d'un personnel souvent coûteux en fin de carrière et dont la productivité est moindre que celle des travailleurs plus jeunes.

Grâce aux retraites complémentaires, les entreprises peuvent traiter différemment les diverses catégories de personnels[46]. Ainsi, les cadres ont-ils obtenu une pension complémentaire longtemps avant les autres salariés[47] et ont gardé leur régime autonome de retraite complémentaire, l'AGIRC, malgré la généralisation des pensions complémentaires à la plus grande partie de la population active.

La retraite peut également favoriser une politique plus globale de l'emploi. Ce peut être le moyen de faciliter le rajeunissement de la main-d'oeuvre, et, en leur donnant des secours, d'éviter que les vieux travailleurs ne pèsent sur le marché de l'emploi : « Les controverses sur l'âge de la retraite reposent sur des considérations économiques liées au travail (chômage, emploi des jeunes, recyclage). Elles ne tiennent pas seulement compte des phénomènes biologiques de

44 . R. BOYER, *L'après-fordisme*, Syros, coll. Alternatives économiques, 1993, pages 13 et 14.
45 . X. GAULLIER, *La deuxième carrière*, *op. cit.*, page 87.
46 . Les retraites complémentaires sont d'ailleurs bien souvent des avantages sociaux créés à l'initiative des employeurs, et non pas imposés par les syndicats.
47 . L'Association générale des institutions de retraites des cadres (AGIRC) est fondée par la convention du 14 mars 1947, elle gère les régimes complémentaires des cadres.

vieillissement. On sait que la « baisse de rendement » des travailleurs âgés n'a qu'une faible réalité.[48] »

La réglementation sur la possibilité de cumuler une retraite et un emploi varie d'ailleurs en fonction de la situation économique générale. On trouve un exemple de pension sous condition de cessation d'activité avec la création, en 1962, du Fonds d'action sociale pour l'aménagement des structures agricoles, qui accorde non seulement des aides aux agriculteurs exploitants quittant leur exploitation pour travailler dans un autre secteur, mais aussi des indemnités viagères de départ (I.V.D.) aux agriculteurs de plus de 65 ans, ou même 60 ans, désireux de prendre leur retraite. Ces allocations, qui ont eu un certain succès, visaient explicitement à accélérer la diminution de la population active, à favoriser le transfert de main-d'oeuvre d'un secteur à un autre, à rajeunir la main-d'oeuvre, et également à assurer l'augmentation de la taille moyenne des exploitations agricoles.

C'est aussi le souci de préserver les possibilités d'embauche des jeunes qui subordonne dans certains régimes spéciaux (mines, EDF, SNCF, etc.) et certains régimes de non-salariés, le service des prestations ou allocations à la cessation de toute activité relevant du régime en cause.

Ainsi, dans les périodes de basse conjoncture, la prise de retraite précoce est encouragée, le cumul d'une pension avec un revenu d'activité est mal considéré et souvent pénalisé. C'est le contraire s'il y a pénurie de main-d'oeuvre. A titre d'exemple, le régime général, en 1945, encourageait la poursuite de l'activité en accordant un taux de pension d'autant plus élevé que la prise de retraite était tardive. Le « taux plein » acquis à 65 ans pouvait encore s'accroître au-delà[49]. En 1946, 54 % des hommes âgés de 65 ans et plus exerçaient encore une activité professionnelle[50].

---

48 . C. DONFUT, « Pour une retraite différée et différente », in J.-P. TISSEYRE (ouv. coll. ss la dir. de), *Le Troisième âge, vivre ou survivre*, Arthaud, 1975, page 99.

49 . Au contraire, depuis le 1er avril 1983, le taux plein, acquis à 60 ans, est également le « vrai » taux maximal, ce qui est une incitation à prendre sa retraite dès que possible.

50 . J. DARIC, « Vieillissement de la population, besoins et niveau de vie des personnes âgées », *Population*, n°1, janvier-mars, 1952, pages 27 à 48.

Les retraites constituent également un élément de la politique des salaires. Déjà au XIXe, les retraites des fonctionnaires et des cheminots compensaient des salaires d'activité souvent médiocres par l'assurance d'une pension. Les retraites sont, comme tous les autres compléments sociaux, des substituts aux augmentations de salaire, et, en période de blocage des salaires, ce sont des substituts forcés.[51].

La retraite remplit donc un rôle dans le bon fonctionnement du marché du travail et fait partie du rapport salarial fordiste, mais elle est également l'objet de revendications ouvrières très fortes, de revendications sur le droit au repos et aux loisirs et sur la diminution de l'âge de la retraite.

* *
*

Le système fordiste apparaît comme un système structurellement stable, au sein duquel la cohésion entre l'économique et le social est particulièrement forte. Ce système, écrit R. Boyer, « parvenait à contenir des conflits parfois violents et les convertir en des éléments stabilisant le mode de régulation en vigueur »[52].

Le salaire indirect socialisé, élément central du rapport salarial, y joue un rôle prépondérant. La retraite, notamment, est un produit du rapport salarial fordiste, de la société fondée sur le travail salarié. Ainsi, paradoxalement, ce temps dégagé du travail qu'est la retraite n'est que « l'envers » du travail, se définit par rapport au temps de travail.

Dans ce contexte, G. Aznar soutient que la retraite est une production caractéristique de « l'idéologie des loisirs ». En effet, la première « mystification » du loisir est d'être une « soupape » pour le travail

---

51 . F. Sellier remarque à ce propos que les retraites complémentaires ont pris naissance dans des périodes d'inflation, et, plus généralement, c'est dans les périodes de forte pression sur les salaires que les compléments sociaux prennent de l'importance. F. SELLIER, *Dynamiques des besoins sociaux*, *op. cit.*, page 241.

52 . R. BOYER, J.-P. DURAND, *L'après-fordisme*, Syros, coll. Alternatives économiques, 1993, page 14.

industriel, « non pas une charité, mais une nécessité »[53]. Et, tout comme les loisirs, la retraite peut se définir négativement comme du « non-travail ». Cela est particulièrement vrai dans cette période où la retraite est assimilée à la vieillesse.

Mais l'allongement de la durée de vie, la diminution de l'âge de la retraite, les progrès de la médecine et l'amélioration du niveau de vie des retraités vont donner une image très différente des retraités et de la retraite.

---

53 . G. AZNAR, *Non aux loisirs. Non à la retraite. Essai de créativité sociale*, Ed. Galilée, 1978, page 20.

CHAPITRE 7

CRISE ECONOMIQUE ET CRISE DU SYSTEME DE RETRAITE

La crise du système de retraite s'inscrit de façon plus large dans la crise du système de protection sociale, la crise de l'Etat-Providence[1], et la crise économique qui marque l'évolution des pays industrialisés depuis le début des années soixante-dix.

A partir des années quatre-vingt, le système de protection sociale connaît des difficultés de financement, les recettes et les dépenses ne parviennent plus à être équilibrées ; le système de retraite qui représente une part croissante des dépenses de protection sociale, est particulièrement touché.

Face à ces difficultés, les solutions traditionnellement adoptées - comme la hausse des cotisations ou la diminution des prestations - pour un retour à l'équilibre s'avèrent tristement insatisfaisantes. En effet, replacées dans le contexte économique et social, elles conduisent à des impasses, à des contradictions.

Et, les dysfonctionnements du système de retraite mettent - encore une fois - particulièrement bien en évidence les liaisons qu'entretiennent la crise économique et la crise du système de protection sociale.

---

1 . P. ROSANVALLON, *La crise de l'Etat-Providence*, Ed. Du Seuil, coll. Points Politiques, 1981.

L'AUGMENTATION DES DEPENSES DE RETRAITE DANS LA CRISE

A l'heure actuelle, un consensus semble s'être établi à propos des retraites : elles ne pourront plus être payées dans le futur, leur niveau devra fatalement être revu à la baisse. Le système de retraite court à sa perte. D'ores et déjà, des révisions ont été adoptées dans cette perspective : diminution des prestations (moindre revalorisation des pensions), hausse des cotisations. Du côté du financement, le thème du poids insupportable des pensions est largement développé ; notamment, les prélèvements obligatoires sont accusés d'affecter la capacité des entreprises à s'insérer dans la compétition internationale. D'autres sources de financement sont explorées.

Quels sont les éléments qui alimentent ce discours pessimiste ? C'est surtout l'augmentation récente des dépenses de protection sociale et les augmentations prévues pour le futur. En effet, depuis les années soixante-dix, les dépenses de protection sociale ont augmenté à un taux de croissance élevé, et elles représentent une part croissante du P.I.B. Les dépenses de retraites, qui constituent la part la plus importante de la dépense de protection sociale, contribuent fortement à l'élévation des dépenses. Et, le spectre du vieillissement hante toutes les projections et les prévisions relatives au futur du système de retraite.

L'augmentation des pensions

Depuis la fin de la seconde guerre mondiale, les pensions de vieillesse ont augmenté nettement plus vite que le P.I.B. ou que le revenu national, et ceci dans tous les pays occidentaux développés. Ainsi, selon les statistiques de l'OCDE, les dépenses publiques de retraite calculées en pourcentage du revenu national sont passées, entre 1960 et 1983, de 4 ,9 % à 10,3 % en moyenne pour l'ensemble des pays membres.

Pour la France, d'après « l'effort social de la Nation », la masse des retraites, tous régimes confondus, y compris les dépenses au titre de l'invalidité et des décès, s'est élevée en 1988 à plus de 647 milliards de francs, à 705 milliards en 1990. C'est un peu plus de 11,3 % de la richesse produite (P.I.B.) qui est transférée chaque année aux neufs millions de retraités. Cette part s'est fortement accrue tout au long de l'après-guerre, même et surtout au cours des deux dernières décennies de difficultés économiques. Elle résulte à la fois de l'amélioration de la pension moyenne, et de l'augmentation du nombre des retraités.

L'amélioration de la pension moyenne

L'amélioration de la pension moyenne est principalement due à trois phénomènes, l'arrivée à maturité des régimes, l'évolution des structures sociales, et la revalorisation des pensions.

La montée des dépenses de pensions est surtout à relier au fait que les nouveaux retraités de la décennie 1980 font de plus en plus valoir des carrières complètes. Les trois-quarts des retraités de droits directs de sexe masculin de plus de 65 ans ont à présent eu une carrière pleine, ils ont travaillé au moins 37,5 années et ont cotisé auprès d'un ou plusieurs régimes. L'impact de l'arrivée à maturité des régimes est perceptible lorsque l'on compare la situation des retraités les plus âgés avec celle des plus jeunes. Les retraités très âgés ont des pensions significativement inférieures à celles des retraités plus jeunes (cf. tableau 19). Cela reflète également l'évolution des structures sociales.

En effet, les travailleurs indépendants, arrivant à l'âge de la retraite, principalement les agriculteurs, sont de moins en moins nombreux, et sont remplacés par des salariés mieux protégés. Ensuite, sont parvenus à l'âge de la retraite des actifs de plus en plus qualifiés et de mieux en mieux rémunérés au moment de leur cessation d'activité[2].

La revalorisation des pensions a également joué un rôle dans l'amélioration de la pension moyenne. Au cours des années 1970, la situation des retraités a évolué favorablement, comparée à la situation d'ensemble des ménages, en partie en raison de l'impulsion donnée au régime général de l'assurance-vieillesse (loi Boulin et ses prolongements) et, de façon subsidiaire, de la quasi-indexation sur les salaires des pensions servies par la sécurité sociale. Mais cette

---

2 . G. CANCEILL, « Ressources et niveau de vie des personnes âgées : les pensions de retraite ont fortement progressé de 1970 à 1984 », *Economie et statistique*, n°222, juin 1989, pages 3 à 13.

tendance s'est cependant sensiblement ralentie après 1979. La croissance du revenu moyen des ménages de retraités se poursuit, mais à un rythme plus lent, et la maturité des régimes et les périodes de cotisations plus longues[3] en sont désormais les causes principales.

Tableau 19
Montant mensuel moyen des retraites de droits directs perçues en 1993

Retraités totalisant 150 trimestres ou plus de durée d'assurance						
Année de naissance	1906 (86 ans)	1912 (80 ans)	1918 (74 ans)	1922 (70 ans)	1926 (66 ans)	Ensemble
Hommes	6538	7422	8262	8381	8270	8070
Femmes	3970	4402	5224	5246	5362	5014
Total	5352	6281	7244	7304	7294	6987
Retraités totalisant un nombre quelconque de trimestres d'assurance						
Année de naissance	1906 (86 ans)	1912 (80 ans)	1918 (74 ans)	1922 (69 ans)	1926 (66 ans)	Ensemble
Hommes	5764	6717	7738	7884	7833	7462
Femmes	2754	2865	3320	3359	3496	3217
Total	3835	4429	5307	5447	5563	5094

Source : SESI, *Annuaire des statistiques sanitaires et sociales*, Ministère des Affaires sociales, de la santé et de la ville, 1995, page 208.

Des travaux ont montré que la situation moyenne des ménages de retraités, appréciée par unité de consommation, était voisine de celle de l'ensemble des ménages de salariés, et plus favorable que celle des ménages d'actifs disposant d'un seul salaire et ayant des charges de famille[4]. D'après une enquête effectuée entre 1980 et 1984 auprès de 4000 retraités, la baisse de ressources après la cessation d'activité

3 . Cf. « Le revenu des personnes âgées », Insée, *Données Sociales* 1987, pages 231 à 233.
4 . Cf. G. CANCEILL, *op. cit.*.

professionnelle est de l'ordre de 15 à 20 % pour les hommes, et d'environ 20 % pour les femmes[5].

L'augmentation du nombre des retraités

Le nombre de bénéficiaires d'une pension de retraite par rapport à l'ensemble de la population âgée de 60 ans ou 65 ans et plus, augmente. En 1970, le régime général comptait 3,2 millions de retraités, en 1990, il sert 7,3 millions de pensions, en 1993, 8,2 millions. Depuis 1984, le régime général liquide de 500000 à 600000 pensions chaque année. L'augmentation du nombre de retraités, qui dans les années cinquante et soixante résultait de l'extension des régimes de retraites à de nouvelles catégories, provient aujourd'hui surtout de la diminution du taux d'activité aux âges élevés et de l'abaissement de l'âge normal de la retraite.

La tendance à la cessation d'activité avant l'âge normal de la retraite n'est pas un phénomène récent en France. Elle est perceptible dès les années soixante, donc bien antérieure à l'abaissement de l'âge normal de la retraite intervenu en 1983, mais aussi à la mise en place des premiers dispositifs de préretraite (la Garantie de ressources licenciement est créée en 1972). Ces mesures d'incitation à la retraite ont néanmoins joué un rôle accélérateur très puissant de modification de comportements déjà à l'œuvre[6]. En 1962, parmi les hommes de 60 à 64 ans, 7 sur 10 sont encore en activité, en 1975, ils ne sont plus qu'un sur 2 (54,3 %). Cette évolution s'accélère ensuite, et le taux d'activité des hommes de cette tranche d'âge baisse de plus de 15 points entre 1975 et 1982. Les enquêtes emplois de 1990 à 1993 révèlent une nouvelle baisse, de près de 4 points en 3 ans, du taux d'activité des hommes de 60 à 64 ans et confirment ainsi la tendance antérieure.

---

5 . F. CLEMENT, « Modification du montant des ressources au moment du passage de la vie active à la retraite », *Gérontologie et Société*, n°50, pages 26 à 36.

6 . P. CHOFFEL, « Les comportements d'activité des plus de 50 ans », *Gérontologie et Société*, n°71, décembre 1994, pages 251 et 252.

En fait, l'examen des taux d'activité aux âges élevés met en évidence deux mouvements successifs[7]. Un premier mouvement se développant sur le long terme, jusqu'à la fin des années soixante, témoigne de la fixation progressive d'un seuil pour le retrait d'activité autour de 65 ans, et au delà de cet âge, les taux d'activité diminuent régulièrement depuis le début du siècle. Ce mouvement de longue période est relayé, depuis les deux dernières décennies, par un changement beaucoup plus brutal et qui concerne principalement le groupe d'âge 55-64 ans. Ceux-ci vont à leur tour se retirer massivement de la vie active.

Ce retrait précoce et massif des travailleurs âgés de l'activité s'est réalisé par la voie du chômage et des préretraites[8].

En 1972, est mise en place la première mesure de préretraite, la garantie de ressources-licenciement, qui s'adresse aux chômeurs âgés involontaires, à l'intérieur de l'assurance chômage. Elle concerne les travailleurs âgés de 60 à 65 ans. Ensuite, le dispositif de préretraite remonte au groupe d'âge 55-59 ans ; fin 1980, est instituée une nouvelle allocation conventionnelle dans le cadre du fonds national pour l'emploi. Cette nouvelle disposition permet l'ouverture d'une indemnité de préretraite dès 56 ans 2 mois, voire dès 55 ans, au profit de salariés licenciés d'une entreprise ayant signé une convention avec l'Etat. Enfin, début 1982, deux nouvelles mesures de préretraite sont proposées, la préretraite démission et la préretraite progressive. La première (allocation conventionnelle de solidarité) est conclue dans le cadre d'un accord entre l'Etat et l'entreprise ; cette dernière s'engage à embaucher un demandeur d'emploi en contrepartie du départ volontaire d'un salarié âgé de plus de 55 ans et démissionnaire. La seconde (allocation conventionnelle supplémentaire) est conclue dans le cadre d'un accord entre l'entreprise et l'Etat, l'entreprise s'engageant à embaucher des demandeurs d'emplois en contrepartie

---

7. A.-M. GUILLEMARD, *Les nouvelles formes de transition entre activité et retraite : bilan d'une comparaison internationale des dispositifs de sortie anticipée d'activité*, Paris, juin 1991, pages 61 à 123.

8. L'étude du phénomène de retrait précoce et massif des travailleurs âgés de l'activité se remarque mieux sur les taux masculins ; en effet, pour les femmes, l'observation est plus délicate, car le mouvement de retrait précoce est masqué par le phénomène massif d'entrée des femmes sur le marché du travail.

de la transformation, avant le 31 décembre 1983, en emplois à mi-temps d'emplois à plein temps tenus par des salariés volontaires âgés de plus de 55 ans.

A partir de 1986 cependant, le licenciement et le chômage de longue période se dessinent de plus en plus nettement comme une nouvelle voie de sortie d'activité, celle-ci gagnant en influence à mesure que les dispositifs de préretraite sont moins pratiqués. Le chômage de droit commun, dans l'attente de la liquidation de la retraite, apparaît comme une nouvelle voie significative de sortie anticipée d'activité, et les travailleurs de 50 à 54 ans sont désormais concernés par ce cheminement.

En conséquence, les dépenses de l'assurance chômage consacrées aux plus de 55 ans n'ont cessé d'augmenter[9], même si l'Etat a pris une part de plus en plus grande dans le financement des dépenses de préretraites. L'assurance chômage s'est donc trouvée en charge de financer le revenu de centaines de milliers de personnes qui, sorties définitivement de la vie active, ne sont plus à la recherche d'un emploi et ne sont donc pas des vrais chômeurs.

C'est dans ce contexte qu'il faut replacer l'abaissement de l'âge de la retraite en 1983. La diminution de la population active de plus de 60 ans (et surtout de la tranche d'âge 60-65 ans) a en effet largement anticipé sur la législation. A partir du 1er avril 1983, les salariés du privé et de l'Etat âgés d'au moins 60 ans peuvent bénéficier d'une pension de retraite à taux plein, dès lors qu'ils justifient d'une durée de cotisation d'au moins 37 ans et demi.

Cette mesure est un exemple typique d'une revendication sociale depuis longtemps réclamée par les syndicats, qui ne parvient à s'imposer que lorsqu'elle sert des intérêts étrangers à sa finalité première. Pour les syndicats, la traditionnelle revendication d'abaissement de l'âge de la retraite pouvait enfin être satisfaite. Pour les employeurs, la contrainte d'abaissement des coûts de production (compte tenu de la forte incidence, en France, de l'ancienneté sur le profil de la rémunération) se desserrait. Pour les gouvernements

9. A partir de 1983, les sommes versées aux préretraités sont supérieures à celles servies au titre de l'indemnisation du chômage total.

successifs, la nécessité de faire diminuer le chômage faisait loi. L'abaissement de l'âge de la retraite a donc servi d'autres intérêts, il a notamment fait partie de la « gestion sociale » du chômage.

En outre, cette mesure aurait également permis une diminution des frais de protection sociale. En effet, l'abaissement de l'âge de la retraite permet de faire passer les salariés âgés, dès lors qu'ils ont cotisé 37 ans et demi, du cadre de l'assurance chômage et de ses dispositifs de préretraite et d'indemnisation du chômage, au cadre de l'assurance vieillesse, dont les taux de remplacement du salaire sont nettement moins favorables[10]. Cette substitution d'instrument est d'ailleurs attestée par l'extinction du dispositif de la garantie de ressource-licenciement, destinée aux 60-64 ans, devenu inutile.

La réforme de l'âge de la retraite a donc permis à l'assurance vieillesse de prendre le relais de l'assurance chômage pour les salariés âgés de 60 à 65 ans. Des sondages réalisés par la Caisse Nationale d'assurance vieillesse en 1983, 1984 et 1985 montraient d'ailleurs que 40 % seulement des demandes de liquidation de la retraite dans le cadre de la nouvelle disposition sur la retraite à 60 ans, étaient le fait de salariés encore en activité, et en particulier de cadres. Le passage direct de l'activité à la retraite était donc devenu minoritaire.

En conclusion, il semble bien que les systèmes de retraite (et plus généralement l'ensemble de la protection sociale) aient été utilisés de façon pragmatique comme un instrument souple de régulation du marché du travail. Pour les entreprises, les avantages des préretraites étaient nombreux, et, dans la restructuration des entreprises des années quatre-vingt, les préretraites ont joué un rôle important : elles permettent suppression et création de postes, diminution des masses salariales, modification des qualifications et de l'organisation du travail, nouvelles implantations spatiales, etc.

---

10 . En effet, l'assurance vieillesse assure 50 % du salaire des dix meilleures années, soit environ 60 % du dernier salaire net d'activité, tandis que l'allocation de garantie de ressources-licenciement assure 70 % du salaire brut des 3 derniers mois d'activité, soit environ 80 % du salaire net, sans compter les indemnités pour licenciement ou les avantages supplémentaires contractuels propres aux entreprises ou aux branches professionnelles, et qui, dans certains cas, portent le revenu de remplacement à un taux proche de 100 %.

La logique de la protection sociale, organisée par grands risques aux frontières précises, a été bouleversée[11]. L'assurance-chômage se trouve ainsi transformée en pseudo-assurance vieillesse - en 1984, plus de la moitié du fonds d'assurance chômage était consacré à la population âgée de plus de 55 ans), et l'assurance-vieillesse en assurance-chômage : lorsque cette dernière a pu dégager des excédents, elle a à son tour aidé au financement du surcoût provoqué pour les régimes de retraite complémentaires, par l'abaissement à 60 ans de l'âge de la retraite.

Le vieillissement entre mythe et réalité

Jusqu'à présent, le transfert de ressources en faveur de la fraction la plus âgée de la population auquel ont donné lieu l'extension et l'amélioration du système français de protection sociale n'a trouvé qu'à la marge son origine dans le vieillissement de la population, entendu comme l'augmentation de la part des plus de 60 ou 65 ans dans la population. En lui-même, le vieillissement n'explique qu'une faible part de l'augmentation des dépenses vieillesse[12].

En effet, l'augmentation continue de la population des retraités s'est produite alors même que la période actuelle correspond à l'arrivée à la retraite des classes creuses de 1915-1919 puis des classes creuses de l'entre-deux-guerres. Or, l'arrivée de ces classes creuses ne s'est pas accompagnée d'un fléchissement du nombre des retraités.

C'est surtout le futur qui inquiète démographes (vieillissement de la population) et économistes quant au « coût du vieillissement ». Et, comme le remarque A. Walker, « dans les sociétés occidentales, l'idée qu'il y a plutôt lieu de s'affliger du vieillissement de la population que d'en tirer fierté est de plus en plus répandue »[13].

---

11 . A.-M. GUILLEMARD, « Les nouvelles formes de transition entre activité et retraite en Europe : de nouveaux enjeux pour la protection sociale », *Solidarité Santé - Etudes statistiques*, n°4, oct.-déc. 1994, pages 55 à 69.

12 . Cf. P. VOLOVITCH, « 904,5 milliards de francs de prestations liées à la retraite », *Solidarité Santé - Etudes statistiques*, n°4, oct.-déc. 1994, pages 23 à 31.

13 . Cf. A. WALKER, « Vieillissement de la population et sécurité sociale », in *L'événement européen*, février, n°5, 1989, Ed. du Seuil, pages 81 à 93.

Les implications macroéconomiques du nombre croissant de personnes âgées devant bénéficier de prestations de sécurité sociale, ce que l'on appelle « le poids des pensions », polarisent l'inquiétude croissante des décideurs.

Pourtant, les projections suscitant ce pessimisme sont fondées sur un rapport de dépendance économique des personnes âgées grossièrement établi entre la population âgée de 60 ou 65 ans et plus, et la population appartenant au groupe d'âge « actif ». Or, il est manifestement absurde de supposer que tout individu se trouve dans un état de dépendance économique à partir de 60 ou 65 ans, et que de 15 à 60 ans, il est systématiquement actif. Les analyses effectuées à partir de tels rapports débouchent inévitablement sur des conclusions pessimistes.

Cette approche correspond également à une conception extrêmement étroite de la production, ignorant, par exemple, le rôle important des personnes âgées, qui par leur aide, facilitent de manière non institutionnalisée les activités productives de leur famille.

Dans ces projections, l'hypothèse sous-jacente des études est que les individus et la société restent identiques.

Ainsi, les études sur le vieillissement de la population prennent généralement comme indicateur le nombre de plus de 60 ans ou de 65 ans rapporté à l'ensemble de la population, et en déduisent invariablement « un vieillissement inéluctable de la population »[14].

Or, rien n'est plus ambigu que le concept de vieillissement de la population, et l'utilisation de l'âge pour le définir se révèle un critère plus qu'insuffisant, arbitraire et souvent utilisé uniquement en raison de sa commodité. Par exemple, certains chercheurs ont proposé de caractériser le seuil de la vieillesse par l'âge moyen de début des incapacités, ce qui repousserait le seuil de la vieillesse à 73 ans pour les hommes et à 75,5 ans pour les femmes[15].

P. Bourdelais constate également qu'un décalage de plus en plus net s'est développé entre la représentation de la vieillesse et la réalité

---

14. DINH Q. C., J.-C. LABAT, « Le vieillissement de la population française est inéluctable », *Economie et statistique*, n°190, juillet-août 1986, pages 5 à 15.

15. B. DESJARDINS, J. LAGARE, « Société et vieillissement », in *Sociologie et sociétés*, vol. XVI, n°2, octobre 1984.

sociale. La large diffusion, par les démographes, d'indicateurs statistiques tels que la proportion de personnes âgées de plus de 60 ans, afin d'apprécier l'évolution du vieillissement d'une population pendant un siècle ou plus, a largement contribué à figer l'image de la personne âgée : « Les commentaires parlent des sexagénaires comme si leur état de santé, leur potentiel physique ou intellectuel n'avaient pas changé depuis plus d'un siècle.[16] »

Selon lui, la population française n'a pas vieilli depuis un siècle, bien au contraire[17]. Il propose de définir un âge civil différent à chaque époque, mais équivalent quant à l'état de santé, à partir duquel on entrerait dans la « véritable » vieillesse. La recherche d'un seuil variant en fonction des principales modifications des réalités de l'âge pourrait tenir compte, par exemple, de la probabilité d'atteindre l'âge de la vieillesse pour un jeune adulte, de l'âge auquel il reste dix ans à vivre, de la probabilité de survivre cinq ans.

Cet essai d'estimation de l'âge évolutif auquel l'état de santé des personnes âgées serait équivalent permet ensuite de construire un nouvel indicateur du vieillissement, et « son utilisation aboutit à resituer une évolution d'ensemble caractérisée par la très faible ampleur de la progression des personnes âgées depuis un siècle et demi »[18]. La simple observation des plus de 60 ans fige donc une réalité humaine et sociale en pleine évolution, et ne permet guère de saisir les transformations.

---

16 . P. BOURDELAIS, « Vieillissement de la population ou artefact statistique ? », *Gérontologie et société*, n°49, 1989, pages 22 à 32.

17 . « Limitons-nous à rapprocher les 12 % que représentent les « vieillards » de plus de 60 ans vers 1870, des 13 % qui regroupent les personnes âgées de plus de 65 ans au cours des dernières années. Ces proportions ne sont-elles pas étonnamment proches ? Personne ne pourrait soutenir que ce décalage de cinq années est suffisant afin de tenir compte des changements de capacités physiques et intellectuelles intervenues entre les deux périodes . Aujourd'hui, il faudrait probablement fixer l'âge plancher à plus de 70 ans, or les plus de 75 ans ne regroupent que 6,3 % de la population. La conclusion à tirer d'une telle remarque est surprenante : en dépit des évidences fournies par l'indicateur démographique, figé dans sa définition, la part des « vrais » vieux ne s'est pas accru en France, bien au contraire. » P. Bourdelais, « Vieillissement de la population ou artefact statistique ? », *op. cit.*, page 29.

18 . P. BOURDELAIS, *L'âge de la vieillesse*, Ed. Odile Jacob , 1993, page 279.

Dans le même ordre d'idée, les travaux de J.-M. Robine et de son équipe apportent un éclairage nouveau et résolument optimiste sur l'espérance de vie et l'espérance de santé des personnes âgées.

L'accroissement de l'espérance de vie a longtemps correspondu à la chute de la mortalité aux bas âges. Mais, aujourd'hui, une grande partie des gains d'espérance de vie est réalisée aux âges élevés et même très élevés. C'est à partir des années soixante-dix que l'espérance de vie à 60 ans commence à « décoller »[19].Dès lors, il devient légitime de s'interroger sur la qualité de ces années gagnées en fin de vie. N'échappe-t-on à la mortalité que pour survivre en état d'incapacité ? C'est sur la base de ces réflexions et de ces constatations que les concepts « d'espérance de santé » et « d'espérance de vie sans incapacité » ont été forgés et développés, en particulier en France sous l'impulsion des travaux de J.-M. Robine et de son équipe.

Leurs résultats sont optimistes quant à l'évolution à moyen terme de l'espérance de vie sans incapacité à 65 ans[20]. En effet, en 1991, l'espérance de vie à 65 ans s'élevait en France à 20,1 ans pour les femmes et à 15,7 ans pour les hommes. La même année, l'espérance de vie sans incapacité à 65 ans était de 12,1 ans pour les femmes et de 10,1 ans pour les hommes, soit respectivement 60,2 % et 64,3 % de la valeur de leur espérance de vie au même moment. Or, cette espérance de vie sans incapacité augmente, ou tout au moins a augmenté en dix ans, de 1981 à 1991. A 65 ans, les femmes gagnent, entre 1981 et 1991, 1,8 an d'espérance de vie et 2,3 ans d'espérance de vie sans incapacité ; les hommes gagnent 1,6 an d'espérance de vie et 1,3 an d'espérance de vie sans incapacité. La part des années vécues sans incapacité au sein de l'espérance de vie à 65 ans est passée pour les femmes de 53,6 % en 1981 à 60,2 % en 1991, et de 62,4 % à 64,3 % pour les hommes.

---

19 . A. NIZARD, N. BOURGOIN, « Sur l'évolution de la mortalité au troisième âge et aux âges antérieurs », *Gérontologie et société*, n°71, décembre 1994, pages 42 à 65.

20 . J.-M. ROBINE, P. MORMICHE, E. CAMBOIS, « L'évolution de l'espérance de vie sans incapacité à 65 ans », *Gérontologie et société*, n°71, décembre 1994, pages 66 à 84. J.-M. ROBINE, P. MORMICHE, « L'espérance de vie sans incapacité augmente », *Insée Première*, n°281, octobre 1993. P. MORMICHE, J.-M. ROBINE, « Estimation de l'espérance de vie sans incapacité en France en 1991 », *Solidarité Santé - Etudes statistiques*, n°1, janvier-mars 1994, pages 17 à 36.

A. Lebeaupin constate également que l'état de santé des personnes âgées s'est amélioré : 4 personnes sur 5 âgées de 65 à 74 ans, et plus de la moitié des plus de 75 ans déclarent ne pas avoir de difficultés dans la vie quotidienne[21]. En outre, le fait que la santé dans la vieillesse soit liée au vécu antérieur peut être un facteur d'optimisme pour le futur. Actuellement, de nombreuses personnes âgées souffrant d'incapacité n'en situent pas l'origine dans leur âge mais relient leurs difficultés à une maladie contractée durant leur vie. Ce n'est qu'aux âges élevés (à partir de 85 ans) que les personnes handicapées associent massivement déficiences et avancée en âge. Ensuite, les différents groupes sociaux ne sont pas égaux devant les handicaps liés à l'âge. Ainsi, les anciens cadres supérieurs ou moyens, se portent mieux, au même âge, que les autres catégories sociales, tandis que les anciens ouvriers, surtout ceux de l'artisanat ou de l'agriculture, ont plus de difficultés permanentes et importantes.

Ce qui ressort surtout de ces analyses, c'est que le vécu des retraités les plus âgés, des retraités les plus jeunes et des futurs retraités est et sera sans doute très différent, en termes de santé, mais aussi de situation professionnelle vécue, de diplôme, etc. En ce sens, les réflexions prospectives qui imaginent les problèmes du troisième millénaire en fonction des retraités actuels reposent sur des bases très artificielles ; déjà, la « vieillesse » actuelle est constituée de plusieurs générations, qui ont connu tout au long de leur vie, mais connaissent aussi pendant la retraite, des sorts différents.

La croissance qu'indiquent les projections démographiques et économiques, pour l'augmentation des pensions, est en fait modeste, tout au moins à moyen terme (c'est-à-dire jusqu'en 2010). Au-delà de cette date, on peut s'interroger sur la fiabilité de projections d'accroissement de dépenses de sécurité sociale fondées sur tant d'incertitudes quant aux changements socio-économiques et politiques pouvant survenir au cours des cinquante prochaines années[22].

---

21 . A. LEBEAUPIN, « Les incapacités permanentes des personnes âgées », *Solidarité santé - Etudes statistiques*, n°1, janv.-mars 1994, pages 57 à 66.

22 . L'expérience a montré que la projection économique de long terme était un exercice périlleux. Les projections à l'horizon 1985 effectuées par l'Insée au début des années 60 n'avaient, par exemple, pas anticipé la croissance du taux de chômage (supposé se stabiliser à 1,25 % de la population active contre près de 11 % atteints en

DIFFICULTES DE FINANCEMENT OU CRISE STRUCTURELLE ? LA MONTEE DES CONTRADICTIONS

Face à l'augmentation des dépenses de retraites, les capacités de financements sont restées en retrait. L'ensemble de la sécurité sociale est en proie à une crise de financement[23], mais c'est la protection vieillesse qui est confrontée aux plus graves difficultés.

Le graphique suivant indique le solde de la caisse nationale d'assurance vieillesse, en milliards de francs, sur la période 1974-1994.

Graphique 23

Solde de la CNAV (en milliards de francs), 1974-1994

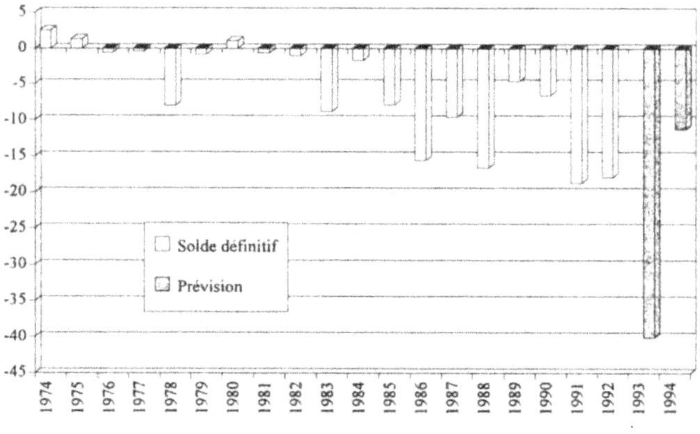

1985), n'ont pas prévu le relèvement des taux d'activité féminins et la cassure de 1973 n'avait pas été anticipée. Y. Saillard constate que les projections économiques et démographiques ne produisent que des évolutions potentielles, toutes choses égales par ailleurs, et notamment sous l'hypothèse d'une rigidité absolue des institutions de protection sociale. Y. SAILLARD, « Les hypothèses de long terme dans la prospective des systèmes de retraites », *Solidarité Santé - Etudes statistiques*, n°3, juil.-sept. 1992, pages 67 à 73.

23 . Voir, par exemple, « La sécurité sociale à découvert », *Ecoflash*, n°71-72, sept.-oct. 1992.

Les différentes solutions envisagées pour résoudre les difficultés de financement sont des solutions « traditionnelles »[24]. Elles visent, selon des modalités diverses, à augmenter les recettes ou à diminuer les prestations. Toutefois aucune d'elles, ou même la combinaison de plusieurs d'entre elles, n'apparaît satisfaisante.

En effet, le système de prise en charge de la vieillesse n'est pas une institution isolée, mais un sous-système intégré du système économique et social, avec lequel il entretient de multiples relations d'interdépendance. Or, si l'on replace l'ensemble des solutions traditionnellement évoquées - ou déjà mises en oeuvre - pour remédier à la crise financière du système de retraite ou tenter d'amoindrir le « poids insupportable des pensions » on s'aperçoit rapidement qu'elles se heurtent toutes à des obstacles. C'est alors l'impression d'un blocage profond du système qui domine.

La diminution des prestations

Pour diminuer les prestations, on peut abaisser le niveau général des pensions, ou relever l'âge de la retraite. Mais ces deux solutions ont leurs limites. La diminution du niveau général des pensions a des effets sur la consommation des retraités, et les groupements de retraités, de mieux en mieux organisés, peuvent s'y opposer. Quant au relèvement effectif de l'âge de la retraite, il apparaît bien improbable lorsque l'on examine les difficultés d'emploi des travailleurs âgés et les revendications des salariés pour le maintien de la retraite à 60 ans.

Niveau des prestations et maintien de la consommation

Pour certains auteurs, cette diminution des prestations serait d'autant plus « juste » que les retraités (ou certains d'entre eux) ont des revenus bien supérieurs à ceux qu'obtiennent leurs enfants en activité, en proie aux difficultés économiques et au chômage. Les retraités des années 90 auront connu durant toute la période de croissance de l'après-guerre une situation économique particulièrement enviable qui, bien souvent, leur aura permis de se constituer un patrimoine

24 . Sur l'éventail des instruments utilisés, cf. *L'avenir de la protection sociale*, Paris, OCDE, 1983, pages 42 à 45.

important. Plus encore, les pensions de retraite qui seront servies à ces retraités seront calculées sur des revenus d'activité parfois bien supérieurs à ce que peuvent obtenir les salariés actuels[25] .

Pour réduire le niveau des prestations, d'un point de vue technique, il est possible d'abaisser leur niveau initial, ou bien d'imposer des conditions de ressources à leur octroi, ou bien n'indexer que dans une moindre proportion par rapport à l'inflation, ou conjuguer ces trois formules. La solution de n'indexer que dans une moindre mesure, en apparence la plus indolore, est souvent utilisée.

La réforme des pensions intervenue l'été 1993, qui tente d'équilibrer le financement des régimes de retraites à court et moyen terme, sans augmentation des cotisations, a notamment revu les modalités de revalorisation des pensions à la baisse. Ces mesures présentent l'avantage d'être relativement bien acceptées, d'avoir un effet immédiat et d'être d'un rendement élevé. La loi du 22 juin 1993 pose le principe que désormais, et pour une durée de 5 ans, les pensions sont revalorisées en fonction de l'évolution des prix à la consommation, et non plus comme les salaires bruts moyens, ce qui est nettement moins avantageux[26]. Enfin, la compression des dépenses se fait également au travers de l'accroissement de la période de référence pour le calcul des droits. Le taux de liquidation portait, avant la réforme, sur une assiette de salaire égale à la moyenne des dix meilleures rémunérations annuelles. Cette période de référence est portée à 25 ans par un décret du 27 août. L'application de cette mesure est progressive à raison d'une année supplémentaire de salaire par an, et c'est donc en 2008 que la norme définitive de 25 ans entrera en vigueur.

---

25 . Cf. D. KESSLER, « Les retraites en péril ? », *Revue française des affaires sociales*, n° supplémentaire « Population, équilibres économiques et systèmes sociaux », juin 1984, pages 69 à 83.

26 . En fait, c'était déjà l'indice des prix qui servait depuis 1987 de base à la revalorisation des pensions. Mais le texte du code de la Sécurité sociale jusqu'alors en vigueur posait le principe d'une revalorisation en fonction de l'évolution des salaires bruts ; il fallait donc chaque année déroger à cette règle par le recours à une disposition législative toujours délicate à faire voter.

Les réformes ont également touché les régimes complémentaires de salariés, notamment l'ARRCO (régime des non-cadres) et l'AGIRC (régimes des cadres)[27].

Cependant, la réduction du niveau des prestations a ses limites. D'une part, elle peut freiner la consommation, directement par la consommation des retraités, ou indirectement par le biais de la diminution des solidarités intergénérationnelles, et, d'autre part, elle peut entraîner des résistances de la part des groupements de retraités.

L'influence économique des transferts sociaux n'est souvent envisagée que de façon négative. Pourtant, sur le plan macroéconomique, ces revenus jouent indéniablement un rôle « contracyclique » atténuant les fluctuations en période de crise. Les transferts sociaux renforcent la demande globale, et d'ailleurs, ils sont souvent utilisés à des fins de régulation conjoncturelle. De ce point de vue, la masse des transferts peut difficilement être réduite sans déprimer la demande.

Or, les retraites généralisées et améliorées ont permis la constitution d'une nouvelle catégorie de consommateurs. Comme le remarque P. Paillat, « la généralisation des pensions correspond à la fois à un profond désir de justice sociale et au souci bien compris d'une gestion plus efficace de l'économie grâce à la multiplication des consommateurs »[28]. Et, contrairement aux idées reçues, la consommation - ou plutôt son montant - dépend davantage du niveau de revenu que de l'âge : l'effet du vieillissement est secondaire par rapport à celui de la progression du niveau de vie[29].

En outre, le fait de disposer d'une retraite décente incite à une redistribution au sein de la famille, puisque la base est assurée. Du point de vue des transferts au sein de la famille, les solidarités

27 . Les pensions ARRCO et AGIRC ont été « gelées » en 1994, et n'ont donc bénéficié d'aucune revalorisation au titre de l'inflation. Au-delà de 1994, l'ARRCO diminue le rendement du régime défini comme le rapport entre les cotisations versées et les prestations versées. L'AGIRC a prévu que les taux de revalorisation seront amputés de 0,7 % en 1995 et de 1 % en 1996. Cf. P. GEORGES, « La maîtrise des dépenses de retraite », *Gérontologie et Société*, n°71, décembre 1994, pages 232 à 240.

28 . P. PAILLAT, « Les retraités et les retraites, soutiens de l'économie, un paradoxe stimulant », *Gérontologie et société*, n°50, 1989, pages 3 à 5.

29 . D. DARMON, J.-M. HOURRIEZ, P. L'HARDY, « Consommation : l'effet du vieillissement », *Economie et statistique*, n°243, mai 1991, pages 89 à 102.

s'exercent plutôt des retraités vers leurs enfants ou petits-enfants[30] : « Le sens des solidarités s'est inversé. Ce sont les personnes âgées qui donnent ou prêtent à leurs descendants, les donations-partage ayant facilité ce processus. Ces pratiques permettent l'acquisition de biens immobiliers, ou l'installation professionnelle tout en évitant l'endettement des actifs.[31] » Toujours dans le cadre de la famille, une étude récente établit qu'un tiers des personnes âgées de 68 à 92 ans a aidé financièrement (dons d'argent limités aux aides monétaires ou occasionnelle, n'incluant pas les donations ou héritages) la génération « pivot », les 49-53 ans, et un tiers également a aidé financièrement les jeunes de 19 à 36 ans[32].

Ainsi, l'influence économique des pensions doit s'envisager de façon globale, en terme de circuit économique, et non pas seulement du point de vue de leur poids.

En outre, il n'est pas évident que la dégradation de leur situation financière soit bien acceptée par les retraités.

Aux Etats-Unis, les groupes de pression en faveur du troisième âge se seraient multipliés depuis plusieurs années et la liste établie par le Leadership Council of Agin Organizations comptait 29 associations de ce genre[33]. Le « troisième âge » représente une force politique majeure. Certaines études montrent, par exemple, que 72,8 % de la population des 65-69 ans votent contre 58,6 % pour les 30-34 ans. Ce fort taux de participation électorale confère aux personnes âgées un important poids politique. L'American Association for Retired Persons compte près de 30 millions d'adhérents, soit 12 % de la population américaine. Lorsque les débats sur la réduction du déficit

---

30. Sur les échanges monétaires au sein de la famille, cf. A. LAFERRERE, D.VERGER, « La transmission du patrimoine entre les générations », *Données sociales*, Insée, 1993. M. MARPSAT, « Les échanges au sein de la famille : héritage, aides financières, garde des enfants et visites aux grands-parents », *Economie et Statistique*, n°239, janvier 1991, pages 59 à 66.

31. M.-M. GERVAIS-AGUER, « Influence économique des personnes âgées dans le sud de la France », *Gérontologie et société*, n°50, 1989, pages 77 à 87.

32. D'après les premiers résultats de l'enquête trigénérationnelle menée par la CNAV en 1993, C. ATTIAS-DONFUT, « Solidarités familiales, solidarités entre générations », *Solidarité Santé - Etudes Statistiques*, n°4, oct.-déc. 1993, pages 99 à 104.

33. T. MAHONEY, « Le vieillissement aux Etats-Unis, un enjeu politique et social majeur », *Futuribles*, octobre 1988, n°125, pages 9 à 26, page 21.

fédéral ont amené l'idée d'imposer les prestations sociales pour les retraités les plus aisés, ou d'annuler la clause d'indexation de ces prestations, cette association a obtenu gain de cause par le biais des parlementaires qui ont su, en demandant un vote public, obtenir le retrait de ces textes. Comme le remarque T. Mahoney, « qui peut d'ailleurs se risquer à heurter une association qui se targue de représenter le troisième âge, classe politiquement la plus active, qui peut orienter le vote d'un cinquième de l'électorat américain et qui avoue consacrer 8 millions de dollars pour la campagne des présidentielles de 1988 ? »[34].

En Europe, les associations de retraités n'ont pas la puissance de l'AARP, mais des conflits ont déjà eu lieu, même s'ils n'atteignent pas l'ampleur de ce qui peut se passer aux Etats-Unis. Aux Pays-Bas, par exemple, en février 1994, les experts gouvernementaux du CDA, le parti au pouvoir, ont annoncé quatre années de gel des pensions. Immédiatement, le gouvernement a été renversé et, aux élections suivantes, sept retraités ont été élus sur leurs seules revendications liées aux retraites. Des épisodes comparables se sont produits au Luxembourg et en Italie[35].

En France, les personnes âgées sont en très forte proportion inscrites sur les listes électorales. Les non inscrits ne dépassent pas 5 %, au lieu de 9 % pour la population tous âges confondus. Le taux de participation aux quatre consultations électorales de 1988-1989 est le plus élevé pour la tranche d'âge 50-74 ans, et il atteint son maximum sur la tranche d'âge 65-69 ans[36]. Même si la situation n'est pas comparable à celle des Etats-Unis, des épisodes se sont déjà produits : à Saint-Nazaire, des associations de retraités avaient appelé à voter contre Claude Evin sous le prétexte qu'il était à l'origine de la CSG[37].

Il est donc difficile d'apprécier si les inactifs - et particulièrement les personnes âgées qui représentent un poids électoral important -

---

34 . T. MAHONEY, *op. cit.*, page 26.

35 . P. ARTUS, F. LEGROS, « Vieillissement de la population, pouvoir électoral et croissance », Communication au Forum Retraite « *Au fil des générations* », Caisse des Dépôts et Consignations, Bordeaux, 10 février 1995, à paraître *dans Revue Economique*.

36 . INSEE, *Les personnes âgées*, coll. Contours et caractères, 1992, pages 122 et 123.

37 . P. ARTUS, F. LEGROS, *op. cit.*, page 10.

accepteraient de voir leurs conditions de vie se détériorer, sans constituer des groupes de pression politique très puissants.

Modification de l'âge de la retraite et cessations anticipées d'activité

L'idée de modifier l'âge de la retraite est également au cœur des débats sur la réforme des pensions. Il faut dire que du point de vue financier, elle présente l'avantage d'influer à la fois sur les dépenses et sur les recettes.

En France, des modifications sont déjà allées dans ce sens pour le régime général ; si l'âge de la retraite n'est pas modifié, l'allongement de la durée d'assurance y contribue indirectement. Celle-ci vise à subordonner l'obtention de la pension à taux plein à une plus longue durée de carrière. Jusqu'alors, le taux plein était accordé aux personnes réunissant plus de 150 trimestres d'assurance, soit 37,5 ans. Mais le décret du 27 août 1993 porte ce nombre de trimestres à 160, soit 40 ans, cet allongement étant progressif, la durée augmentant d'un trimestre par an à partir du 1er janvier 1994 pour atteindre 160 trimestres au 1er janvier 2003.

Mais la politique de relever l'âge de la retraite se heurte à deux obstacles, les difficultés d'emploi des travailleurs âgés liées au marché du travail, et les revendications des salariés pour le maintien de la retraite à 60 ans, voire la diminution de cet âge.

Le relèvement de l'âge de la retraite est limité par le fait que l'abaissement de l'âge de la retraite s'inscrit dans le cadre d'une politique délibérée d'action sur le marché du travail. Dans tous les pays développés, l'âge de la cessation d'activité diminue, et seuls varient les moyens employés pour y parvenir (pensions d'invalidité, chômage, pensions de retraites, préretraites, ...). La France a particulièrement développé cette « politique de l'emploi », d'abord avec les préretraites, et les salariés âgés sont en priorité exclus de la vie professionnelle. Et, si les préretraites ont connu un frein depuis 1984, cela n'est pas dû à une amélioration de la situation des travailleurs âgés sur le marché du travail : beaucoup de branches industrielles à main-d'œuvre et de nombreuses entreprises à sureffectifs continuent en priorité à se séparer des travailleurs âgés[38].

Le modèle traditionnel de la sortie définitive d'activité, impliquant simultanément une entrée dans le système de la retraite, est devenu clairement minoritaire ; entre la fin de la vie active et l'entrée en retraite, il existe une période d'inactivité (chômage, longue maladie, invalidité, préretraite, ...). Une enquête de l'AGIRC, la caisse de retraite des cadres, montre que parmi les cadres qui liquident leur pension de retraite en 1988, seulement 26,5 % d'entre eux sont encore en activité et passent donc directement de l'activité à la retraite, alors que 35 % viennent d'un système de préretraite et 20 % de l'assurance chômage, les autres provenant d'autres situations d'inactivité. Ce qui signifie que la norme, même pour les cadres, n'est plus de passer directement de l'activité à la retraite. La plupart font une expérience plus ou moins longue d'inactivité avant de faire leur entrée dans le système de retraite[39].

Et, les travailleurs âgés contribuent fortement à la formation du chômage de longue période. En d'autres termes, la probabilité de retour à l'emploi des chômeurs âgés est très faible[40].

Les propositions de relèvement de l'âge de la retraite semblent donc pour le moins paradoxales eu égard à la situation des travailleurs âgés, exclus du marché du travail dès l'âge de 50 ans. C'est ce que Vlady Ferrier, administrateur de la CNAVTS et de l'AGIRC, résumait ainsi : « Avant d'envisager des mesures comme celles que propose le tout

---

38 . En fait, les préretraites apparaissaient plutôt comme une « voie royale » pour sortir de la vie professionnelle par comparaison à la précarité qui se généralise à côté d'elles. En effet, le chômage des plus de 50 ans est renforcé par le frein apporté aux préretraites depuis 1984. Sa durée est exceptionnellement longue : en mars 1993, la proportion des chômeurs de longue durée de plus de 49 ans dépassait les 20 %, alors que la proportion de chômeurs de longue durée est inférieure à 8 % pour les 15-24 ans et de 13 % pour les 25-49 ans. M.-M. BORDES, D. GUILLEMOT, « Marché du travail, séries longues », *Insée Résultats*, n°305-306, 1994, page 131.

39 . A.-M. GUILLEMARD, « Protection sociale et cycle de vie. Résultats d'une comparaison internationale sur les transformations de la transition entre activité et retraite », in B. COCHEME, F. LEGROS (sous la dir. de), *Les retraites. Genèse, acteurs, enjeux*, A. Colin, 1995, pages 72 à 88.

40 . Cf. F. CALCOEN, D. GREINER, « La cessation d'activité en fin de vie active : évolutions et enjeux pour la protection sociale », in B. COCHEME, F. LEGROS, *Les retraites, op. cit.*, pages 89 à 103.

récent Livre Blanc des retraites publié et préfacé par le Ministre des Affaires Sociales et de la solidarité et préfacé par l'ex-Premier Ministre Michel Rocard, mesures qui consistaient à allonger de 37 années et demi à 42 années la durée de cotisation validée nécessaire à l'ouverture du droit à la retraite à taux plein à partir de 60 ans, il serait sans doute plus judicieux de permettre d'abord aux salariés âgés de 55 ans et plus de continuer à travailler jusqu'au moment où ils rempliront la condition des 37 années et demi de cotisation validées à l'assurance-vieillesse. Dans le cas contraire en effet, on ne voit pas en quoi la mesure proposée pourrait réduire le besoin de financement supplémentaire prévu en matière de protection sociale dans son ensemble, l'opération consistant alors simplement à transférer les charges d'un régime, celui de l'assurance-vieillesse, à un autre régime, celui de l'assurance-chômage.[41] »

Les mesures visant l'augmentation des durées de cotisations nient tout simplement les obstacles à un allongement de la période d'activité.

En outre, la modification de l'âge de la retraite apparaît très difficile car très impopulaire : les salariés tiennent à la retraite à 60 ans[42].

J. Dumazedier, se basant sur un sondage national[43], estime qu'à peine un quart des retraités ou futurs retraités accepteraient d'assumer d'une

---

41 . V. FERRIER, « Quel avenir pour les retraites ? », *Issues*, n°40, novembre, 1991, page 144.

42 . Il a été demandé *à quel âge souhaiteriez-vous prendre votre retraite ?* à un échantillon représentatif de la population active de différents âges. La réponse *à 60 ans ou moins* a été donnée par 94 % des travailleurs. C'est en majorité également que les cadres font cette réponse, et les raisons de santé sont toujours placées en dernier parmi les motifs, que le départ souhaité soit à 55, 60 ou 65 ans, loin derrière le repos et les « loisirs ». Enquête citée par J. DUMAZEDIER, *Révolution culturelle du temps libre*, 1968-1988, Librairie des Méridiens Klinchksieck, coll. Sociétés, Paris, 1988, page 148.

43 . Sondage national IPSOS-AGF, Le Point, (du 29 octobre au 7 novembre 1985), échantillon national représentatif, Le Point, 2 décembre 1985. Ce sondage a même été plus loin : il prévoyait une grave crise du financement des retraites et envisageait différentes politiques pour résoudre le problème. Or, c'est encore le maintien de la retraite à 60 ans aux conditions qu'il faudrait qui l'emporte pour la majorité. En effet, 33% accepteraient d'augmenter les cotisations de 50 à 80 % pour avoir la retraite à 60 ans au niveau actuel des retraites versées ; 21 % accepteraient de maintenir le niveau actuel des cotisations, mais aussi de voir les retraites diminuées pour avoir encore la retraite à 60 ans ; seulement 23% accepteraient d'avoir la retraite sept à neuf ans plus tard (67 à 69 ans), pour maintenir à la fois le niveau actuel des cotisations et le montant des retraites ; les autres ne savent pas. Sondage cité par J. DUMAZEDIER,

manière ou d'une autre un travail rémunéré, au lieu de prendre leur retraite à 60 ans. Selon lui, l'ennui attribué en général à la vie de retraite est en grande partie mythique[44].

Les résultats de cette enquête remettent largement en cause la vision de la « retraite-couperet » ou la retraite mal vécue. Pour la majorité, la retraite est désormais une étape agréable de la vie. Evidemment, c'est une coupure du monde du travail ; mais c'est une coupure « légitime », « méritée », « bien gagnée » et donc elle n'a pas grand chose à voir avec le chômage, qui est vécu, notamment par les plus jeunes, comme une véritable exclusion sociale. Pour J.-C. Chesnais, la chute massive des taux d'activités des travailleurs vieillissants a largement contribué à ce nouveau vécu de la retraite : « Ce changement, conséquence d'une pression sur le marché du travail, fut accompagné d'une modification des attitudes : la valeur du loisir fut transformée, et le « troisième âge » acquit une image positive de vie active et indépendante avant la véritable vieillesse. Une retraite précoce, c'est-à-dire aux alentours de 60 ans, devint graduellement, entre le milieu des années 1970 et celui des années 1980, non seulement un phénomène socialement accepté mais même une nouvelle norme sociale. La retraite fut perçue comme une étape positive de la vie non seulement par un nombre croissant de jeunes retraités mais aussi par une majorité de la population adulte d'âge mûr. Ce changement est évidemment lié à l'amélioration de leur état de santé et de leur situation économique. Dans la plupart des pays, la frontière séparant les générations semble être la Première guerre mondiale. Les plus âgés des retraités, ceux nés avant ou durant cette dernière, commencèrent leur carrière lors de la grande dépression des années 1930 ; les jeunes retraités vécurent la plus longue partie de leur

---

« Contribution des retraités à l'élaboration d'une société du temps libre », *Gérontologie et société*, n°55, décembre 1990, pages 20 à 31.

44 . D'après une enquête longitudinale effectuée en 1984, comparant un échantillon représentatif sur une génération, il a été demandé à ceux qui ont arrêté le travail et ceux qui le continuent, quels étaient ceux qui s'ennuyaient davantage. A une très forte majorité, ceux qui s'ennuient le plus sont non pas ceux qui sont en retraite, mais ceux qui continuent le travail, et les deux tiers des nouveaux retraités ne trouvent pas que le temps soit trop long. Enquête de l'Institut de Gérontologie sociale, conduite sous la direction de P. Paillat, citée par J. DUMAZEDIER, *La révolution culturelle du temps libre*, *op. cit.*, pages 157 à 159.

vie active pendant la période du "boom économique" (1945-1973) et la phase d'expansion des régimes de sécurité sociale.[45] »

Ce changement est également important, car, en filigrane, ce qui ressort de ces aspirations, n'est rien de moins que la perte du travail (salarié) comme valeur centrale de la vie, ou comme fondement de la légitimité sociale, mais nous aurons l'occasion d'y revenir.

En définitive, l'allongement effectif de la vie professionnelle à moyen terme, entendu dans le sens traditionnel du terme, c'est-à-dire dans un emploi salarié à temps plein exercé passé l'âge de 60 ans, apparaît comme peu probable, et ce serait faire preuve d'aveuglement ou de naïveté que d'y voir la solution des problèmes de financement des retraites[46].

L'augmentation des recettes

Concernant l'augmentation des recettes, celle-ci peut être réalisée de deux façons, en augmentant les cotisations, ou en augmentant le nombre des cotisants. Il est également possible d'introduire des systèmes de financement des retraites différents, comme le recours à la capitalisation (fonds de pension d'entreprise ou épargne personnelle) ou à la fiscalisation.

Prélèvements obligatoires et « transnationalisation » des économies

L'augmentation des cotisations peut être envisagée du point de vue des cotisations patronales ou des cotisations salariales.

L'augmentation du taux des cotisations patronales et salariales, l'élargissement du taux des cotisations, étaient les solutions traditionnellement utilisées pour faire face à l'augmentation des dépenses (cf. graphique 24).

Mais à l'heure actuelle, l'augmentation des cotisations se heurte également à des limites.

---

45 . J.-C. CHESNAIS, « Les conditions de vie des personnes âgées en Europe », *Gérontologie et société*, n°50, 1989, pages 88 à 99 (page 91).
46 . Cf. G. REDAY-MULVEY, « Vers un allongement de la vie professionnelle ? », *Futuribles*, n°170, novembre 1992, pages 39 à 64.

Graphique 24
Taux des cotisations d'assurance vieillesse, régime général, 1967-1992 (pourcentage des salaires)

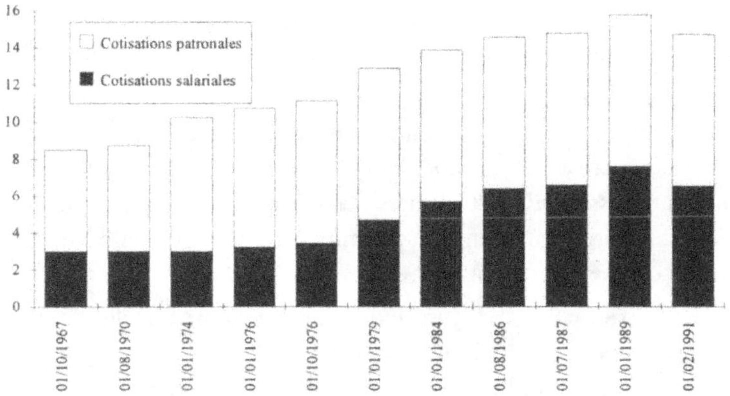

Côté patronal, les prélèvements obligatoires sont accusés de compromettre la compétitivité, et l'augmentation des cotisations patronales se heurte aux contraintes internationales[47].

En effet, la crise économique s'inscrit dans le cadre d'une internationalisation croissante des économies, d'une ouverture des économies sur l'extérieur, et d'une interdépendance croissante. Cette internationalisation tient d'ailleurs au succès même du mode de régulation antérieur : « L'espace de la firme comme du groupe ne cessera de s'étendre à l'échelle nationale puis internationale, leur caractère "multinational" étant devenu - au cours des années soixante - un des traits saillants des firmes et des groupes les plus puissants.[48] » Mais cette « transnationalisation » vient déstabiliser les procédures de régulation nationale : « Intervient ici une contradiction majeure, celle qui s'est développée dans le cadre de l'ordre productif qui,

---

47 . Cf. A. EUZEBY, « Les pensions de vieillesse, un frein à la compétitivité ? », *Prévenir*, n°15, 1987, pages 85 à 94. A. EUZEBY, C. EUZEBY, « Modalités de financement de la sécurité sociale, coût de la main d'œuvre et emploi dans les pays industrialisés à économie de marché », in BIT, *Sécurité sociale : quelle méthode de financement ? Une analyse internationale*, Genève, 1983, pages 53 à 88.

48 . P. DOCKES, B. ROSIER, *L'Histoire ambiguë. Croissance et développement en question*, PUF, coll. Economie en liberté, 1988, page 182.

jusqu'alors, prévalait entre des économies qui s'étaient massivement transnationalisées (du fait de la réussite même du mode d'accumulation) et un mode de régulation resté étroitement national.[49] »

Or, pour de nombreux auteurs, une des menaces les plus contraignantes à l'heure actuelle pour la protection sociale réside dans l'internationalisation des économies, dans l'interdépendance croissante et la concurrence entre nations. Résumé brièvement, le problème se présente comme suit : les prélèvements obligatoires fournissent l'essentiel des recettes de protection sociale, mais leur niveau est étroitement soumis aux contraintes internationales, et donc au niveau que ceux-ci atteignent dans les autres pays.

L'équilibre extérieur est aujourd'hui considéré comme la clef de voûte de la croissance économique, et c'est désormais la concurrence internationale qui conditionne les orientations majeures des politiques économiques et sociales dans les pays développés. L'idée défendue par de nombreux auteurs est qu'il n'est pas possible de « peser » sur l'économie par l'accroissement des prélèvements obligatoires. Sans maîtrise de la croissance des prélèvements obligatoires, la compétitivité de l'économie serait compromise. Les transferts sociaux sont alors considérés comme un handicap pour l'économie, même si l'on s'accorde à reconnaître leur rôle pour la régulation et la cohésion sociales.

A cela, s'ajoutent les craintes de « dumping social » de la part des pays dont le niveau de protection sociale est plus faible ou dont les coûts salariaux sont plus bas. Or, la concurrence internationale croissante pourrait induire une convergence des systèmes de protection sociale et une harmonisation des politiques sociales, ou, *a contrario*, un approfondissement des écarts entre les divers pays.

Dans ce contexte, la diminution - ou tout au moins la maîtrise - des dépenses sociales est souvent présentée comme une nécessité de l'adaptation à la crise, voire de la sortie de crise. La maîtrise des transferts sociaux devient alors un objectif prioritaire, un véritable instrument de politique économique.

---

49 . P. DOCKES, B. ROSIER, *op. cit.*, page 195.

Dans cette optique, c'est souvent l'augmentation des prélèvements sur les ménages qui est préférée, ou le recours à la fiscalisation. Pour A. Euzéby, cela explique qu'au cours des années 70 et 80, la part des cotisations des employeurs dans les recettes de la protection sociale a diminué, parfois fortement, dans pratiquement tous les pays de la Communauté, l'appel aux cotisations des salariés et au financement fiscal[50] étant systématiquement privilégié[51].

Cotisations salariales et conflits de génération

L'augmentation des prélèvements sur les ménages est donc privilégié, mais de toute façon, ce sont les ménages qui supportent, en définitive, le poids effectif des cotisations et des impôts payés par les entreprises.

Début 1979, le taux de cotisation vieillesse est accru de 1,75 point, dont 1,25 point pour les salariés (cf. graphique 24). Face à la montée d'une tendance structurelle au déficit financier de la CNAV, le taux de cotisation d'assurance vieillesse est accru pour les salariés début 1984 de un point, en août 1986 de 0,7 point, en juillet 1987 de 0,2 point, en janvier 1989 d'un point à nouveau. Sur la même période, le taux de cotisation patronale reste stable à 8,2 points.

Toutefois l'accroissement des prélèvements sur les ménages a également ses limites. Sans revenir sur la diminution ou le freinage de la consommation qu'il peut susciter, il pose également des problèmes « d'équité intergénérationnelle ».

Les actifs peuvent s'opposer à l'augmentation des prélèvements selon divers procédés : fuite fiscale, travail noir, révolte contre une

---

50 . Dans les pays où les cotisations sociales des employeurs (cotisations patronales) représentent une part importante dans le financement de la protection sociale, elles se voient souvent reprocher d'alourdir le coût de la main-d'œuvre ; et, par conséquent, de porter atteinte à la compétitivité des entreprises. De ce point de vue, les entreprises des pays où les pensions sont largement financées par des cotisations patronales seraient pénalisées, au niveau de la concurrence internationale, par rapport aux entreprises des pays faisant davantage appel aux cotisations des salariés et surtout au financement sur le produit général des impôts. A. EUZEBY, C. EUZEBY, « Modalités de financement de la sécurité sociale, coût de la main-d'œuvre et emploi dans les pays industrialisés à économie de marché », *op. cit.*

51 . A. EUZEBY, « La protection sociale en Europe : tendance et défis. Les systèmes de protection sociale européens à l'épreuve de la compétition mondiale », *Futuribles*, n°171, décembre 1992, pages 59 à 87.

détérioration de leurs conditions de vie, refus de se soumettre à l'effort contributif ...

Aux Etats-Unis, l'American Association for Retired Persons a déjà son pendant : l'American for Generational Equity (AGE), implantée à Washington, est une organisation puissante, disposant de sommes importantes. Ce groupe relativement modéré estime que la balance est trop déséquilibrée en faveur des personnes âgées et qu'il faut revenir à une situation plus proche de l'équilibre avec le reste de la population[52]. Ainsi, selon J. Jones, « dans la société américaine d'aujourd'hui, les groupes de pression les plus importants et les plus influents sont ceux qui défendent les intérêts d'une génération donnée »[53].

En France également, de nombreux chercheurs commencent à se pencher sur les questions « d'équité intergénérationnelle »[54]. L augmentation des prélèvements poserait donc des problèmes de justice entre les générations[55].

Augmentation des actifs cotisants et chômage

Dans des régimes de retraite fonctionnant par répartition, ce qui importe est finalement le rapport des effectifs de cotisants à celui des retraités, et évidemment, ce que chaque cotisant verse. Tout ce qui peut faire passer des personnes du groupe des « non productifs » au groupe des « productifs » a des effets immédiats et significatifs, en augmentant à la fois le nombre des actifs cotisants et en réduisant le nombre des inactifs bénéficiaires.

52 . T. MAHONEY, « Le vieillissement aux Etats-Unis. Un enjeu politique et social majeur », *op. cit.*, pages 20.
53 . J. JONES, « Conflit entre générations aux Etats-Unis », *Futuribles*, octobre 1988, n°125, pages 27 à 38.
54 . Voir, par exemple, A. MASSON, « Redistribution et équité intergénérationnelle », *Association Française de Science Economique*, XLIVe Congrès annuel, session « Analyse économique du Vieillissement », 22 septembre 1995.
55 . Voir à ce sujet l'ouvrage collectif « « *Workers versus pensionners. Intergenerational justice in an ageing world* », P. JOHNSON, C. CONRAD, D. THOMSON (Eds.), Centre for Economic Policy Research, 1989, et plus particulièrement les contributions de D. THOMSON, « The Welfare State and Generation Conflict : Winners and Losers », pages 33 à 56, et N. DANIELS, « Justice and Transfers between Generations », pages 57 à 79.

Cependant, compte tenu du niveau élevé de chômage, relever le nombre des actifs cotisants s'avère bien délicat. Nous avons déjà évoqué les problèmes soulevés par le relèvement de l'âge de la retraite ; mais les salariés âgés ne sont pas les seuls exclus du marché du travail.

Le taux de chômage, faible jusqu'en 1966 - il concerne alors moins de 2 % de la population active - s'élève en 1975 à un peu moins de 5 % de la population active : on compte alors plus d'un million de chômeurs. En 1981, le nombre de chômeurs a doublé, et le taux de chômage dépasse les 8 %. En 1984, plus de 2,5 millions de chômeurs sont dénombrés, et le taux de chômage franchit la barre des 10 %. Après un léger reflux de 1988 à 1990, où le taux de chômage descend légèrement, à 9 % de la population active, l'ascension reprend en 1991, et il dépasse à nouveau les 10 %. Le chiffre de 3 millions de chômeurs est franchi fin 1993, le taux de chômage dépasse 12 % de la population active. Le nombre de chômeurs augmente alors de plus de 30000 personnes par mois[56]. A partir de 1991, pour la première fois l'emploi net régresse ; la réduction d'emplois est de 1,2 % en 1993, soit 270000 pertes d'emplois. Dans le même temps, les situations d'emplois dites « atypiques » (contrats à durée déterminée, temps partiel, intérim, ...) se développent.

Comme en France, le financement de la protection sociale repose en grande partie sur les cotisations assises sur les salaires (pour les trois-quarts, et pour 20 % sur les impôts), si le chômage augmente et si la « qualité » des emplois se dégrade, la protection sociale se trouve privée de ressources. C. Mills chiffre à 6 milliards le manque à gagner pour la protection sociale qui résulte de 10000 chômeurs[57]. De même, 1 % de salaires supplémentaires représenterait 12 milliards de recettes supplémentaires. Il est évident que le chômage, l'emploi précaire et instable, privent la protection sociale d'importantes ressources et constituent par là-même les principales causes de ses difficultés financières.

---

56 . Chômage et taux de chômage au sens du B.I.T. au 31.12 ; M.-M. BORDES et D. GUILLEMOT, « Marché du travail, séries longues », Insée, *Résultats*, n°305-306, pages 110 et 111.

57 . C. MILLS, *Economie de la protection sociale*, Ed. Sirey, coll. Droit sanitaire et social, 1994, page 43.

Sur la période 1973/1981, J.-C. Chesnais[58] montre que, pour l'essentiel, l'augmentation importante du coefficient de charge - passé pour le régime général de la sécurité sociale de 0,28 en 1973 à 0,41 en 1981 - a été provoquée par celle du chômage qui a entraîné une diminution du nombre des cotisants et favorisé une accélération des départs à la retraite. L'effectif des cotisants est, en effet, directement fonction du nombre des emplois offerts, et de la qualité de ceux-ci, et donc de la situation économique.

Or, concernant l'élargissement de l'offre de travail à l'heure actuelle ou pour les prochaines années, il ne semble guère y avoir de problèmes. Les possibilités d'élargissement de l'offre de travail sont nombreuses (travail des femmes, augmentation des taux d'activité, immigration ...) malgré l'accroissement des taux de scolarisation. Selon P. Surault, « même dans l'hypothèse d'une stabilisation de la fécondité, une insuffisance de l'offre de travail, à un horizon même lointain, par rapport à la demande, paraît fort peu probable »[59]. Et selon lui, le chômage est la véritable source des problèmes de financement des retraites : « ce qui sera décisif en matière de financement des retraites, ce sera la capacité du système économique à créer des emplois en nombre suffisant et donc à déterminer le nombre de cotisants. Les difficultés actuelles du système d'assurance-vieillesse viennent de là. Mais le passé récent nous montre que l'on entre ici dans le domaine de l'incertitude la plus totale.[60] »

La démographie ne semble donc guère constituer problème, malgré des perspectives souvent alarmistes. Et, dans le cas fort peu probable d'une « pénurie de main-d'œuvre »[61], des gains de productivité du travail (croissance de la production par tête) peuvent toujours être recherchés.

---

58 . J.-C. CHESNAIS, « Evolution démographique et charge de financement des retraites », *Revue Française des Affaires Sociales*, numéro supplémentaire « Population, équilibres économiques et systèmes sociaux », juin 1984, pages 85 à 102.

59 . P. SURAULT, « Vieillissement, activité et financement des retraites », *Gérontologie et Société*, n°50, 1989, pages 21 à 25.

60 . P. SURAULT, *op. cit.*, page 24.

61 . D. BLANCHET, O. MARCHAND, « Au-delà de l'an 2000, s'adapter à une pénurie de main-d'œuvre », *Economie et statistique*, n°243, mai 1991, pages 61 à 67.

Nous rejoignons, concernant le problème de la main-d'œuvre, l'analyse de l'économiste J.-P. de Gaudemard, qui, au terme d'une longue démonstration a bien mis en évidence que « le système capitaliste sait désormais produire les forces de travail que requiert son développement, quel que soit le contexte démographique dans lequel il se trouve »[62].

D'autres méthodes de financement pour la protection sociale ?

Face aux problèmes de financement des retraites, actuels et à venir, de nombreux auteurs proposent de changer le mode de financement des retraites, en adoptant notamment un financement davantage axé sur la fiscalisation et sur la capitalisation.

La logique d'une « couverture à trois étages » ou « trois piliers »[63] serait alors renforcée. Le premier pilier correspond aux régimes de retraites publics, nationaux et obligatoires. Le deuxième pilier correspond aux régimes professionnels issus d'une négociation collective ou prévus par le contrat de travail (en France, les régimes complémentaires) et le troisième pilier correspond à l'épargne personnelle.

L'idée, pour les premier et deuxième étages, est d'opérer une distinction plus claire entre ce qui relève du contributif et ce qui relève du non contributif. Le développement du non-contributif assuré par un financement public renvoie à deux débats actuels, le débat sur la « fiscalisation » du financement de la protection sociale, et le débat sur le partage entre une fonction « d'assurance » financée uniquement par des cotisations, et une fonction de « solidarité » ou d'assistance financée par des impôts et taxes affectées[64].

---

62 . J.-P. de GAUDEMARD, *La mobilisation générale*, Paris, Ed. Du Champ Urbain, 1979, page 247.

63 . Cf. L. apROBERTS, « Les retraites complémentaires : vers une définition des termes », *Problèmes économiques*, n°2438, 20 septembre 1995, pages 1 à 18. L'analyse de la protection sociale en termes de piliers a surtout pur but de structurer comparaisons internationales en dépassant les différences institutionnelles jugées secondaires. C . ANDRE, Y. SAILLARD, « La transformation des systèmes de retraite dans les douze pays de la Communauté européenne », *Solidarité Santé - Etudes statistiques*, n°3, juil.-sept. 1992, pages 53 à 66.

64 . P. VOLOVITCH, « Le financement public de la protection sociale : un financement minoritaire qui progresse », *Solidarité santé - Etudes statistiques*, n°4,

En France, la création du Fonds national de solidarité en 1994 s'inscrit dans cette logique en introduisant une plus nette partition entre solidarité sociale et assurance sociale. Ses missions sont en effet de prendre en charge les dépenses vieillesse à caractère non contributif, c'est-à-dire l'ensemble des allocations aux personnes âgées comprenant un minimum vieillesse[65]. Ces différentes allocations étaient auparavant à la charge des régimes d'assurance-vieillesse, à l'exception de l'allocation supplémentaire du fonds national de solidarité financée par l'Etat. Les recettes du fonds de solidarité vieillesse sont constituées par la contribution sociale généralisée et accessoirement, par les droits sur les boissons alcoolisées et non alcoolisées[66].

Concernant le deuxième pilier, on s'interroge sur la possibilité d'introduire en France des « fonds de pension » d'entreprise, comme il en existe en Allemagne, au Royaume-Uni, au Japon, aux Etats-Unis ..., en faisant prévaloir l'impact sur l'économie des ressources dégagées par ces dispositifs. Les fonds de pension sont en effet supposés susciter le développement de l'épargne ou de l'autofinancement des entreprises. Selon un premier modèle de fonds de pension, dominant au plan international, les ressources servent à alimenter les marchés des capitaux nationaux et internationaux. Ce mécanisme contribue très largement à la vitalité des marchés financiers. Les fonds de pension britanniques détiennent ainsi le tiers de la Bourse de Londres et les fonds américains, environ le quart de celle de New-York. Le deuxième modèle, pratiqué notamment en Allemagne, est celui des provisions au bilan. Il permet, à travers l'autofinancement des entreprises, une allocation directe des

---

oct.-déc. 1995, pages 73 à 81. Le financement public est ainsi passé de 20 % des ressources de la protection sociale en 1981 à 24 % en 1994.

65 . AVTS, secours viager, allocation aux mères de familles de cinq enfants, allocation spéciale, allocation supplémentaire du fonds national de solidarité. Le Fonds de Solidarité vieillesse prend également en charge les majorations de pensions accordées en fonction du nombre d'enfants, des majorations pour conjoint à charge, la validation gratuite de périodes au titre de l'assurance-vieillesse (périodes de service national, périodes pendant lesquelles les assurés ont bénéficié d'allocation de chômage).

66 . J.-F. CHADELAT, « Le fonds de solidarité vieillesse », *Gérontologie et société*, n°71, décembre 1994, pages 252 à 262.

ressources dégagées. Certains considèrent qu'il a joué un rôle non négligeable dans le « miracle allemand » de l'après-guerre[67].

Mais, les fonds de pension ne peuvent constituer une solution miracle en matière de retraite. Ces régimes semblent en effet propres au « rapport salarial fordiste » ; celui-ci étant mis à mal, on peut s'interroger sur l'efficacité de l'introduction de tels régimes à l'heure actuelle.

En analysant le type même d'entreprise et de salariés auxquels ces régimes s'adressent, les dispositifs de « fonds de pension » » semblent être des solutions qui pouvaient fonctionner dans les « Trente glorieuses », où le plein emploi était la règle, où le contrat de travail à temps plein et à durée déterminée était largement dominant.

Les régimes de retraites d'entreprise se sont constitués le plus souvent pour fidéliser la main-d'œuvre. Ainsi, ils existent surtout dans les grandes entreprises, et davantage pour certaines catégories de salariés.

E. Reynaud, dans son étude des fonds de pension au Royaume-Uni et en Allemagne, constate que l'un des critères majeurs de différenciation pour l'implantation de ces dispositifs est la taille de l'entreprise. La proportion d'affiliés parmi les salariés à temps complet du secteur privé au Royaume-Uni passe ainsi de 21 % dans les établissements de 1 à 2 salariés, à 83 % dans ceux de 1000 et plus. En Allemagne, la taille de l'entreprise joue également un rôle prépondérant : de 12,4 % dans les entreprises de moins de 10 salariés, la proportion d'affiliés passe à 83,3 % dans celles de plus de 10000 salariés.

Un autre trait commun des régimes d'entreprise allemand et britannique tient au caractère spécifique de la population qu'ils couvrent. Tout d'abord, ils ne concernent pas l'ensemble de la population salariée. Au Royaume-Uni, en 1991, 10,7 millions de salariés sont affiliés à un régime d'employeur, soit 48 % de la population salariée occupée, secteurs privé et public confondus. En Allemagne, les chiffres sont moins précis, mais le nombre de salariés affiliés à un régime d'entreprise était estimé à 9,2 millions en 1987, et,

---

67 . E. REYNAUD, « Qu'entend-on par fonds de retraite ? », *Problèmes économiques*, n°2438, 20 septembre 1995, pages 19 à 22.

en 1992, les résultats d'une enquête réalisée par l'Office fédéral des statistiques indiquaient une proportion d'affiliés dans le privé de 46,7 %. Ensuite, des partitions sont pratiquées à l'intérieur du salariat du point de vue de la couverture assurée, et ce dans les deux pays. Les hommes, les salariés des grandes entreprises, les travailleurs à temps plein, les cadres et les travailleurs les plus qualifiés, les salariés de l'industrie et des services financiers sont plus particulièrement concernés. Au Royaume-Uni, 56 % des affiliés appartiennent à des régimes qui couvrent toutes les catégories professionnelles, cette pratique concernant essentiellement les plus grandes entreprises. Dans les autres, l'usage est fréquent de n'affilier que les cadres et les employés, ou même seulement certains d'entre eux, et de ne pas étendre la couverture aux ouvriers ; de nombreux employeurs instaurent ainsi des régimes différenciés selon les catégories.

En France, s'il n'existe pas de « fonds de pension » à proprement parler, les compléments de salaires sont également des pratiques discriminatoires et tendent à fidéliser la main-d'œuvre. Les travaux de T. Coutrot et P . Madinier[68], réalisés à partir de l'enquête *Coût de la main-d'œuvre* menée par l'Insée en 1984, confirment l'analyse selon laquelle les « avantages sociaux » sont accordés dans un but de gestion de la main-d'œuvre, et donc essentiellement dans les grandes entreprises, et plus particulièrement pour certaines catégories de salariés. Les « avantages maison » (avantages en nature, mutuelles, régimes de retraite complémentaires, primes, intéressements, ...) se rencontrent surtout lorsque la lourdeur et la complexité des équipements, la longueur et le coût du processus de formation et d'adaptation de la main-d'œuvre poussent les entreprises à fidéliser leur personnel[69]. Schématiquement, les auteurs opposent deux modes

---

68 . T. COUTROT, P. MADINIER, « Les compléments du salaire. Un apport non négligeable surtout dans l'industrie lourde », *Economie et statistique*, n°203, octobre 1987, pages 23 à 36.

69 . Pour fidéliser le personnel et resserrer les liens entre les salariés et l'entreprise, le développement des compléments du salaire est plus efficace que les seules augmentations des salaires. L'analyse économétrique confirme que le poids des compléments du salaire est plus efficace pour stabiliser la main-d'œuvre que le niveau de la rémunération. En effet, plus l'ancienneté moyenne des salariés est élevée, plus la part des compléments (hors primes mensuelles) dans la rémunération totale est importante : le coefficient de corrélation, calculé sur 25 secteurs, entre ces deux caractéristiques est très élevé (0,68), plus élevé que celui qui existe entre l'ancienneté

de gestion de la main-d'œuvre. Dans le premier groupe, les politiques salariales se limitent souvent au strict minimum, les salaires sont proches des minimums légaux ou conventionnels et fort peu de compléments facultatifs sont distribués. Dans ces « secteurs inorganisés », la main-d'œuvre est peu ancienne et les techniques de production peu capitalistiques. Le second groupe pratique une politique salariale « intégratrice ». Ces secteurs « à statut » emploient surtout une main-d'œuvre très stable et se situent parmi les « industries lourdes », à forte intensité capitalistique. « Aussi, la taille importante des unités de production, la complexité des processus de production, la nécessité d'un mode de gestion qui stabilise la main-d'œuvre, expliquent chez les employeurs des industries lourdes une attitude favorable à l'élaboration de politiques salariales complexes. Du côté des salariés, la force des organisations syndicales dans les grands établissements a contribué à la croissance des compléments du salaire.[70] »

Les fonds de pension, tout comme les autres compléments du salaire, se sont plus particulièrement développés durant les Trente glorieuses. E. Reynaud constate que le développement des dispositifs de fonds de pension a suivi un cours similaire au Royaume-Uni et en Allemagne : « Leur extension s'est essentiellement produite pendant les années 1950 et 1960 ; depuis, l'effectif de la population qu'ils couvrent plafonne et a même tendance à décroître. Tout semble s'être passé comme si ces régimes avaient progressivement atteint les limites de la population qu'ils étaient susceptibles de couvrir et que depuis ils stagnaient, voire régressaient.[71] » Au Royaume-Uni, cette baisse est attribuée à la transformation de la structure de l'emploi, et auraient joué, en particulier, l'accroissement du nombre de petites entreprises, la réduction de l'emploi dans les plus grandes entreprises et le développement des services. En Allemagne, il semble également que les effectifs tendent à baisser depuis la fin des années 80. En France, T. Coutrot et P. Madinier constatent que « la plupart des compléments

---

des salariés dans l'entreprise et le niveau de la rémunération. Cf. T. COUTROT, P. MADINIER, *op. cit.*, page 31.

70 . T. COUTROT, P. MADINIER, *op. cit.*, pages 28 et 29.

71 . E. REYNAUD, « Les fonds de pension : exemples allemand et britannique », *op. cit.*, page 9.

du salaire résultent d'une sédimentation d'avantages acquis au cours des trois décennies d'expansion et de relative pénurie de main-d'œuvre qui ont suivi la guerre »[72].

Alors que la menace du chômage incite les salariés à rester en place et que, symétriquement, les chefs d'entreprise sont moins préoccupés qu'auparavant de s'attacher leur personnel, la fonction stabilisatrice de la main-d'œuvre prêtée aux compléments du salaire et autres « avantages maison » pourrait sembler quelque peu dépassée.

Pour la France, les exemples allemand et britannique suggèrent que, dans l'éventualité de leur développement, de tels dispositifs (fonds de pension d'entreprise) ne concerneraient qu'une population limitée, répondant à certaines grandes caractéristiques. Ils couvriraient ainsi plus particulièrement les catégories suivantes : les salariés des grandes entreprises, les cadres et les dirigeants, les hommes, les travailleurs à temps plein. Les autres catégories, si l'on se réfère aux exemples allemand et britannique, seraient très largement laissées à l'écart de cette nouvelle couverture complémentaire.

La capitalisation est-elle une solution au problème de financement des retraites ? Qu'elle soit réalisée par des systèmes de fonds de pension ou par des systèmes personnels et privés, la capitalisation se heurte à de nombreux obstacles.

Un développement de ces régimes n'est pas forcément « plus rentable » du point de vue macroéconomique. En effet, il reviendrait à diminuer les charges qui pèsent sur les régimes publics, mais pas nécessairement celles qui pèsent sur l'ensemble de la collectivité ; elles seraient même vraisemblablement plus élevées.

A ce propos, on peut remarquer que la mise en place et le développement des systèmes de fonds de pension n'est souvent possible qu'avec une intervention de l'Etat, par le biais de la réglementation et de la fiscalité. En matière de réglementation, une des dimensions principales de l'action de l'Etat consiste à imposer à l'employeur le maintien de ses engagements vis-à-vis des salariés au-delà de la présence de ceux-ci dans l'entreprise. Trois points sont plus particulièrement visés, la préservation des droits des salariés quittant

72 . T. COUTROT, P. MADINIER, *op. cit.*, page 33.

l'entreprise avant la cessation d'activité[73], l'indexation des pensions versées, et la mise en place de dispositifs de garantie contre l'insolvabilité des régimes.

Les incitations fiscales sont un autre élément majeur du fonctionnement et du développement de ces régimes d'entreprises. Leur extension et les caractéristiques qu'ils adoptent dépendent dans une large mesure des dispositions qui leur sont appliquées. Cette possibilité de peser sur les modalités de développement des dispositifs, en accordant un régime fiscal favorable à ceux qui respectent certains critères définis, peut cependant se solder pour l'Etat par une dépense fiscale importante. Celle-ci est par exemple évaluée aux Etats-Unis à plus de 50 milliards de dollars pour l'année fiscale 1992[74].

En définitive, il semble bien que les fonds de pension d'entreprise ne puissent se développer et être viables sans susciter une intervention de l'Etat, et se soldent souvent par un coût important pour l'Etat[75]. Comme l'indique E. Reynaud, « d'une manière générale, on constate que ces dispositifs d'entreprise, là où ils se sont développés, entraînent une forte implication de l'Etat dans leur fonctionnement ... »[76].

Ensuite, les retraites par capitalisation sont généralement moins sûres que les régimes de retraites publics par répartition, notamment au niveau de la garantie des prestations, et elles ne seraient pas forcément bien acceptées par la population. E. Reynaud constate qu'en

---

73 . Au milieu des années soixante-dix, l'Etat est intervenu aux Etats-Unis, en Allemagne et au Royaume-Uni, pour la préservation des droits des salariés quittant l'entreprise avant leur cessation d'activité. Précédemment, et en raison même des objectifs poursuivis par les employeurs à travers l'instauration des dispositifs, l'engagement de l'employeur ne concernait le plus souvent que les salariés présents dans l'entreprise lors de la cessation d'activité. Les autres, quelle que soit la forme de la rupture du contrat de travail, licenciement ou démission, perdaient leurs droits.

74 . Ajoutons que de ce fait, l'incidence sur l'épargne nationale de ces dispositifs est plus complexe qu'elle ne le paraît a priori : à l'accroissement de l'épargne privée peut correspondre une forte désépargne publique. Cf. E. REYNAUD, « Qu'entend-on par fonds de retraite ? », *op. cit.*, page 22.

75 . Les incitations fiscales sont bien un élément majeur dans le développement des dispositifs « volontaires ». L'exemple italien en fournit un illustration récente : la loi sur les fonds de retraite d'avril 1993 n'a eu quasiment aucune incidence en raison de la faiblesse des incitations fiscales proposées.

76 . E. REYNAUD, « Les fonds de pension : exemples allemand et britannique », *op. cit.*, page 7.

Allemagne et au Royaume-Uni, la qualité de la revalorisation des pensions est d'une manière générale très largement laissée à la discrétion de l'employeur et dépend de la marche de l'entreprise ou du rendement des capitaux sur les marchés financiers[77]. Il est donc loin d'être évident que la privatisation des politiques sociales rencontrerait l'adhésion des personnes concernées : « La solution qui consisterait à privatiser certains services publics, et en particulier réduire la protection sociale obligatoire au profit de la responsabilité individuelle et des systèmes d'assurances concurrentielles, serait loin d'être une solution idéale : non seulement elle ne réduirait pas le coût des services, mais aurait surtout pour effet de transformer des prélèvements obligatoires en dépenses privées avec comme corollaire une accentuation des inégalités et des risques d'exclusion sociale, mais encore elle se heurterait à de très vifs mécontentements. En effet, il est loin d'être certain, ainsi que cela semble pourtant généralement postulé par les affirmations en faveur de la diminution de la pression fiscale, qu'une telle évolution aurait les faveurs de la majorité de la population, si elle était obtenue au prix d'une dégradation de certains services publics ou d'une réduction des prestations sociales.[78] »

---

77 . En fait, il existe deux méthodes de « préfinancement » des retraites par fonds de pension. Dans le régime à prestations définies, un engagement est pris sur les prestations à partir d'une formule fixée à l'avance ; ces régimes sont très largement majoritaires dans l'Union européenne, malgré le développement depuis une quinzaine d'années des régimes à cotisations définies. D'une manière générale, les dispositifs à prestations définies nécessitent une intervention plus importante du législateur. Dans le cas des dispositifs à cotisations définies, aucun engagement n'est pris en ce qui concerne les prestations. Un mécanisme de versement de cotisations est mis en place ; celles-ci sont placées sur les marchés des capitaux et les prestations versées sont fonction du rendement de ces placements. Il s'agit donc de dispositifs de capitalisation pure. E. REYNAUD, « Qu'entend-on par fonds de retraite ? », *op. cit.*

78 . A. EUZEBY, « Les prélèvements obligatoires sont-ils excessifs ? », *Problèmes économiques*, n°2386, 17 août 1994, pages 1 à 8 (page 4). L'auteur cite une enquête « Eurobaromètre » sur la protection sociale, effectuée en 1992 pour le compte de la Commission des Communautés Européennes. Il a été demandé aux personnes interrogées dans les divers pays membres si elles étaient « tout à fait d'accord, plutôt d'accord, plutôt pas d'accord ou pas du tout d'accord » avec l'idée suivante : *Les pouvoirs publics doivent continuer à garantir à chaque individu un large éventail de prestations sociales, même si cela doit se traduire par des augmentations d'impôts ou de cotisations.* Dans tous les cas, la majorité des réponses a été en faveur de cette affirmation. En France, elle a été accompagnée de moins de 10 % de réponses « pas du tout d'accord ».

Enfin, les régimes professionnels ou d'entreprise, ou l'épargne privée se heurtent au problème de la transition : une même génération devra financer à la fois les retraites des retraités actuels et ses retraites propres. Mais, selon D. Kessler[79], la transformation de l'environnement financier (taux d'intérêts réels devenus positifs, mouvement de désinflation, accroissement des revenus financiers par rapport aux salaires, ...) et le fait que les retraités actuels aient pu se constituer un patrimoine important (les ménages âgés possèdent une part du patrimoine national très nettement supérieure à leur poids relatif dans la population) font perdre de la légitimité au mécanisme de transferts des ressources imposés par le système de retraite aux ménages actifs jeunes.

Quoi qu'il en soit, il est difficile de penser que la capitalisation ou le développement des fonds de pension, puissent être des solutions au problème actuel de financement des retraites. Que certains auteurs invoquent le sous-emploi, ou l'incertitude sur la capacité de la plupart des salariés à pouvoir payer 40 années de cotisations[80], comme des motifs sérieux et valables d'introduction de fonds de pension peut laisser perplexe dans la mesure où ces fonds de pension ont en priorité été créés pour fidéliser les salariés et ce, surtout dans les années d'expansion d'après-guerre. Et les régimes professionnels ou d'entreprise, tout comme l'épargne personnelle, laissent dans l'ombre le problème des exclus du travail, ou des salariés en situation précaire.

* *
*

Au terme de ce rapide aperçu des solutions traditionnellement proposées pour remédier à la crise des retraites, l'impression qui se dégage est celle d'un blocage. Blocage entre des économies largement

---

79 . D. KESSLER, « Les retraites en péril ? », *Revue Française des Affaires sociales*, numéro supplémentaire « Population, équilibres économiques et systèmes sociaux », juin 1984, pages 69 à 83.

80 . Cf. les raisons invoquées par F. Vielcanet pour introduire les fonds de pension en France. F. VIELCANNET, « L'introduction inéluctable des fonds de pension », *Problèmes économiques*, n°2438, 20 septembre 1995, pages 22 à 24.

ouvertes sur l'extérieur, du fait même du type de développement en vigueur - et des régulations restées largement nationales. Blocage entre un type de croissance qui a favorisé, pour son développement même, l'extension des protections sociales, la demande de protection sociale, les aspirations à la sécurité, et qui s'avère à présent incapable de satisfaire la demande ainsi créée. Contradiction entre la structure par grand risque de la protection sociale alors que la prise en charge de la vieillesse entretient des liens étroits avec les autres dimensions des politiques sociales (chômage, santé, etc.).

Il faut repenser cette crise en la replaçant dans la dynamique économique pour qu'elle prenne tout son sens. Le système de protection sociale est le fruit de l'industrialisation, des sociétés industrielles. Il s'est également développé sur la base du salariat, en faisant de la prestation de travail elle-même la source de financement des ruptures pendant lesquelles le travail ne permet plus de subvenir aux besoins. L'emploi salarié stable et les protections qui s'y rattachent est devenu la norme de référence, même pour les travailleurs indépendants. Or, à l'heure actuelle, le modèle de travail qui a largement contribué à façonner le droit à la sécurité sociale est largement battu en brèche. Tout d'abord, le plein emploi semble désormais un objectif illusoire. Ensuite, l'emploi salarié se précarise, les contrats à durée indéterminée deviennent minoritaires dans les nouveaux flux d'embauches. Enfin, les concepts de travail et d'inactivité eux-mêmes se transforment.

Au regard de ces évolutions, le défi est en effet de retrouver un montage spécifique du travail et de la protection sociale, du travail et des revenus.

A l'heure actuelle, de nombreux auteurs s'interrogent sur le retour à une conception « universelle » de la protection sociale ; peut-on encore baser la sécurité sociale sur le travail ou doit-on s'orienter vers une protection du citoyen ?

CONCLUSION

TRAVAIL ET REVENUS : VERS DE NOUVEAUX MODELES ?

« L'idée de <u>*crise*</u>*, longtemps cultivée par la pensée dominante, était en définitive plutôt rassurante ; elle évoque en effet une déviation momentanée par rapport à une norme à laquelle il est bien entendu, au moins implicitement, que le système retournera ... retrouvant, du même coup, sa « normalité ». La* <u>*mutation*</u>*, en revanche, suggère un ensemble de transformations beaucoup plus profondes, radicales et durables : c'est ici la norme même qui se transforme ; une normalité ancienne s'efface et une autre se crée ; les institutions, les mécanismes, les valeurs et les concepts eux-mêmes changent de sens ; les termes « emploi » et « sous-emploi » ne recouvrent plus les mêmes réalités ; entre eux se développent des réalités intermédiaires comme « activité », « œuvre », « productions intrafamiliales » ; un nouvel équilibre se crée entre l'homme et la machine ; c'est toute une logique qui se trouve mise en cause ».*
R. PASSET, Production, emploi, revenu : le divorce, Futuribles, *n°131, avril 1989, page 35.*

C'est à nouveau l'étude des transformations de la société salariale ou de ses « métamorphoses »[1] qui permet de comprendre les difficultés rencontrées par le système de retraite, et, au-delà, par l'ensemble du système de protection sociale.

« L'ébranlement » de la société salariale entraîne la remise en cause de la protection sociale basée sur le travail, notamment dans les

---

1 . M. AGLIETTA, A. BRENDER, *Les métamorphoses de la société salariale*, Calmann-Lévy, 1984.

régimes professionnels où le droit à la sécurité sociale s'est cristallisé autour de la protection des travailleurs[2].

Il s'agit donc de retrouver un montage cohérent entre système socio-économique et protection sociale. Déjà, à l'heure actuelle, se mettent peut-être en place les éléments et les liaisons d'un nouveau système, même si la période se caractérise par la présence simultanée de formes diverses et concurrentes. Des évolutions se dessinent ; encore diffuses, imprécises, minoritaires, elles peuvent néanmoins servir de support à des réflexions prospectives.

LA SOCIETE DE « PLEINE ACTIVITE »

Face à « l'ébranlement » de la société salariale, l'effritement de la société salariale, perceptible au travers des taux de chômage élevés, de la précarisation des emplois salariés, mais aussi de la perte de centralité du travail comme moyen d'insertion sociale, la viabilité d'un système de protection sociale dont le financement est largement couplé ou assuré par le système du salariat suscite bien des interrogations.

D'ores et déjà, nombreux sont ceux qui s'interrogent sur la « fin » du modèle du plein emploi salarial.

Dans les années 1950 et 1960, le contrat de travail à durée indéterminée est devenu la norme d'emploi, la forme « typique », servant de référence à l'ensemble des salariés, et au-delà, à l'ensemble des actifs. Cette situation « typique » comprenait trois éléments essentiels, la durabilité de la relation d'emploi, l'unicité de l'employeur, et le temps plein, avec salaire en fonction du poste occupé dans l'activité normale et permanente de l'entreprise.

L'analyse de B. Fourcade sur l'évolution des situations particulières d'emploi de 1945 à 1990 confirme la mise en place de la norme du plein emploi salarial dans les années 50 et 60 et son « effritement »

---

2. Ce qui est le cas dans la plupart des pays. En effet, même dans les pays où la conception « Beveridge » de la protection sociale a primé au départ, des régimes complémentaires professionnels se sont largement développés, et les prestations de type universel ne correspondent plus qu'à une conception très minimale.

depuis les années soixante-dix : à partir des années 50, la montée du salariat en France s'accompagne d'une forte croissance économique et du plein emploi, la norme de référence devient l'emploi salarié stable avec un statut, et dans le même temps, les situations particulières d'emploi régressent. Avec les années 70, la croissance économique se ralentit et corrélativement réapparaissent - sous des formes nouvelles - des situations d'emploi particulières qui prennent rapidement de l'ampleur[3]. Le contrat de travail à durée indéterminée est en train de perdre son hégémonie. Cette forme la plus stable de l'emploi a atteint son apogée en 1975 - elle concernait alors 80 % de la population active - et est aujourd'hui tombée à moins de 65 %. Les « formes particulières d'emploi » recouvrent une foule de situations hétérogènes, contrats de travail à durée déterminée, intérim, travail à temps partiel et différentes formes d'emplois aidés par les pouvoirs publics. Sous la rubrique « situations particulières d'emploi nouvelles », on recensait ainsi 4,7 millions de personnes en 1993[4]. Ce phénomène semble n'avoir rien de conjoncturel : si en chiffre absolu, les contrats à durée indéterminée sont encore largement majoritaires, les proportions s'inversent lorsque l'on retient les flux d'embauche. Plus du tiers des embauches annuelles se font désormais selon ces formes « atypiques », les contrats à durée déterminée ont représenté 72 % des embauches dans les entreprises de plus de 50 salariés en 1994. Dans le même temps, le stock des contrats à durée indéterminée se réduit : on compte plus d'un million de suppressions d'emploi de ce type entre 1982 et 1988[5].

Se basant sur ces constatations, de nombreux auteurs pensent que le plein emploi, tel qu'il se caractérisait dans les « Trente Glorieuses » a vécu. Selon G. Schmid, « si nous entendons par « plein emploi », un travail en continu et à temps plein pour chacun - à raison de 8 heures par jour, 5 jours par semaine, 48 semaines par an et durant 45 ans de

3 . B. FOURCADE, « L'évolution des situations d'emploi particulières de 1945 à 1990 », *Travail et emploi*, n°52, 1992, pages 4 à 19.

4 . D. MEDA, « Travail, emploi, activité : de quoi parle-t-on ? », *Données sociales*, Paris, Insée, 1996, pages 104 à 109.

5 . M. CEZARD, J.-L. HELLER, « Les formes traditionnelles de l'emploi salarié se dégradent », *Economie et Statistique*, n°215, novembre 1988, pages 15 à 23.

notre vie, alors le plein emploi est un objectif non seulement utopique mais démodé »[6].

En outre, la liaison entre croissance et emploi est largement remise en question. La rupture du lien entre production et consommation dans l'industrie semble d'ores et déjà consommée ; dans le tertiaire, les créations d'emplois s'affaiblissent en liaison avec l'informatisation, génératrice de gains de productivité. Selon R. Passet, la rupture est désormais nette entre l'augmentation du produit national et la quantité de travail nécessaire pour l'obtenir[7].

Mais l'ébranlement de la société salariale correspond également à une augmentation du temps libre, du temps hors-travail. La « pleine activité », par opposition au « plein emploi », tente d'intégrer tous les types d'activité : les activités marchandes exercées au sein des entreprises, mais aussi les activités dites socialement utiles, les activités non marchandes, ... Or, ces dernières activités se développent spécialement chez les préretraités et jeunes retraités, et sont peut-être porteuses de logiques nouvelles.

Le modèle d'emploi façonné dans les Trente glorieuses a largement contribué à la segmentation des différents usages du temps, entre temps libre, travail domestique et travail salarié. Dans ce modèle, si le travail domestique a une grande importance, il est non rémunéré et principalement réalisé par les femmes. Quant au temps libre, il n'est que l'envers du temps de travail : temps de repos, temps de loisir, temps de récupération. J.-Y. Boulin montre que la vie sociale, depuis les modes de vie jusqu'à l'organisation de la société tout entière, a été structurée à partir d'un modèle unique d'emploi : « C'est en effet autour du temps de travail que toute la vie sociale s'est organisée, à partir de lui que se sont cristallisés et sédimentés les comportements ainsi que les représentations sociales et culturelles du temps. Le temps

---

6 . G. SCHMID, « Le plein emploi est-il encore possible ? Les marchés « transitoires » en tant que nouvelle stratégie dans les politiques d'emploi », *Travail et emploi*, n°65, 1995, pages 5 à 17.

7 . R. PASSET, « Production, emploi, revenu : le divorce », *Futuribles*, n°131, avril 1989, pages 35 à 54.

de travail a produit une taylorisation du travail mais également du non-travail, à laquelle même le loisir n'a pas pu échapper.[8] »

Mais, et corrélativement à « l'effritement » de la société salariale et à la diminution du temps de travail, des changements porteurs de logiques nouvelles se sont opérés dans l'usage du temps hors travail. J. Gershuny montre à ce propos combien l'analyse de la répartition du temps et de son usage peut être révélatrice de transformations sociales qui, très largement, échappent à l'analyse économique[9].

La réduction du temps de travail est une évolution plus que séculaire, même si cette baisse n'a pas été régulière. Sur longue période, la durée moyenne du travail a diminué considérablement depuis la première moitié du XIXe siècle jusqu'à nos jours : d'un niveau moyen de l'ordre de 3000 heures par an vers 1830, la durée moyenne du travail est aujourd'hui de 1600 heures environ[10]. Concernant l'évolution contemporaine, on constate que la période du milieu des années soixante au début des années 80 se caractérise par une forte baisse de la durée annuelle du travail, de l'ordre de 1 % en moyenne par an. Depuis 1985, on observe un arrêt du mouvement de baisse de la durée travaillée par les travailleurs à temps complet, mais la durée moyenne continue de se réduire légèrement du fait du développement du temps partiel[11]. Entre 1975 et 1985, le temps libre est devenu, dans le cycle de vie, plus long que le temps de travail[12].

Ensuite, les usages de ce temps libre se transforment, ce phénomène étant lié à son accroissement : « A mesure, en effet, que s'étendent les plages de temps disponible, le temps de non-travail peut cesser d'être l'opposé du temps de travail : il peut cesser d'être temps de repos, de détente, de récupération ; temps d'activités accessoires, complémentaires de la vie de travail ; paresse, qui n'est que l'envers

---

8 . J.-Y. BOULIN, « L'organisation sociale du temps », *Futuribles*, n°165-166, mai-juin 1992, pages 239 à 252.

9 . J. GERSHUNY, « La répartition du temps dans les sociétés post-industrielles », *Futuribles*, n°165-166, mai-juin 1992, pages 215 à 226.

10 . O. MARCHAND, C. THELOT, *Deux siècles de travail en France*, *op. cit.*, pages 123 et suivantes.

11 . G. CETTE, D. TADDEI, *Temps de travail modes d'emploi*, Ed. la Découverte, coll. Textes à l'appui, 1994, pages 31 et suivantes.

12 . J. DUMAZEDIER, Le temps libre, cet inconnu, *Futuribles*, n°165-166, mai-juin 1992, pages 227 à 237.

de l'astreinte au travail forcé, hétérodéterminé ; divertissement qui est l'envers du travail anesthésiant et épuisant par sa monotonie.[13] » Le temps libre se développant, il peut alors être occupé différemment ; comme le constate B. Perret, « Le temps libre est aussi celui de l'autoproduction et de l'échange non monétaire. Le « hors-travail » comprend des activités qui échappent à toute comptabilisation et qui sont pourtant partiellement substituables à la consommation de biens et services marchands. Cela va du travail pour soi (bricolage, réparation, ...) aux services sociaux (gardes des enfants et des personnes âgées) en passant par l'encadrement d'activités culturelles et sportives. Il n'y a plus de séparation nette, du moins quant à leur nature, entre certaines prestations de services rémunérées et les activités auxquelles se livrent les individus pendant le temps « libéré » du travail.[14] »

Or, s'il est un phénomène qui s'inscrit bien dans ce processus de diminution du temps de travail, c'est bien la retraite. Selon J. Dumazedier, « c'est en grande partie grâce à la croissance de ce temps libéré par une retraite avancée et par un âge où l'espérance de vie s'allonge, que le temps libre est devenu à partir de 18 ans le temps social plus long que celui du travail »[15].

Et l'exercice d'activités productives non marchandes s'observe particulièrement chez les retraités qui disposent de temps. Ce phénomène est sans doute porteur de logiques nouvelles pour l'évolution de la prise en charge de la vieillesse, mais aussi pour celle de la société dans son ensemble.

Les activités productives non marchandes sont désignées, selon les auteurs, par les termes de « production non marchande », « activités d'utilité sociale », « travail pour soi », « travail personnellement contraint », « activités autonomes[16] » ou « travail autonome », « d'économie informelle », « production non officielle non

---

13 . A. GORZ, *Métamorphoses du travail. Quête du sens*, Ed. Galilée, coll. « Débats », éd. 1988, pages 118 et 119.

14 . B. PERRET, *L'avenir du travail. Les démocraties face au chômage*, Ed. du Seuil, 1995, pages 164 et 165.

15 . J. DUMAZEDIER, *Révolution culturelle du temps libre, 1968-1988*, Librairie des Méridiens Klinchksieck, Paris, coll. « Sociétés », 1988, page 143.

16 . Cf. A. GORZ, *Métamorphoses du travail. op.cit.*

marchande[17] », ces différents termes recouvrant bien sûr des nuances, désignant des types d'activités différents.

La réflexion économique commence à s'intéresser à ces activités comme à une dimension essentielle de la production. En particulier, le temps des retraités tendrait à être occupé de plus en plus largement par des « activités productives non marchandes », de plus en plus élaborées, et touchant à presque tous les domaines de la vie économique, sociale et culturelle. Nombre de jeunes retraités abordent ainsi une « deuxième carrière »[18].

Ces activités s'exercent d'abord dans le cadre familial ou dans des réseaux de proximité, et prennent des formes très diversifiées d'apport en biens et services.

Les aides apportées par les personnes âgées à leurs enfants sont nombreuses et très variées. Au niveau des services, le plus commun est sans doute la garde des petits-enfants[19] - 47 % des petits-enfants sont reçus chez leurs grands-parents pendant les vacances scolaires - mais les formes des aides sont très diverses, ce sont toutes les aides « au fil des jours ». Les solidarités s'exercent également dans le sens ascendant : 100000 ménages, dont la personne de référence a plus de 60 ans, cohabitent avec un ascendant. Parmi les personnes âgées de plus de 75 ans, vivant à domicile, plus de 60 % bénéficient d'une aide

---

17 . La « production non officielle non marchande » recouvre, selon la définition d'E. Archambault et de X. Greffe, trois types d'activités. En premier lieu, la production domestique, qui en constitue la majeure part. Pour distinguer le travail domestique des activités de loisir ou de soins personnels, le critère généralement admis est celui de la tierce personne : le travail domestique est celui qui pourrait être accompli par une personne rémunérée. Ensuite, elle comprend la « production communautaire », qui regroupe d'une part les services rendus au sein de la famille élargie (c'est-à-dire mettant en relation deux ménages et non les membres d'une seul ménage comme dans la production domestique), et d'autre part, les services de voisinage et ceux qui sont rendus dans d'autres réseaux qui constituent des « associations de fait » (paroisses, amicales, etc.). Enfin, la production non officielle non marchande recouvre également la production associative. E. ARCHAMBAULT, X. GREFFE, (ouv. coll. ss la dir. de), *Les économies non officielles*, Eds La Découverte, 1984, page 13.

18 . X. GAULLIER, *La Deuxième carrière*, *op. cit.*

19 . D'après C. GOKALP et M.-G. DAVID, plus d'un quart des enfants non scolarisés dont la mère exerce une activité sont gardés par leur grand-mère, et la moitié des ménages envoient leurs enfants chez leurs grands-parents pour les vacances. C. GOKALP et M.-G. DAVID, « La garde des enfants », *Population et société*, n°161, septembre 1982.

apportée par leur entourage dans les actes courants de la vie quotidienne (ménage, démarches administratives, soins aux personnes), alors que seuls 30 % bénéficient d'une aide professionnelle. Les personnes âgées valides sont 44 % à disposer d'au moins une aide, tandis que les personnes dépendantes sont toujours aidées ; dans ce dernier cas, 95 % des personnes dépendantes bénéficient d'au moins une aide de leur entourage, alors que la présence d'une aide professionnelle qui s'y cumule concerne moins de la moitié des personnes âgées dépendantes[20]. Travaux d'entretien, de réparation, bricolage, courses, sont fréquemment assurés gratuitement par les retraités au profit de leurs ascendants ou de personnes âgées de leur entourage.

Dans la gestion du grand âge, les solidarités familiales sont donc prépondérantes, et le plus souvent elles sont le fait de la « génération pivot » - les 50 - 65 ans ou plus - sollicitée à la fois par ses enfants, ses petits-enfants et ses ascendants.

Les activités des personnes âgées prennent également la forme de productions domestiques de plus en plus élaborées : bricolage, jardinage, production de vêtements ou d'objets, ... Elles ont tendance à se « professionnaliser », à passer, selon la formule de X. Gaullier, de l'artisanat à la haute performance. Par exemple, le bricoleur est de mieux en mieux équipé, les ventes d'outils très élaborés et de matériel professionnel l'attestent. « Bricoler » devient un terme impropre pour désigner ces activités, puisque les activités et le matériel qu'elles supposent relèvent pratiquement d'un « second métier »[21].

A partir des données de l'enquête réalisée en 1988 par l'INSEE/CNRS sur les modes de vie et la production domestique, D. Verger évalue la production domestique selon l'âge[22]. Il en ressort que les tranches

---

20 . H. THERY, *Les activités d'utilité sociale des retraités et des personnes âgées*, Rapport présenté au Conseil Économique et Social, 1993, page 74.

21 . R. SUE, *Vers une société du temps libre ?*, PUF, coll « Sociologie d'aujourd'hui », 1982, pages 103 et suivantes.

22 . D. VERGER, « Les inégalités de niveau de vie : essai de prise en compte de la production domestique », Communication au *XLIVe congrès annuel de l'Association française de Science Economique*, session « Analyse économique du vieillissement », 22 septembre 1995.

d'âge 60-74 ans consacrent davantage de temps que les autres classes d'âge à ces activités, qui représentent une valeur monétaire élevée.

Les retraités consacrent ainsi temps et capacité de travail à différents types de production domestique, d'entraide familiale ou de voisinage. Mais, phénomène peut-être plus nouveau, la production gratuite de services ou de biens peut également s'effectuer au profit de personnes étrangères à la famille ou à l'entourage immédiat.

M. Le Net et J. Werquin, dans leur étude consacrée au volontariat, constatent que depuis quelques années, les retraités et les préretraités constituent une catégorie nouvelle de volontaires[23]. P. Pitaud et R. Vercauteren rappellent qu'environ 30 % des retraités disent appartenir simultanément à cinq associations et plus[24].

Selon C. Donfut, ce phénomène avait déjà pris de l'importance aux Etats-Unis dans les années soixante-dix. Les clubs pour personnes âgées, à l'origine fondés avec comme vocation essentielle les loisirs, s'occupèrent, par la suite, de formation, d'activités sociales ou professionnelles à temps partiel ou bien bénévoles, d'aide sociale au sens large, etc.[25]

Le volontariat touche à tous les domaines, domaine médical, social, secteur éducatif et culturel, vie quotidienne et cadre de vie, action volontaire à l'étranger[26]. L'explosion du « bénévolat économique » est une des grandes nouveautés de ces dernières années : cadres et techniciens « jeunes retraités » continuent leurs activités professionnelles en France et à l'étranger à titre de « consultants bénévoles ». Le nombre de retraités qui adhèrent à des associations spécialisées dans le bénévolat économique est évalué à plus d'un million en 1990[27].

---

23. M. LE NET, J. WERQUIN, « Le volontariat, aspects sociaux, économiques et politiques en France et dans le monde », *Notes et études documentaires*, n°4780, 1985/5, page 15.

24. P. PITAUD, R. VERCAUTEREN, « L'âge intermédiaire ou la fin des retraités du troisième âge », *L'éveil*, n°37, 1988.

25. C. DONFUT, « Pour une retraite différée et différente », in *Troisième âge : vivre ou survivre ?*, ouv. coll. sous la dir. de J.-P. TISSEYRE, Arthaud, 1975, pages 95 à 110.

26. Pour une typologie du volontariat, cf. M. LE NET, J. WERQUIN, *op. cit.*, pages 20 à 30.

27. M.-M. GERVAIS, Le bénévolat, fiction ou enjeu sur le plan économique, *Gérontologie et société*, n°55, décembre 1990, pages 70 à 83 (page 75).

Ce travail volontaire non rémunéré est réalisé par plaisir encore plus que par nécessité. Les tâches sont variées, le rythme de production est moins monotone, les horaires sont flexibles, la production est « impliquée ». A.-M. Guillemard constate que, même lorsqu'est maintenue une certaine continuité avec l'ancienne profession, le travail bénévole, dans la mesure où il est devenu un temps libre et non rémunéré, change complètement de sens[28].

Les activités économiques des retraités deviennent de plus en plus importantes mais il est difficile d'en chiffrer l'impact économique. M. Fardeau remarque qu'à l'abondance et la précision des données sur les apports en travail rémunéré s'opposent la rareté et la fragilité des évaluations de la production hors marché[29]. Pourtant, il existe plusieurs méthodes d'évaluation économique du bénévolat, même s'il faut reconnaître qu'aucune n'est réellement satisfaisante[30]. En 1985, l'évaluation économique du volontariat était estimée à 50 milliards de francs, soit 200000 personnes en équivalent temps plein, et représentait 1 % du P.I.B.[31]

Le développement de ces activités volontaires tient tout d'abord au développement du temps libre. M. Le Net et J. Werquin constatent, en France comme dans l'ensemble des pays industrialisés, une plus grande disponibilité au volontariat, grâce au sensible accroissement du temps libre par rapport au temps travaillé[32]. L'avancement récent de l'âge de la retraite et les cessations anticipées d'activité ont raccourci la vie professionnelle, créant toute une catégorie de personnes bénéficiant d'un temps libre important, en pleine possession de leurs moyens et ayant le sentiment de pouvoir être encore pleinement utiles à la société.

Un sondage réalisé par la Sofres pour le magazine Notre Temps, effectué sur l'ensemble des retraités et sur les retraités récents (de

---

28. A.-M. GUILLEMARD, citée dans le rapport de H. THERY pour le Conseil économique et social, *op. cit.*, page 101.

29. M. FARDEAU, Circuit économique et vieillissement, *Gérontologie et société*, n°50, décembre 1990, pages 6 à 13.

30. Cf. E. ARCHAMBAULT, X. GREFFE, *Les économies non officielles*, *op. cit.*, pages 21 à 24, pour la mesure de l'économie non officielle non marchande.

31. M. LE NET, J. WERQUIN, Le volontariat, *Notes et études documentaires*, n°4780, 1985, n°5, pages 56 à 62.

32. M. LE NET, J. WERQUIN, *op. cit.*, page 14.

moins de trois ans) et concernant leurs aspirations, révèle que mise à part la préoccupation *rester en bonne santé*, les items *rester dans le coup*, *avoir des relations avec les plus jeunes*, *être utile à la société* recueillent le plus grand nombre de suffrages, notamment chez les nouveaux retraités. Pour H. Théry, se dégage peut-être de ces aspirations nouvelles un effacement des modèles de la « retraite-repos » et de la « retraite-loisirs » et l'émergence d'un modèle de retraite utile et solidaire sous-tendu par la recherche d'une nouvelle citoyenneté[33] , même si ce modèle est encore fragile et minoritaire.

L'autoproduction volontaire de plusieurs millions de retraités, ces activités productives non marchandes, revêtent aujourd'hui un regain d'intérêt face à la crise du travail rémunéré. En effet, elles remettent en cause l'organisation traditionnelle du temps, le sens traditionnel du travail, du temps libre. Ces activités répondent manifestement à des besoins, qui sont la plupart du temps mal exprimés ou insolvables, ou tout simplement non satisfaits dans le cadre de l'économie marchande ou de l'Etat-Providence.

Mais le problème de la rémunération de ces activités autonomes, à l'heure actuelle non marchandes, est un problème crucial. Pour X. Gaullier, « l'avenir des jeunes retraités se joue là : professionnalisation et rôles productifs n'ont-ils pas toute chance de prendre de l'ampleur à l'avenir ? Et si les « activités » se développent, que sera la deuxième carrière ? Le choix d'activités volontaires ou la nécessité de sous-emploi pour compenser des pensions en peau de chagrin ? »[34] . Nous serions tenté d'ajouter que l'avenir des retraités les plus âgés se joue également là : s'agira-t-il de « professionnaliser », et de « monétariser » l'ensemble des activités spécifiques au grand âge, la gestion de la dépendance, du maintien à domicile, *etc.* ? S'agira-t-il au contraire de favoriser le développement des solidarités familiales et de proximité, déjà très présentes ?

A.-M. Guillemard constate que les nouveaux modes de vie à la retraite, refusant la conception d'une retraite qui ne serait que l'envers du travail - le repos et le loisir - tentent justement de combiner, de manière équilibrée, une multiplicité d'activités : travail, loisirs,

33 . H. THERY, *op. cit.*, page 78.
34 . X. GAULLIER, *op. cit.*, page 305.

formation, vie familiale. Et elle ajoute qu'il y a sans doute, dans tous ces comportements nouveaux, matière à réflexion pour les actifs également[35].

DE NOUVELLES ARTICULATIONS PROTECTION SOCIALE/TRAVAIL

Moins que de « politique de la vieillesse » au sens strict, c'est de toute la liaison entre l'économique et le social dont il sera question dans la dernière partie de cet ouvrage[36]. Les thèmes de l'emploi, du partage des revenus, sont directement au coeur du montage entre l'économique et le social. Et, comme l'indique B. Perret, « la question se pose désormais de savoir à quelles conditions on peut passer de la cohérence fordiste à une autre cohérence, qui reste à définir, entre l'économique et le social »[37].

Dans le modèle « fordiste », d'ores et déjà une fraction importante du revenu se formait indépendamment de toute participation à l'effort productif, mais l'existence même du revenu indirect était largement liée au revenu direct.

Dans un modèle économique où vraisemblablement la quantité de travail nécessaire à la production de richesses n'ira qu'en diminuant, les revenus seront probablement encore davantage déconnectés du travail, voire de l'occupation d'un emploi salarié. Mais plusieurs

---

35 . A.-M. GUILLEMARD, citée par le rapport H. THERY, *op. cit.*, page 111.

36 . Comme le remarque cependant X. Gaullier, la situation des salariés âgés bouleverse l'assurance-vieillesse, mais plus encore l'ensemble du système de protection sociale pour son financement certes, mais également dans sa conception même : la confusion est de plus en plus grande. La politique de la vieillesse (les pensions) sert de politique de l'emploi (rejet des salariés âgés) ; la politique de chômage (rejet des salariés âgés) sert de politique de la vieillesse (chômage définitif qui est une mise à la retraite) ; la politique d'assurance-maladie (l'invalidité) sert de politique de chômage et de vieillesse (mise en invalidité pour libérer un emploi occupé par un salarié âgé). Actuellement, le risque vieillesse va de 50 à 100 ans, incluant les salariés âgés, les pensions des retraités, la santé du grand âge. X. GAULLIER, « Quel avenir pour les salariés âgés ? », *Futuribles*, n°136, octobre 1986, pages 45 à 62. D'autre part, la situation des jeunes retraités est au coeur des nouveaux « montages » possibles entre travail, activité, inactivité, revenus.

37 . B. PERRET, *L'avenir du travail. Les démocraties face au chômage*, Ed. du Seuil, 1995, page 93.

scénarios se profilent dans l'opération de cette déconnexion : s'agira-t-il de couper la société en deux, entre actifs « hyper-actifs » - et toujours moins nombreux - et inactifs recevant des revenus plus ou moins importants versés par les actifs ? S'agira-t-il de partager à la fois le travail et les revenus ? La protection sociale, la sécurité sociale est entièrement inscrite dans chacun de ces scénarios.

Le retour au plein emploi, au sens traditionnel du terme, est vraisemblablement un objectif utopique. Pourtant, certains auteurs proposent « d'occuper » chômeurs et inactifs aptes au travail à des activités pour l'instant non marchandes, à des activités autonomes ; une évolution de ce type permettrait de diminuer le nombre des chômeurs âgés. Mais, vraisemblablement ces emplois, les seuls susceptibles d'être créés en grand nombre, ne seraient pas rentables s'ils étaient normalement rémunérés, et ne procureraient pas un revenu suffisant à ceux qui les exercent. Aussi, ces activités devraient-elles être subventionnées, couplées à des allocations ou des pensions.

Selon de nombreux auteurs, les « activités autonomes », les activités d'utilité sociale, mais aussi largement les activités domestiques, pourraient être réintégrées dans la sphère de l'économie marchande. Comme ces activités correspondent à des besoins, elles pourraient être « économicisées », « marchandisées », ou encore « monétarisées ».

A . Sauvy, dans *La machine et le chômage*, postule ainsi que les besoins économiques sont illimités, et que seul un mauvais fonctionnement du système empêche la transformation de ces besoins en demande de travail, puis en emplois effectifs[38] . A. Sauvy rappelle que la suppression d'emplois sous l'effet du progrès technique n'est pas une nouveauté et que le déversement de la main-d'œuvre vers de nouvelles activités a toujours permis d'augmenter en définitive le volume global de l'emploi.

Selon cette hypothèse, le chômage est le signe d'un dérèglement des mécanismes économiques et sociaux de transformation des besoins en emplois. Il s'agirait d'une « crise du déversement »[39] . Selon lui, il

38 . A. SAUVY, *La machine et le chômage. Le progrès technique et l'emploi*, Dunod, 1980.
39 . B. PERRET, G. ROUSTANG, *op. cit.*, page 112.

existe toujours une solution de plein emploi, et pour l'atteindre, il suffirait d'établir un inventaire des besoins des ménages, de convertir cet inventaire par branche en équivalent travail, et de solvabiliser la demande. Notamment, le travail inemployé pourrait être déversé dans les services aux personnes, il pourrait remplacer des activités actuellement non marchandes par des services rémunérés. Il s'agirait de « professionnaliser » et de « monétariser » des activités que les individus assurent eux-mêmes. Par exemple, A. Sauvy voit dans la santé un secteur de nature à fournir un grand nombre d'emplois. Déjà, le vieillissement de la population étend les besoins de maintien à domicile, alors que le nombre de sans-emploi est important. Le seul obstacle à la création d'emplois dans ce domaine tiendrait à l'aversion commune à toutes les classes sociales à l'égard des services personnels ou ménagers.

Mais, outre le fait que ces activités sont peu valorisantes, surtout lorsqu'elles sont exercées en dehors du cadre familial ou du réseau de relation proche[40], elles se prêtent mal à l'activité marchande ; elles se sont d'ailleurs développées en dehors de la sphère marchande. Selon A. Gorz, « les activités susceptibles de se développer ne sont plus du travail productif au sens de l'économie politique, c'est-à-dire du

---

40 . Comme le remarque A. Gorz, la gratuité de ces activités, le fait qu'elles soient exercées par plaisir et au profit de soi-même ou de proches, est également ce qui leur donne du sens (Cf. A. GORZ, *op. cit.*, page 21). En outre, la marchandisation de toutes les activités autonomes conduirait à une « hyperspécialisation » de la société. Déjà, en 1978, G. Aznar, se plaçant dans une « société idéale » portait un regard ironique sur la société des années soixante-dix et son « hyper-spécialisation » : « Ainsi, à votre époque, on ne lavait pas sa voiture, on la portait au garage ; on ne préparait plus ses plats, on achetait des surgelés ; on ne cousait plus ses vêtements, on achetait du prêt-à-porter ; on ne réparait plus ses plombs, on appelait dépannage-service ; on n'organisait pas ses voyages, on appelait une agence ; on n'élevait plus ses enfants, on les faisait garder ; on ne nettoyait plus ses carreaux, on faisait venir une entreprise ;on ne cultivait plus ses salades (même à la campagne) on achetait au supermarché ; on ne faisait pas de piqûres à un gosse, on appelait une infirmière ; on ne se lavait plus les cheveux, on allait chez le coiffeur ; on ne faisait pas d'exercice, on allait se faire masser ; on ne faisait plus de confitures, on achetait des conserves ; on ne lisait plus, on achetait des digests ; on ne discutait plus avec une amie, on faisait un groupe de thérapie ... L'hyper-fonctionnalisation des tâches accompagnait le découpage minutieux des fonctions. Chacun était l'homme d'une activité qu'il exerce de 8 à 12 heures et de 14 à 18 heures, et en dehors d'elle on faisait venir l'employé de l'entreprise spécialisée dans la fonction voisine », G. AZNAR, *Non aux loisirs. Non à la retraite*, *op. cit.*, page 85.

travail rentable, du travail qui valorise un capital. Au contraire, le volume de travail rentable, que le capital peut employer avec profit, ne cesse de se contracter. Les activités susceptibles de se développer en réponse à des besoins réellement ressentis sont surtout des services de personne à personne, lesquels, dans la grande majorité des cas, ne se situent pas dans la sphère de l'économie capitaliste.[41] »

Pourtant, ce scénario de glissement de la main-d'œuvre dans les secteurs à faible productivité n'est pas à exclure. R. Passet constate que « contrairement à ce qui se passait lors des mutations technologiques antérieures, ce ne sont plus les secteurs de pointe qui créent de nouveaux emplois - ils en suppriment - ce sont au contraire les secteurs traditionnels, à faible productivité, dispensateurs de revenus médiocres, sous la forme précaire de contrats d'intérim, à durée déterminée ou à temps partiel »[42]. Ces activités ayant du mal à être « source de profit », l'idée est lancée de les subventionner, de les coupler avec des allocations, qui permettraient aux personnes les exerçant d'être très peu rémunérées.

Depuis une dizaine d'années, les débats sur « le revenu d'existence » ou « revenu social » prennent beaucoup d'ampleur. En effet, la protection sociale a été conçue par référence au travail à temps plein, à l'activité salariée. Elle n'accorde qu'une protection trop faible à tous ceux qui sont contraints d'accepter le travail « flexible ». En revanche, elle profite pleinement aux personnes ayant un emploi stable et à temps plein.

Dans ce contexte, l'idée d'un « revenu minimum », déconnecté du travail, est de plus en plus explorée. Ce principe, constate P. Van Parijs, a gagné du terrain dans les années quatre-vingt[43]. Selon les auteurs, ce revenu prend le nom d'« allocation universelle », d'« allocation inconditionnelle », de « revenu d'existence », de « revenu minimum garanti », de « revenu de citoyenneté », ou de « revenu minimum vital » ou « social ».

---

41 . A. GORZ, « Revenu minimum et citoyenneté. Droit au travail versus droit au revenu », *Futuribles*, n°184, février 1994, pages 49 à 60, page 55.

42 . R. PASSET, « Production, emploi, revenu : le divorce », *Futuribles*, n°131, avril 1989, pages 35 à 54.

43 . P. VAN PARIJS, « Peut-on justifier une allocation universelle ? », *Futuribles*, n°144, juin 1990, pages 29 à 42.

Suivant les auteurs, ces allocations sont allouées indifféremment à l'ensemble de la population, ou seulement aux plus démunis ; à un degré plus ou moins élevé selon les auteurs, elles remplacent les actuelles allocations versées par la sécurité sociale[44]. Pour certains, elles doivent également s'accompagner de la suppression du salaire minimum garanti.

Ce « revenu minimum » pourrait s'inscrire dans le relâchement des liens entre l'emploi et le revenu, et l'émergence d'une nouvelle organisation sociale, au sein de laquelle le travail ne serait pas la seule forme d'intégration sociale. Chez Y. Bresson, par exemple, le revenu d'existence fonderait la citoyenneté et l'appartenance sociale, de la même manière que le travail l'avait fait auparavant. Mais, tout dépend alors des modalités de son application.

En effet, pour A. Gorz, s'il s'agit d'un revenu minimum « insuffisant », de faible montant, il ne découragera pas ses bénéficiaires de rechercher un emploi, mais permettra en revanche de justifier que les emplois précaires, qui seuls augmentent, soient rémunérés en dessous du minimum vital[45]. Dans ce contexte, le revenu minimum garanti permettrait de subventionner les personnes acceptant les emplois précaires et faiblement rémunérés, et subventionneraient du même coup les employeurs en leur fournissant une main-d'œuvre moins onéreuse dont le salaire ne serait finalement qu'un revenu d'appoint : « Motivé à l'origine par le souci de garantir un revenu de subsistance aux personnes qui ne trouvent pas d'emploi, le minimum garanti à tout citoyen suscite aujourd'hui un intérêt croissant par sa fonction cachée : il permet d'employer des personnes en rémunérant leur travail au-dessous du minimum social de subsistance, cette subsistance étant assurée par le revenu social d'appoint. L'abaissement du coût du travail est particulièrement fort si

---

44. Chez Y. Bresson, « on peut admettre - sous réserve d'en rénover les modes de gestion - de ne pas mettre en cause la Sécurité sociale, mécanisme de protection des risques que court chaque citoyen, la maladie notamment. L'allocation inconditionnelle versée à tous remplacera par contre toutes les autres formes d'aides ou allocation, allocations familiales, aide aux vieux, aux handicapés, aux jeunes travailleurs, etc. ». Y. BRESSON, P. GUILHAUME, *Le participat. Réconcilier l'économique et le social*, Ed. Chotard et associés, 1986, page 66.

45. A. GORZ, « Revenu minimum et citoyenneté. Droit au travail versus droit au revenu », *Futuribles*, n°184, février 1994, pages 49 à 60.

un faible revenu d'existence ou revenu de citoyenneté est introduit - comme le prévoient presque tous ses partisans - en remplacement de toutes les autres allocations sociales actuellement existantes.[46] »

Dans ce cadre, les solutions du type « revenu minimum » renforceraient le caractère dual de la société, entre d'un côté, ceux qui travaillant à temps plein selon l'ancien système, continuent à bénéficier d'une protection sociale de type « assurance », et ceux contraints d'accepter « petits boulots » et services aux personnes ayant un emploi, et dont la protection sociale se réduirait au revenu minimum ou à d'autres formes d'assistance. Ainsi, selon G. Aznar, le système du revenu minimum est dangereux car « il permet de ne conserver dans les entreprises qu'un noyau réduit de salariés permanents, hyper-actifs, bien intégrés, tout en garantissant à une population marginalisée de chômeurs et de semi-chômeurs, entre deux « petits boulots », le salaire des pauvres »[47].

Concernant plus précisément la retraite, le développement des pensions de vieillesse non contributives - déjà amorcé - pourrait s'inscrire dans cette logique. Cette formule marque en effet une distinction entre les personnes âgées assistées n'ayant pas eu les moyens d'organiser leur propre protection et celles qui ayant pleinement participé à l'activité productive rémunérée, ont pu s'assurer. L'introduction ou le développement des pensions non contributives, qui garantissent des ressources minimales aux personnes âgées, peut se combiner avec la multiplication des emplois intermittents, occasionnels et à temps partiel[48]. En fin de carrière, se développeraient - on le constate déjà - les emplois temporaires, déqualifiés, mal rémunérés. Au Japon, où des politiques actives de maintien en activité des travailleurs âgés se sont développées depuis les années soixante-dix, on observe une précarisation des salariés âgés. A la fin de la carrière principale (le « teinen »), il est courant

---

46 . A. GORZ, « Revenu minimum et citoyenneté. Droit au travail versus droit au revenu », *op. cit.*, page 53.

47 . G. AZNAR, « Revenu minimum garanti et deuxième chèque. Solution régressive et solution prospective », *Futuribles*, n°120, avril 1988, pages 58 à 68.

48 . C. EUZEBY, « Le développement des pensions de vieillesse non contributives dans les pays de l'OCDE : un phénomène inéluctable ? », *Revue internationale du travail*, n°1, vol. 128, BIT, Genève, 1989, pages 13 à 31.

qu'un « retraité » trouve un autre emploi, souvent dans son ancienne entreprise ou dans une filiale de celle-ci, mais cet emploi est très dévalorisé. Ainsi, certaines firmes ont créé des filiales chargées d'embaucher les « après-teinen » et de les employer au nettoyage des bureaux et usines de la société mère ou à d'autres tâches subalternes et mal payées. Les collectivités locales développent également des « Sociétés publiques pour le troisième âge », chargées de trouver un emploi temporaire ou à temps partiel aux travailleurs âgés ; les emplois proposés se limitent souvent au ramassage des papiers gras dans les jardins publics ou au gardiennage des parcs à vélo[49].

Le scénario du retour au plein emploi par la « monétarisation » d'activités pour l'instant non marchandes généraliserait la précarité et affirmerait la dualisation des travailleurs, notamment pour les salariés âgés. Il entraînerait vraisemblablement une sécurité sociale elle-même duale, entre ceux qui peuvent s'assurer et les assistés.

Toutefois, le principe d'un revenu minimum, *mutatis mutandis*, peut également aider à passer d'une société définie par l'emploi rémunéré à une société définie par l'activité au sens large. En un mot, à une société de « plein emploi », substituer une société de « pleine activité ».

Si le revenu d'existence est d'un montant suffisant, il permet en effet de refuser les emplois rebutants et mal payés au profit de l'exercice d'activités autonomes : c'est ce que l'on observe chez les jeunes retraités actuels, dont les pensions d'un montant convenable permettent l'exercice d'activités productives non rémunérées.

Un revenu d'existence suffisant pourrait faciliter le passage d'une société salariale à une société de « pleine activité » : « La garantie à tout citoyen d'un revenu d'existence suffisant assurerait le passage d'une société de plein emploi à une société de pleine activité, au sein de laquelle les activités qui créent du sens, de la convivialité, des liens sociaux, et qui contribuent à l'enrichissement, à l'épanouissement de la vie, se verraient reconnaître une importance et une dignité sociale

---

49 . J. CAMPBELL, « L'emploi des personnes âgées au Japon », *Futuribles*, n°126, novembre 1988, pages 41 à 50.

au moins égales à celles du travail. Celui-ci cesserait d'être le mode d'intégration privilégiée dans la société.[50] »

Cette approche a une évidente supériorité sur celles qui cherchent à perpétuer la société salariale en renvoyant d'emblée, au moins implicitement, à la cause profonde de la crise présente : la société continue de faire dépendre de l'occupation d'un emploi à temps plein le droit à un plein revenu, alors qu'elle n'a plus besoin du plein travail de tous et n'est pas capable de le leur assurer.

Dans ce modèle, les salariés âgés exclus du travail sont les pionniers d'un allongement du temps libre de la retraite et des nouvelles valeurs qui émergent face à l'éthique du travail. Il ne faut pas éliminer trop rapidement de telles perspectives. L'avancement de l'âge de la retraite est une revendication populaire. Le groupe des retraités et des préretraités a les moyens d'exiger le maintien ou l'augmentation de son pouvoir d'achat, et d'occuper son temps libre comme bon lui semble.

Toutefois, une telle évolution se heurte à deux limites. D'une part, le temps libre dégagé par la baisse du travail socialement nécessaire est gagné principalement par la population âgée. Ce partage peu équitable du temps libre peut provoquer un mécontentement des actifs, qui sont également, et de plus en plus, demandeurs de temps libre. Vraisemblablement, un rééquilibrage du temps de travail salarié serait alors opéré. D'autre part, ce scénario renvoie implicitement à deux types d'appartenance sociale, deux types d'intégration, celle assurée par le travail salarié, et celle assurée par les activités autonomes ou les loisirs, pour ceux qui sont « interdits » de participation à la production. Or, l'emploi « constitue une voie royale pour mettre en relation l'individu et la totalité sociale »[51], et l'intégration sociale est encore largement définie en référence au travail rémunéré. Et, le problème est alors de savoir dans quelle mesure cette difficulté peut être dépassée par un mouvement d'ensemble de la société légitimant progressivement des formes variées d'activité et de participation à la vie de la cité.

---

50 . A. GORZ, « Revenu minimum et citoyenneté. Droit au travail versus droit au revenu », *op. cit.*, page 55.

51 . B. PERRET, G. ROUSTANG, *op. cit.*, page 94.

De ce point de vue, il existe cependant une différence fondamentale entre les retraités et les exclus du travail (jeunes, chômeurs, préretraités, etc.). Si les retraités se sentent utiles à la société en exerçant activités autonomes, il faut bien voir que leur absence de participation au travail salarié est légitimée par la société qui leur a conféré le droit à la retraite. Dans ce cas, les activités productives qu'ils exercent sont un « plus » pour leur intégration sociale. Pour les jeunes, le chômage signifie une exclusion, et même l'exercice d'activités socialement utiles ne changerait rien à cette exclusion.

La citoyenneté sociale, l'intégration sociale peuvent-elles être détachées du travail ? « Que le travail demeure une référence non seulement économiquement mais aussi psychologiquement, culturellement et symboliquement dominante, les réactions de ceux qui en manquent le prouvent.[52] » C'est tout le problème de l'existence d'une alternative crédible à la société salariale qui est ici posé.

L'idée de garantie d'un revenu social ne doit pas toutefois être assimilée, ni à une société duale, où précarité, travail précaire, se généralisent, ni à une société où les uns sont hyper-actifs, tandis que les autres disposent à la fois de ressources et de temps libre.

Le revenu de base ou d'existence pourrait présenter l'avantage d'encourager le travail à temps partiel ou partagé, de travailler par intermittence ou à temps très réduit. Il permettrait de prendre des congés prolongés, de refaire des études, de s'occuper de parents ou d'amis malades, d'élever ses enfants, d'assumer des activités bénévoles, politiques ou d'entraide, etc.

Une alternative à la professionnalisation et monétarisation des activités productives non marchandes est ainsi la réduction de la durée du travail rémunéré et, dans les espaces de temps libéré, l'auto-organisation d'activités sociales, notamment de certains services aux personnes actuellement assumées par des organismes publics ou commerciaux.

Jusqu'à présent, la diminution du temps de travail s'est réalisée par l'entrée plus tardive des jeunes sur le marché du travail, la sortie

52 . R. CASTEL, *op. cit.*, page 449.

précoce des salariés les plus âgés, le chômage et la précarité. Il en résulte un « partage » du temps de travail très inégalitaire, l'activité se concentrant sur les générations âgées de 25 à 55 ans.

Mais d'autres formes de partage du temps de travail sont possibles, prenant en compte d'autres critères que l'âge. L'activité salariée pourrait notamment être étalée sur l'ensemble de la vie adulte. Cependant, la plupart des mesures de partage du travail - congés sabbatiques, « job sharing », temps partiel , ... - reposent sur la remise en cause d'une répartition de l'existence en trois périodes aux frontières strictes, formation, vie active, retraite. Ces mesures conduisent à gérer de façon plus satisfaisante la diminution de la masse de travail disponible au regard des demandeurs d'emploi, et à permettre à chacun de mieux gérer dans le cours de son existence la répartition du temps imposé et du temps choisi.

Ainsi, à l'heure actuelle, « nombreux sont ceux qui pensent qu'il faudrait au contraire retarder l'âge de la retraite et étaler le « non-travail » tout au long de la carrière, soit en réduisant très fortement la durée hebdomadaire du travail (25 ou 30 heures), soit en organisant des années « sabbatiques » pour tous les travailleurs, qui rythmeraient leur carrière et leur permettraient de se former et de se réorienter »[53].

Les objections au partage du temps de travail sont nombreuses, mais les éléments qui préparent à cette « révolution » le sont également, et, en particulier, une population mieux formée, mieux à même de se former tout au long de sa vie.

Si longtemps la formation est restée associée à un âge de la vie, la jeunesse, la situation évolue rapidement. La formation des adultes a connu une brusque extension avec la loi de 1971 sur la formation continue. A leur tour, des minorités actives parmi les gens du « troisième âge » ont créé une situation nouvelle. En 1973, la première université du troisième âge est née à Toulouse. En 1981, on compte déjà une soixantaine de structures organisant des activités éducatives particulières pour les retraités ou préretraités. Et encore, ces réponses universitaires ne sont que la partie visible des réactions à

---

53 . L. DIRN, H. MENDRAS, « Le troisième âge animera la société française », *Futuribles*, n°80, septembre 1984, pages 3 à 28 (article initialement paru dans *Observations et Diagnostics économiques*, n°8, juillet 1984, OFCE).

cette nouvelle demande de formation qui se développe chez les personnes âgées. Pourquoi se priver des compétences des plus âgés alors que les générations plus jeunes souhaitent également un accroissement de leur temps libre ?

Toutefois les sources de revenus dans un modèle, à la fois de partage du travail socialement nécessaire, des activités autonomes et du temps des loisirs restent largement inexplorées. Dans l'organisation économique et sociale reposant entièrement sur le salariat, celui-ci est la source principale de revenu, directs pour les uns, indirects pour les autres. Dans le scénario de partage, à la fois du travail socialement nécessaire, et des activités autonomes, comment peut s'opérer le partage des revenus ?

Le travail salarié, même si son temps est fortement diminué, peut rester pour certains la source principale de revenus, directs tout comme indirects[54].

D'autres proposent que le salaire ne soit plus la source unique de revenus. G. Aznar avance l'idée d'une « société des trois revenus »[55]. Le premier revenu est constitué par le salaire du travail, diminué du fait de la réduction du temps de travail. Il est complété par un « deuxième chèque », versé par un organisme public, qualifié également de « revenu robotique » ou de « revenu social ». Ces deux revenus sont particulièrement bien adaptés dans une société où la production de richesses est assurée avec une quantité décroissante de travail, ils permettent de redistribuer à la fois les richesses, qui augmentent, et le volume de l'emploi, qui diminue. Quant à la troisième source de revenu, que G. Aznar qualifie « d'autonomique », elle correspond à l'accroissement du temps libre ; en travaillant moins et sans angoisse d'argent, le temps libre peut être celui où se développent l'autoproduction et de nouveaux types d'activités.

---

54 . D. Clerc remarque ainsi que l'alternative au revenu d'existence est le partage du temps de travail : « l'allocation universelle » est une façon d'éviter d'avoir à partager le travail, D. CLERC., « Revenu minimum : des propositions contestables », *Futuribles*, n°184, février 1994.

55 . G. AZNAR, La société des trois revenus. Scénario prospectif, *Futuribles*, n°109, avril 1987, pages 3 à 18. G. AZNAR, « Pour le travail minimum garanti. Non au revenu d'existence, oui à l'indemnité de partage du travail », *Futuribles*, n°184, février 1994, pages 61 à 71.

Dans ce modèle, la sécurité du revenu et l'intégration sociale sont garanties, pour les plus âgés également. En outre, le temps libéré peut être l'occasion de développer les réseaux de proximité, d'entraide, de voisinage. Les personnes très âgées, qui dans leur grande majorité, souhaitent rester à domicile même en cas de dépendance ou de grande dépendance[56], seraient vraisemblablement mieux insérées dans un modèle de ce type. D'une manière générale, ce modèle peut permettre de dépasser les impasses de l'Etat-Providence, de prendre en charge des protections aujourd'hui (mal) assurées par celui-ci : « Il faut repenser l'ensemble des activités qui exigent un don de soi dans la perspective du développement des services auto-organisés et bénévoles. Les impasses de l'Etat-Providence viennent en partie de la conception absurde qui veut que les uns (retraités et préretraités) soient payés pour rester inactifs ; les autres pour travailler beaucoup ; les autres pour faire provisoirement et faute de mieux ce que les premiers n'ont pas le droit de faire et les seconds pas le temps de faire.[57] » Se pose alors le problème du partage entre solidarité nationale (Etat-Providence et grands groupes nationaux de protection sociale) et solidarités « autonomes » (réseaux d'entraide, action sociale associative, ...).

Ce n'est que récemment que les études sur les solidarités familiales se sont élargies à leur relation de subsidiarité et de complémentarité avec les systèmes de protection sociale et les politiques sociales[58]. Les solidarités familiales dans la prise en charge des personnes âgées dépendantes, elles, sont déjà bien identifiées : la famille est la première pourvoyeuse de soins et d'aide aux personnes âgées[59].

Mais les solidarités extra-familiales (voisinage, réseaux de proximité, associations, bénévolat, ...) sont encore très méconnues. En 1993, on

---

56 . Selon un sondage réalisé par la Sofres pour le Figaro (9 au 12 janvier 1988), 60 % de l'ensemble des français déclarent vouloir vivre chez eux le plus longtemps possible, même s'ils ont de plus en plus de difficultés à faire face aux problèmes de la vie quotidienne (ménages, courses, ...) ; cette proportion s'élève à 79 % chez les personnes âgées de plus de 70 ans.

57 . A. GORZ, *Métamorphoses du travail*, *op. cit.*, page 181.

58 . C. ATTIAS-DONFUT, « Solidarités familiales, solidarités entre générations », *Solidarité Santé - Etudes statistiques*, n°4, oct.-déc. 1993, pages 99 à 105.

59 . A. LEBEAUPIN, « Les incapacités permanentes des personnes âgées », *Solidarité Santé - Etudes statistiques*, n°1, janv.-mars 1994, pages 57 à 66.

dénombrait 100000 associations d'action sociale et de santé[60]. A l'heure actuelle, le rôle des associations est plutôt complémentaire du dispositif de protection sociale, il ne s'y substitue pas. Il vise surtout les besoins mal couverts, les failles et les lacunes du système de protection sociale (logement, dépendance, sida, familles isolées, petite enfance, ...).

Vraisemblablement, les dispositifs de protection sociale continueront à jouer le rôle central de mise en oeuvre des solidarités, mais ils peuvent être de plus en plus conçus comme le support de solidarités de base qui doivent être élargies, et complétées[61]. La voie de « l'autonomisation » (la multiplication des « auto-services » collectifs, le développement des réseaux d'entraide, ...) peut répondre aux difficultés de l'Etat-Providence et faire face aux besoins sociaux de l'avenir. Il s'agit de développer des espaces alternatifs de satisfaction des besoins en dehors du marché et de l'Etat[62].

On peut supposer que, le temps libre augmentant, ces solutions se développent ; que des protections sociales nouvelles « s'auto-organisent », mais ce n'est qu'une hypothèse ; et le temps libre est vraiment déterminant dans ce développement : « Ce sont toutes ces formes de socialisation transversales, qui vont de l'association formalisée à l'action commune informelle pour se rendre des services, qui peuvent permettre de réencastrer la solidarité dans la société. La condition première de ce développement de la socialité réside dans l'accroissement du temps libre. Encombrement du temps et rigidité sociale vont en effet de pair. Moins les individus disposent de temps libre, et plus ils sont à la fois demandeurs d'Etat et consommateurs sur la marché. Ils ne peuvent se rendre davantage de services mutuels,

---

60 . F. FENET, « La solidarité comme fondement de la protection sociale », *Revue des Etudes Coopératives, Mutualistes et Associatives*, n°260, 1996, pages 23 à 31.

61 . Il ne faut pas oublier que le dispositif de protection sociale est largement intégrée au système économique, et qu'il permet l'extension de la sphère marchande : « En procurant des revenus monétaires détachés du travail salarié, la protection sociale étend le champ de la consommation des marchandises au détriment des solidarités créatrices de services non marchands. Mais, en même temps, elle donne une régularité plus grande à l'expression des industries de la consommation de masse ». M. AGLIETTA, A. BRENDER, *Les métamorphoses de la société salariale*, *op. cit.*, page 121.

62 . Cf. P. ROSANVALLON, *La crise de l'Etat-Providence*, Ed. du Seuil, coll. Points politique, 1981.

élargir leurs activités de voisinage, mettre en oeuvre toutes formes de solidarité courtes que s'ils en ont le temps. Dans cette perspective, la réduction du temps de travail n'apparaît plus seulement comme une exigence économique de réduction du chômage, elle est la condition de l'apprentissage de nouveaux modes de vie.[63] »

Le modèle de la « retraite active » ou « retraite utile » est encore un modèle minoritaire. Pourtant, il se situe au cœur des problèmes qui se posent à l'ensemble de la société du travail, de la société salariale, et à bien des égards, il est une clé pour comprendre la période actuelle et les évolutions à venir.

D'une part, au niveau de la protection sociale, c'est toute une logique nouvelle qu'il instaure, posant de multiples questions à l'Etat-Providence. Quelle est la signification des formes de « protection sociale », de « sécurité sociale », que sont les solidarités familiales, intergénérationnelles, mais aussi les solidarités communautaires, associatives ? A l'heure actuelle, la place de ces solidarités dans la société est un thème de recherche encore en friche. Leur place dans le futur, leur articulation avec les solidarités institutionnelles devrait d'ores et déjà être un élément de réflexion.

D'autre part, le modèle de la « retraite active » interroge l'ensemble de la société basée sur le travail, il interroge la liaison entre le travail et les revenus, directs ou indirects. Dans le même temps, ce modèle est porteur de logiques nouvelles, et les préretraités et jeunes retraités, « inventeurs » d'autres modes de vie, sont sans doute au coeur des formes sociales de demain.

---

63 . P. ROSANVALLON, *La crise de l'Etat-Providence*, *op. cit.*, pages 122 et 123.

BIBLIOGRAPHIE

AARON H., *Economics Effects of Social Security,* The Brooking Institution, Washington, 1982.

ACHENBAUM W. A., « The obsolescence of Old Age in America, 1865-1914 », *Journal of Social History*, 1974, pages 48 à 62.

AGLIETTA M., *Régulation et crise du capitalisme - l'expérience des Etats-Unis*, Ed. Calman-Levy, Paris, 1976.

AGLIETTA M., BRENDER A., *Les métamorphoses de la société salariale*, Calmann-Lévy, 1984.

ANDRE C., SAILLARD Y., « La transformation des systèmes de retraite dans les douze pays de la Communauté européenne », *Solidarité Santé - Etudes statistiques*, n°3, juil.-sept. 1992, pages 53 à 66.

ANDREANI E., *Les retraites*, Ed. La Découverte, coll. Repères, 1986.

ANTONELLI E., *Trente-trois ans de la sécurité sociale en France*, préface de Pierre Laroque, Montpellier, 1962.

ARCHAMBAULT E., GREFFE X., (ouv. coll. ss la dir. de), *Les économies non officielles*, Ed. La Découverte, 1984.

ARMENGAUD A., « Industrialisation et démographie dans la France du XIXe siècle », in *L'industrialisation en Europe au XIXe siècle*, CNRS, Paris, 1972, pages 187 à 200.

ARMENGAUD A., *Les Français et Malthus*, PUF, coll. « Documents histoire », 1975.

ARTUS P., LEGROS F., NICOLAI J.-P., « Cycle de vie et consommation : quelques tests empiriques », *Revue d'Economie Politique*, n°4, 1990, pages 495 à 511.

ARTUS P., « Bien-être, croissance et système de retraite », *Annales d'Economie et de Statistique*, n°31, juillet-septembre, 1993, pages 101 à 127.

ARTUS P., LEGROS F., « Vieillissement de la population, pouvoir électoral et croissance », Communication au *Forum retraite « Au fil des générations* », Caisse des Dépôts et Consignations, Bordeaux, 10 février 1995, à paraître dans *Revue économique*.

ASPIS R., *La retraite en question*, Hatier, coll. Enjeux, 1991.

ATTIAS-DONFUT C., « Solidarités familiales, solidarités entre générations », *Solidarité Santé - Etudes statistiques*, n°4, oct.-déc. 1993, pages 99 à 105.

AUDIRAC P.-A., « Les personnes âgées et leur famille », Insée, *Données sociales*, 1987, pages 530 à 537.

AZNAR G., *Non aux loisirs. Non à la retraite. Essai de créativité sociale*, Ed. Galilée, 1978.

AZNAR G., « La société des trois revenus. Scénario prospectif », *Futuribles*, n°109, avril 1987, pages 3 à 18.

AZNAR G., « Revenu minimum garanti et deuxième chèque. Solution régressive et solution prospective », *Futuribles*, n°120, avril 1988, pages 58 à 68.

AZNAR G., « Pour le travail minimum garanti. Non au revenu d'existence, oui à l'indemnité de partage du travail », *Futuribles*, n°184, février 1994, pages 61 à 71.

BABEAU A., *La fin des retraites ?*, Hachette, Pluriel, 1981.

BABEAU A., « Où vont les régimes obligatoires de protection vieillesse ? », *Futuribles*, n°179, septembre, 1993, pages 3 à 19.

BARTOLI H., *Economie et création collective*, Economica, 1977.

BASLE M., LEROSIER J.-J., « Les premières lois sociales », *Revue française des affaires sociales*, janvier-mars, 1981, pages 223 à 241.

BEAUD M., *Histoire du capitalisme de 1500 à nos jours*, Ed. du Seuil, coll. Points Economie, 1990.

BEAUD M., « Economie, théorie, histoire : essai de clarification », *Revue économique*, vol. 42, mars 1991.

BEC C., *Assistance et République. La recherche d'un nouveau contrat social sous la IIIe République*, Les éds. De l'atelier/Eds. Ouvrières, coll. « Le Social en Acte », Paris, 1994.

BELORGEY J.-M., *La politique sociale. En finir avec les mythes*, Ed. Seghers, Paris, 1976.

BENETON P., *Le fléau du bien. Essai sur les politiques sociales occidentales*, R. Laffont, 1983.

BERJONNEAU G., *Les retraites pour la vieillesse et les sociétés de secours mutuels*, A. Rousseau, Paris, 1900.

BERNIS G. (de), « Crise et régulation de l'économie capitaliste », in GRREC, *Crise et régulation. Recueil de textes 1977-1983*, PUG, grenoble, 1983, pages 54 à 79.

BERTAUX R., « Doctrines économiques et régulation sociale », *Les Cahiers de la Recherche sur le Travail Social*, n°14, 1988, Centre de Recherche sur le Travail Social, Caen, pages 19 à 42.

BERTAUX R., « Les dimensions historiques de la gestion du social », *Les Cahiers de la recherche sur le Travail Social*, n°18, 1990, Centre de Recherche sur le Travail Social, Caen, pages 99 à 123.

BERTAUX R., *Pauvres et marginaux dans la société française*, PUF, 1994.

BEVERIDGE W., *Full employment in a free Society*, 1944, traduction française, *Du travail pour tous dans une société libre*, Ed. Domat-Montchrestien, 1945.

BICHOT J., *Economie de la protection sociale*, A. Colin, coll. U, 1993.

BICHOT J., *Quelles retraites en l'an 2000 ?*, A. Colin, 1993.

BICHOT J., « Réconcilier la sécurité sociale et le marché », *Futuribles*, n°196, mars, 1995, pages 5 à 20.

BLANC H., *Les conditions d'application de la loi du 14 juillet 1905 sur l'assistance aux vieillards, aux infirmes, et aux incurables*, Paris, 1907.

BLANCHET D., « Les progrès de productivité : remède miracle ou facteur aggravant des problèmes de retraites ? », *Revue d'Economie financière*, Le Monde Editions, Paris, n°23, hiver 1992, pages 27 à 46.

BLANCHET D., KESSLER D., « La mobilité géographique, de la naissance au mariage », in *La société française au XIXe siècle*, ouv. coll. ss la dir. de J. DUPAQUIER et D. KESSLER, Fayard, 1992, pages 343 à 369.

BLANCHET D., MARCHAND O., « Au-delà de l'an 2000, s'adapter à une pénurie de main-d'œuvre », *Economie et statistique*, n°243, mai 1991, pages 61 à 67.

BOCCARA P., *Etudes sur le capitalisme monopoliste d'Etat, sa crise et son issue*, Eds. Sociales, Paris, 1ère éd. 1973.

BOCCARA P., « Aperçu sur la théorie de la régulation systémique », *Actuel Marx*, n°17, PUF, 1995, pages 49 à 58.

BOIS J.-P., *Les vieux, de Montaigne aux premières retraites*, Fayard, Paris, 1989.

BOMPARD J.-P., MAGNAC T., POSTEL-VINAY G., « Emploi, mobilité et chômage en France au XIXe siècle : migrations saisonnières entre industrie et agriculture », *Annales Economies Sociétés Civilisations*, n° 1, janv.-fév. 1990, pages 55 à 76.

BONNAURE G., *L'assistance aux vieillards et les retraites ouvrières - Assistance ou assurance*, Thèse de droit, Paris, 1913.

BONNET R., *La sécurité sociale dans les mines*, thèse de doctorat en droit, Paris, Dalloz, 1963.

BORDES M.-M., GUILLEMOT D., « Marché du travail, séries longues », Insée, *Résultats*, n°305-306, 1994.

BOUISSON J., *Les institutions de sécurité sociale de la SNCF*, Thèse de doctorat en droit, Montpellier, 1950.

BOULIN J.-Y., « L'organisation sociale du temps », *Futuribles*, n° 165-166, mai-juin 1992, pages 239 à 252.

BOURDELAIS P., « Vieillir en France dans la France des ménages complexes (l'exemple de Prayssas, 1836-1911) », in *Annales de démographie historique*, "Vieillir autrefois", Ed. EHESS, Paris, 1985, pages 21 à 38.

BOURDELAIS P., « Vieillissement de la population ou artefact statistique ? », *Gérontologie et société*, n°49, 1989, pages 22 à 32.

BOURDELAIS P., *L'âge de la vieillesse*, Ed. Odile Jacob , 1993.

BOUVIER J., « A propos de l'histoire dite "économique" », in M. MARGAIRAZ (éd.), *Histoire économique, XVIIIe - XXe siècle*, Ed. Larousse, 1992, pages 90 à 98.

BOUVIER J., « L'appareil conceptuel dans l'histoire économique contemporaine », in M. MARGAIRAZ (éd.), *Histoire économique, XVIII - XXe siècle*, Ed. Larousse, 1992, pages 64 à 75 (initialement paru dans *Revue économique*, n° 1, janvier 1965, pages 1 à 17.)

BOYER R., DURAND J.-P., *L'après-fordisme*, Syros, coll. Alternatives économiques, 1993.

BOYER R., *La théorie de la régulation : une analyse critique*, Agalma/ La Découverte, 1986.

BOYER R., « Economie et histoire : vers de nouvelles alliances ? », working paper, *CEPREMAP*, n°8925, septembre 1989, 80 pages.

BOYER R., « Rapport salarial et analyses en termes de régulation. Une mise en rapport avec les théories de la segmentation du marché du travail », *Economie Appliquée*, tome XXXIII, n°2, 1980, pages 491 à 509.

BOYER R., SAILLARD Y., « Un précis de la régulation », in *Théorie de la régulation. L'état des savoirs*, ouv. coll. ss la dir. de R. BOYER et Y. SAILLARD, Ed. La Découverte, coll. « Recherches », 1995, pages 58 à 68.

BRESSON Y., GUILHAUME P., *Le participat. Réconcilier l'économique et le social*, Ed. Chotard et associés, 1986.

BROCHE G., *Les retraites ouvrières, liberté ou obligation ?*, thèse de doctorat en droit, Giard et Brière, Paris, 1908.

BRUGERE P., *De l'organisation des institutions de retraites du personnel des grands réseaux de chemins de fer français*, thèse de droit, Montpellier, Imprimerie Générale du Midi, 1909.

Bureau International du Travail, « Pensions non contributives », *Etudes et documents*, série M, n°9, Genève, 1933.

Bureau International du Travail, « L'assurance invalidité-vieillesse-décès obligatoire, analyse comparative des législations nationales et les résultats de leur application », *Etudes et Documents*, série M, n°10, Genève, 1933.

Bureau International du Travail, *La sécurité sociale à l'horizon 2000*, Genève, 1984.

BURET E., *De la misère des classes laborieuses en Angleterre et en France*, Paris, 1840, 2 vol.

BURGUIERE A., LEBRUN F., « Les cent et une familles de l'Europe », in *Histoire de la famille*, tome 2, « Le choc des modernités », ouv. coll., A. Colin, Paris, 1986.

CALCOEN F., GREINER D., « La cessation d'activité en fin de vie active : évolutions et enjeux pour la protection sociale », in B. COCHEME, F. LEGROS, *Les retraites - Genèse, acteurs, enjeux*, A. Colin, 1995, pages 89 à 103.

CAMPBELL J., « L'emploi des personnes âgées au Japon », *Futuribles*, n°126, novembre 1988, pages 41 à 50.

CANCEILL G., « Ressources et niveau de vie des personnes âgées : les pensions de retraite ont fortement progressé de 1970 à 1984 », *Economie et statistique*, n°222, juin 1989, pages 3 à 13.

CARON F., *Histoire de l'exploitation d'un grand réseau, La Compagnie de chemin de fer du Nord, 1846-1937*, Mouton, Paris, 1973.

CARRE J.-J., DUBOIS P., MALINVAUD E., *La croissance française. Un essai d'interprétation économique causale de l'après-guerre*, Ed. du Seuil, 1972.

CASTEL R., *Les métamorphoses de la question sociale - Une chronique du salariat*, Fayard, coll. "L'espace du politique", 1995.

CETTE G., TADDEI D., *Temps de travail modes d'emploi*, Ed. la Découverte, coll. Textes à l'appui, 1994.

CEZARD M., HELLER J.-L., « Les formes traditionnelles de l'emploi salarié se dégradent », *Economie et statistiques*, n°215, novembre 1988, pages 15 à 23.

CHADELAT J.-F., « Le fonds de solidarité vieillesse », *Gérontologie et société*, n°71, décembre 1994, pages 252 à 262.

CHARROY F., *L'assistance aux vieillards, infirmes et incurables en France de 1789 à 1905*, thèse de droit, Paris, 1905.

CHATELAIN E., « Quelle est la part de la classe ouvrière dans les dépôts des Caisses d'épargne ? », *Revue d'Economie Politique*, 1913, pages 626 à 634.

CHAUNU P., « L'économie - dépassement et perspectives », in M. MARGAIRAZ (éd.), *Histoire économique, XVIIIe - XXe siècle*, Ed. Larousse, 1992, pages 76 à 89 (initialement paru in J. Le GOFF et P. NORA (éds.), *Faire de l'histoire*, Paris, Gallimard, 1974, tome II, pages 51 à 73).

CHESNAIS J.-C., « Evolution démographique et charge de financement des retraites », *Revue Française des Affaires Sociales*, numéro supplémentaire « Population, équilibres économiques et systèmes sociaux », juin 1984, pages 85 à 102.

CHESNAIS J.-C., « Les conditions de vie des personnes âgées en Europe », *Gérontologie et société*, n°50, 1989, pages 88 à 99.

CHOFFEL P., « Les comportements d'activité des plus de 50 ans », *Gérontologie et Société*, n°71, décembre 1994, pages 251 et 252.

CLAIR, P.-M., *La protection sociale*, Masson, 1989.

CLARCK R., SPENGLER J., *Aspects économiques du vieillissement des hommes et des populations*, préface d'A. Sauvy, Economica, 1982.

CLIO J., « Régulation et histoire : je t'aime, moi non plus », in *Théorie de la régulation. L'Etat des savoirs*, ouv. coll. ss la dir. de R. BOYER et Y. SAILLARD, Ed. La Découverte, coll. « Recherches », pages 49 à 57.

COLLOMP A., « Les formes de la famille. Approche historique », in *La famille, l'état des savoirs*, ouv. coll. sous la dir. de F. de SINGLY, Ed. La Découverte, coll. "Textes à l'appui", Paris, 1991, pages 13 à 21.

Commissariat Général du Plan, *Vieillir demain*, Préparation du huitième plan, La Documentation française, 1985.

CONRAD C., « La naissance de la retraite moderne : l'Allemagne dans une comparaison internationale (1850-1960) », *Population*, n°3, 1990, pages 531 à 563.

COOPER-RICHET D., *Les étapes de la constitution d'un système de protection sociale dans les mines (1850-1950)*, Rapport MIRE et CGP, CNAM-CNRS, 1987.

CORIAT B., « La théorie de la régulation, origines, spécificités et perspectives », in *Ecole de la régulation et critique de la raison économique*, ouv. coll., L'Harmattan, coll. « Futur antérieur », 1994, pages 101 à 152.

CORNILLIERE A., *L'assurance invalidité des marins*, thèse de doctorat en droit, Toulouse, Imprimerie toulousaine, 1941.

COTTEREAU A., « Usure au travail, destins masculins et destins féminins dans les cultures ouvrières en France, au XIXe siècle », *Le Mouvement Social*, juillet-septembre, 1983, n°124, pages 71 à 112.

COTTEREAU A., « Prévoyance des uns, imprévoyance des autres : questions sur les cultures ouvrières, face aux principes de l'assurance mutuelle, au XIXe siècle », *PREVENIR*, n°9, mai 1984, pages 57 à 68.

COUTROT T., MADINIER P., « Les compléments du salaire. Un apport non négligeable surtout dans l'industrie lourde », *Economie et statistique*, n°203, octobre 1987, pages 23 à 36.

DARIC J., « Vieillissement de la population, besoins et niveau de vie des personnes âgées », *Population*, n°1, janvier-mars, 1952, pages 27 à 48.

DARMON D., HOURRIEZ J.-M., L'HARDY P., « Consommation : l'effet du vieillissement », *Economie et statistique*, n°243, mai 1991, pages 89 à 102.

DAUMARD A., « L'évolution des structures sociales en France à l'époque de l'industrialisation (1815-1914) », in *L'industrialisation en Europe au XIXe siècle*, CNRS, Paris, 1972, pages 315 à 334.

DELCOURT J., « Globalisation de l'économie et progrès social. L'Etat social à l'épreuve de la mondialisation », *Futuribles*, n°164, avril 1992, pages 3 à 34.

DELORME R., ANDRE C., *L'Etat et l'économie. Un essai d'explication de l'évolution des dépenses publiques en France 1870-1980*, Ed. Du Seuil, 1983.

DENIS H., *Histoire de la pensée économique*, PUF, coll. Thémis, 1990.

DENIS M.-N., « La place des vieillards dans l'univers domestique en Alsace au XVIIIe et au XIXe siècles », in *Annales de démographie historique*, "Vieillir autrefois", éd. EHESS, Paris, 1985, pages 303 à 310.

DESSERTINE D., FAURE O., « Assistance traditionnelle, assistance nouvelle : coût et financement 1850-1940 », in *De la Charité médiévale à la Sécurité sociale*, ouv. coll. sous la dir. d'A. GUESLIN et P. GUILLAUME, Les Ed. ouvrières, 1992, pages 139 à 151.

DEWERPE A., *Le monde du travail en France, 1800-1950*, A. Colin, coll. Cursus, 1989.

DIEBOLT C., REIMAT A., « Old Age Policies in France and Germany from the last Decade of the Nineteenth Century to the First World War », Colloque *International European Social Science History Conference*, Social Inequalities Session : Welfare Policies in the late 19th and 20th Centuries, Amsterdam, 9-11 mai 1996.

DINET-LACOMBE M.-C., « Vieillir et mourir à l'hôpital de Blois au XVIIIe siècle », in *Annales de démographie historique*, « Vieillir autrefois », éd. EHESS, Paris, 1985, pages 85 à 101.

DINH Q. C., « Le vieillissement de la population française sera plus important que prévu », *Economie et Statistique*, n°243, mai, 1991, pages 53 à 60.

DINH Q. C., LABAT J.-C., « Le vieillissement de la population française est inéluctable », *Economie et Statistique*, n°190, juillet-août, 1986, pages 5 à 15.

DIRN L., MENDRAS H., « Le troisième âge animera la société française », *Futuribles*, n°80, septembre 1984, pages 3 à 28 (initialement paru dans *Observations et Diagnostics économiques*, n°8, juillet 1984, OFCE).

DOCKES P., ROSIER B., *L'Histoire ambiguë. Croissance et développement en question*, PUF, coll. « Economie en liberté », 1988.

DOCKES P., ROSIER B., « Histoire « raisonnée » et économie historique », *Revue Economique*, vol. 42, n°2, mars 1991, pages 181 à 208.

DONFUT C., « Pour une retraite différée et différente », in *Troisième âge : vivre ou survivre ?*, ouv. coll. sous la dir. de J.-P. TISSEYRE, Arthaud, 1975, pages 95 à 110.

DONZELOT J., *L'invention du social*, Fayard, Paris, 1984.

DOUBLET J., « Sécurité sociale et démographie », *Population*, n°2, avril-juin 1953, pages 259 à 280.

DREYFUS M., *La mutualité : une histoire maintenant accessible*, Mutualité française, Paris, 1988.

DUCHESNE Dr., *Des chemins de fer et de leur influence sur la santé des mécaniciens et des chauffeurs*, Paris, Mallet-Bachelier, 1857.

DUMAZEDIER J., *Révolution culturelle du temps libre*, 1968-1988, Librairie des Méridiens Klinchksieck, coll. Sociétés, Paris, 1988.

DUMAZEDIER J., « Contribution des retraités à l'élaboration d'une société du temps libre », *Gérontologie et société*, n°55, décembre 1990, pages 20 à 31.

DUMAZEDIER J., « Le temps libre, cet inconnu », *Futuribles*, n°165-166, mai-juin 1992, pages 227 à 237.

DUMMONS B., POLLET G., « Les combats pour l'assurance-vieillesse en Europe au tournant du XXe siècle », *Gérontologie et Société*, n°49, 1989, pages 70 à 84.

DUMMONS B., POLLET G., « Politiques de vieillesse et rationalisation dans l'entreprise : la gestion des vieux travailleurs en France au début du siècle », *Sociologie du travail*, XXXVI, n°3, 1993, pages 241 à 255.

DUMMONS B., POLLET G., *L'Etat et les retraites. Genèse d'une politique*, Belin, coll. Histoire et société, 1994.

DUMONT J.-P., *La sécurité sociale toujours en chantier*, Ed. Ouvrières, 1981.

DUMONT J.-P., « La sécurité sociale plus que jamais en chantier », *Futuribles*, octobre-novembre 1985, pages 153 à 169.

DUMONT J.-P., *L'impact de la crise économique sur les systèmes de protection sociale*, Economica, 1986.

DUMONT J.-P., *Les systèmes étrangers de Sécurité sociale*, Economica, 1987.

DUPAQUIER J., KESSLER D., (sous la dir. de), *La société française au XIXe siècle*, Fayard, 1992.

DUPEUX G., *La société française, 1789-1970*, A. Colin, coll. U, 1972.

DUPEYROUX J.-J., *Droit de la Sécurité sociale*, Dalloz, 9ème éd., 1984.

DURAND P., *La politique contemporaine de sécurité sociale*, Paris, Librairie Dalloz, 1953.

DUVEAU G., *La vie ouvrière en France sous le Second Empire*, Gallimard, 1946.

EIZNER N., HERVIEU B., *Anciens paysans, nouveaux ouvriers*, Ed. L'Harmattan, 1979.

EKERT-JAFFE O., « Vieillissement et consommation : quelques résultats tirés des enquêtes françaises sur les budgets des ménages », *Population*, n°3, mai-juin, 1989 , pages 561 à 579.

EMBOULAS H., *La mutualité et les retraites ouvrières*, thèse de doctorat, Paris, 1905.

EUZEBY A., « Les pensions de vieillesse, un frein à la compétitivité ? », *Prévenir*, n°15, 1987, pages 85 à 94.

EUZEBY A., « La protection sociale en Europe : tendance et défis. Les systèmes de protection sociale européens à l'épreuve de la compétition mondiale », *Futuribles*, n°171, décembre 1992, pages 59 à 87.

EUZEBY A., « Les prélèvements obligatoires sont-ils excessifs ? », *Problèmes économiques*, n°2386, 17 août 1994, pages 1 à 8.

EUZEBY A., EUZEBY C., « Modalités de financement de la sécurité sociale, coût de la main d'œuvre et emploi dans les pays industrialisés à économie de marché », in BIT, *Sécurité sociale : quelle méthode de financement ? Une analyse internationale*, Genève, 1983, pages 53 à 88.

EUZEBY C., « Le développement des pensions de vieillesse non contributives dans les pays de l'OCDE : un phénomène inéluctable ? », *Revue internationale du travail*, n°1, vol. 128, BIT, Genève, 1989, pages 13 à 31.

EWALD F., « Risque et assurance », in A.-E. IMHOF, *Le vieillissement*, Presses Universitaires de Lyon, 1982, pages 93 à 102.

EWALD F., *L'Etat Providence*, Grasset, Paris, 1986.

FAGEDET J., *Les retraites par la mutualité*, thèse de droit, Paris, Charles Noblet, 1905.

FARDEAU M., « Circuit économique et vieillissement », *Gérontologie et société*, n°50, décembre 1990, pages 6 à 13.

FAUVE-CHAMOUX A., « Vieillesse et famille-souche », in *Annales de démographie historique*, "Vieillir autrefois", éd. EHESS, Paris, 1985, pages 111 à 125.

FENET F., « La solidarité comme fondement de la protection sociale », *Revue des Etudes Coopératives, Mutualistes et Associatives*, n°260, 1996, pages 23 à 31.

FERRIER V., « Quel avenir pour les retraites ? », *Issues*, n°40, novembre, 1991.

FLESCH J., *Les régimes de retraite*, PUF, coll. Que sais-je ?, Paris, 1967.

FONTVIEILLE L., « Evolution et croissance de l'Etat français 1815-1969 », *Economies et sociétés*, Cahiers de l'ISMEA, tome X, série AF, n°13, septembre-décembre 1976.

FOURASTIE J., *Les Trente Glorieuses ou la révolution invisible de 1946 à 1975*, Fayard, 1979.

FOURCADE B., « L'évolution des situations d'emploi particulières de 1945 à 1990 », *Travail et emploi*, n°52, 1992, pages 4 à 19.

FOURNIER J., QUESTIAUX N., DELARUE J.-M., *Traité du social. Situations, luttes, politiques, institutions*, Dalloz, coll. « Etudes politiques économiques », 5ème éd., 1989.

FRIDENSON P., STRAUS A. (ss. la dir. de), *Le capitalisme français 19e - 20e siècle. Blocages et dynamismes d'une croissance*, Fayard, Paris, 1987.

FRIOT B., « La protection sociale française de 1930 à 1980 », *Revue de l'Economie Sociale*, n°9, 1986, pages 17 à 35.

FRIOT B., « De la propriété au salaire : la retraite des fonctionnaires et des cadres en France (1920-1950) », in B. Cochemé, F. Legros (sous la dir. de), *Les retraites. Genèses, acteurs, enjeux*, A. Colin, 1995, pages 49 à 63.

GAUDEMARD (de) J.-P., *La mobilisation générale*, Paris, Ed. Du Champ Urbain, 1979.

GAULLIER X., *L'avenir à reculons : chômage et retraite*, Economie et humanisme, Les éds. Ouvrières, 1982.

GAULLIER X., *La deuxième carrière. Age, emploi, retraites*, Ed. Du Seuil, 1984.

GAULLIER X., « Age et emploi : les salariés âgés et la fin de carrière », *Revue française des affaires sociales*, n°40, 1986, pages 69 à 75.

GAULLIER X., « Quel avenir pour les salariés âgés ? », *Futuribles*, n°136, octobre 1986, pages 45 à 62.

GEORGES P., « La maîtrise des dépenses de retraite », *Gérontologie et Société*, n°71, décembre 1994, pages 232 à 240.

GERANDO (de) J.-M., *De la bienfaisance publique*, Bruxelles, 1839, 2 volumes.

GERSHUNY J., « La répartition du temps dans les sociétés post-industrielles », *Futuribles*, n°165-166, mai-juin 1992, pages 215 à 226.

GERVAIS M.-M., « Le bénévolat, fiction ou enjeu sur le plan économique », *Gérontologie et société*, n°55, décembre 1990, pages 70 à 83.

GERVAIS-AGUER M.-M., « Influence économique des personnes âgées dans le sud de la France », *Gérontologie et société*, n°50, 1989, pages 77 à 87.

GETTING A., *La sécurité sociale*, PUF, Paris, 1966, 7ème édition (1ère édition 1948).

GIBAUD B., *De la mutualité à la sécurité sociale. Conflits et convergences*, Paris, les Eds. Ouvrières, 1986.

GOKALP C., DAVID M.-G., « La garde des jeunes enfants », *Population et sociétés*, INED, n°161, septembre 1982.

GORZ A., *Métamorphoses du travail. Quête du sens*, Ed. Galilée, coll. « Débats », éd. 1988.

GORZ A., « Revenu minimum et citoyenneté. Droit au travail versus droit au revenu », *Futuribles*, n°184, février 1994, pages 49 à 60.

GRAEBNER W., *A History of Retirement, The Meaning and Function of an American Institution, 1885-1978*, Yale University Press, 1980.

GREFFE X., *La politique sociale. Etude critique*, PUF, coll. Sup, 1975.

GREVET P., *Besoins populaires et financement public*, Ed. Sociales, coll. Economie et politique, 1976.

GUEGUEN-BASLE J., BASLE M., *La politique sociale : histoire, enjeux et crise*, Hatier, 1981.

GUESLIN A., *L'invention de l'économie sociale. Le XIXe siècle français*, Economica, 1987.

GUESLIN A., *Nouvelle histoire économique de la France contemporaine*, t. 4, L'économie ouverte, 1948-1990, Ed. La Découverte, 1991, Paris, pages 19 à 26.

GUESLIN A., *L'Etat, l'économie et la société française, XIXe-XXe siècle*, Hachette, coll. Carré Histoire, 1992.

GUIEYSSE P., *Les retraites ouvrières, Rapport fait au nom de la Commission d'assurance et de prévoyance sociales*, Paris, Section française du Congrès des accidents du travail et des assurances sociales, décembre 1904.

GUILHAUMON C., *Les sociétés de secours mutuels et leur concours à l'assurance ouvrière*, Montpellier, Coulet, 1901.

GUILLAUME P., GERAD C., LESOURD J.-A., *Nouvelle Histoire Economique*, tome II, « Le XXe siècle », A. Colin, coll. U, éd. 1992 (dixième édition).

GUILLEMARD A.-M., *La retraite, une mort sociale. Sociologie des conduites en situation de retraite*, Mouton, La Haye, 1972.

GUILLEMARD A.-M., *La vieillesse et l'Etat*, PUF, coll. Politiques, 1980.

GUILLEMARD A.-M., *Le déclin du social. Formation et crises des politiques de la vieillesse*, PUF, Paris, 1987.

GUILLEMARD A.-M., *Les nouvelles formes de transition entre activité et retraite : bilan d'une comparaison internationale des dispositifs de sortie anticipée d'activité*, Paris, juin 1991.

GUILLEMARD A.-M., « Les nouvelles formes de transition entre activité et retraite en Europe : de nouveaux enjeux pour la protection sociale », *Solidarité Santé - Etudes statistiques*, n°4, oct.-déc. 1994, pages 55 à 69.

GUILLEMARD A.-M., « Protection sociale et cycle de vie. Résultats d'une comparaison internationale sur les transformations de la transition entre activité et retraite », in B. COCHEME, F. LEGROS (sous la dir. de), *Les retraites. Genèse, acteurs, enjeux*, A. Colin, 1995, pages 72 à 88.

GUILLEMAUT P., *La mutualité en France au XIXe siècle*, thèse de droit, A. Rousseau, Paris, 1899.

GUTTON J.-P., *Naissance du vieillard, essai sur l'histoire des rapports entre les vieillards et la société en France*, Aubier, coll. Historique, 1988.

HATZFELD H., *Du paupérisme à la Sécurité sociale. Essai sur les origines de la sécurité sociale en France 1850-1940*, A. Colin, Paris, 1971.

HATZFELD H., « La difficile mutation de la sécurité-propriété à la sécurité-droits », *Prévenir*, n°5, mars, 1982, pages 55 à 59.

HATZFELD H., « Note sur la mutualité au XIXe siècle », *Prévenir*, n°9, mai, 1984, pages 17 à 23.

Haut Comité Consultatif de la population et de la famille, *Politique de la vieillesse*, Rapport de la Commission d'étude des problèmes de la vieillesse, présidé par P. Laroque, La Documentation française, 1962.

HELLER J.-L., « La préretraite, choix ou contrainte ? », *Economie et statistique*, n°193, novembre-décembre, 1986, pages 97 à 109.

HESSE P.-J., « La politique sociale de l'Etat français au XIXe siècle », *Revue de l'Economie Sociale*, n°9, 1986, pages 7 à 16.

HOUIS P., *La mutualité et les sociétés de secours mutuels*, thèse de droit, A. Dugas, Nantes, 1907.

IMHOF A et alii, *Le vieillissement, implications et conséquences de l'allongement de la vie humaine depuis le XVIIIe siècle*, Presses Universitaires de Lyon, 1982.

INSEE, *Les personnes âgées*, coll. Contours et caractères, 1992.

JACQUIER J., La diversification des formes d'emploi en France, *Données sociales*, Paris, Insée, 1990, pages 58 à 60.

JAMES E., *Histoire sommaire de la pensée économique*, Ed. Montchrestien, 1969.

JAY R., « L'assurance ouvrière et la Caisse Nationale des Retraites pour la vieillesse », *Revue Politique et Parlementaire*, n°10, avril 1895, pages 84 à 107.

JOHNSON P., CONRAD C., THOMSON D. (Eds.), *Workers versus pensionners. Intergenerational justice in an ageing world*, Centre for Economic Policy Research, Manchester University Press, 1989.

JONES J., « Conflit entre générations aux Etats-Unis », *Futuribles*, octobre 1988, n°125, pages 27 à 38.

KELLER O., « Statistique des Caisses de secours pour les mineurs et des autres institutions de prévoyance ayant fonctionné dans les houillères en 1882 », *Annales des Mines*, 1882, pages 321 à 389.

KESSLER D., « Les retraites en péril ? », *Revue Française des Affaires sociales*, numéro supplémentaire « Population, équilibres économiques et systèmes sociaux », juin 1984, pages 69 à 83.

KESSLER D., MASSON A. (éds.), *Cycles de vie et générations*, Economica, 1985.

KEYNES J.-M., *Théorie Générale de l'emploi, de l'intérêt et de la monnaie*, Paris, Petite Bibliothèque Payot, 1975.

LAFERRERE A., VERGER D., « La transmission du patrimoine entre les générations », *Données sociales*, Insée, 1993.

LAJUGIE J., *A l'abri du besoin, la sécurité sociale*, Ed. Bourrelier et Cie, Paris, 1948.

LAROQUE P., « Le plan français de Sécurité sociale », *Revue française du Travail*, n°1, avril 1946, pages 9 à 20.

LAROQUE P., « De l'assurance sociale à la sécurité sociale, l'expérience française », *Revue Internationale du Travail*, vol. LVII, n°6, Genève, 1948, pages 621 à 649.

LAROQUE P., *Succès et faiblesse de l'effort social français*, A. Colin, Paris, 1961.

LASLETT P. (Ed.), *Household and Family in Past Times*, Cambridge, Cambridge University Press, 1972.

LATOUCHE S., « Histoire et économie : d'un mariage raté à un divorce impossible. Les malentendus d'une cohabitation conflictuelle », Communication au Colloque « *Economie historique. Bilan et perspectives* », 1 et 2 décembre 1994, Paris.

LAUBIER (de) P., *L'âge de la politique sociale. Acteurs, idéologies, réalisations dans les pays industrialisés depuis 1800*, Editions Techniques et Economiques, Paris, 1978.

LAVAGNE P., « Le financement des Assurances Sociales », *coll. Droit Social*, décembre 1944, fascicule XXIV, pages 15 à 20.

Le Monde, « Exister sans travailler », *Le Monde des débats*, n°11, septembre 1993, pages 2 à 7.

LE NET M., WERQUIN J., « Le volontariat, aspects sociaux, économiques et politiques en France et dans le monde », *Notes et études documentaires*, n°4780, 1985/5.

LEBEAUPIN A., « Les incapacités permanentes des personnes âgées », *Solidarité santé - Etudes statistiques*, n°1, janv.-mars 1994, pages 57 à 66.

LEGRAIN L., *La retraite nationale des vieux travailleurs*, Librairie sociale et économique, Paris, 1939.

LEGRAND M., « Pré-retraite et vie associative », *Les Cahiers de la Recherche sur le Travail Social*, n°15, Caen, 1988, pages 81 à 90.

LEGROS F., « Neutralité actuarielle et propriétés redistributives des systèmes de retraite », *Economie et statistique*, n°291-292, 1996, pages 173 à 181.

LENOIR R., *Transformations des rapports entre générations et apparition du troisième âge*, Centre d'Etude des Mouvements Sociaux, Paris, 1977.

LEROY-BEAULIEU P., *L'Etat moderne et ses fonctions*, Guillaumin, Paris, 2ème édition, 1891.

LEVY-LEBOYER M., « La décélération de l'économie française dans la seconde moitié du XIXe siècle », *Revue d'Histoire Economique et Sociale*, vol. XLIX, n°4, 1971, pages 485 à 507.

LIBREZ P., *La Caisse Nationale des Retraites pour la Vieillesse*, A. Rousseau, Paris, 1906.

LOUIS P., *Histoire de la classe ouvrière en France de la Révolution à nos jours - La condition matérielle des travailleurs, les salaires et le coût de la vie*, Paris, Marcel Rivière, 1927.

MAHONEY T., « Le vieillissement aux Etat-Unis, un enjeu politique et social majeur », *Futuribles*, octobre 1988, n°125, pages 9 à 26.

MAJNONI d'INTIGNANO B., *La protection sociale*, Le livre de poche, coll. Référence, 1993.

MAJOUX L.-P., *Les caisses patronales de retraites*, thèse de doctorat en droit, Versailles, C. Cloteaux, 1924.

MALZAC M., « Une loi à refaire - A propos des retraites ouvrières », *Revue Politique et Parlementaire*, n°204, juin 1911, pages 417 à 433.

MARCHAND O., THELOT C., *Deux siècles de travail en France*, Insée Etudes, Paris, 1991.

MARCHAND O., THELOT C., « Population active et productivité du travail, 1800-1990 », in *Entre l'Etat et le marché, l'économie française des années 1880 à nos jours*, ouv. coll. sous la dir. de M. LEVY-LEBOYER et J.-C. CASANOVA, Ed. Gallimard, Bibliothèque des Sciences Humaines, 1991, pages 113 à 130.

MARPSAT M., « Les échanges au sein de la famille : héritage, aides financières, garde des enfants et visites aux grands-parents », *Economie et Statistique*, n°239, janvier 1991, pages 59 à 66.

MARTIN J.-B., *La fin des mauvais pauvres - De l'assistance à l'assurance*, Seyssel, champ Vallon, 1983.

MASSON A., « Redistribution et équité intergénérationnelle », *Association Française de Science Economique*, XLIVe Congrès annuel, session « Analyse économique du Vieillissement », 22 septembre 1995.

MAYEN C., *Prévoyance et mutualité*, thèse de doctorat en droit, Curioz, Dijon, 1901.

MAYEUR J.-M., *Les débuts de la Troisième République, 1871-1898*, Ed. du Seuil, coll. « Points Histoire », 1973.

MEDA D., « Travail, emploi, activité : de quoi parle-t-on ? », *Données sociales*, Paris, Insée, 1996, pages 104 à 109.

MELCHERS R.-F., *La vieillesse ouvrière, 1836-1914 : les origines de la retraite ouvrière*, thèse de 3ème cycle, Laboratoire d'Economie et de Sociologie du Travail, Aix-Marseille II, 1984.

MILLS C., *Economie de la protection sociale*, Ed. Sirey, coll. Droit sanitaire et social, 1994.

MOISSONNIER M., *La France ouvrière. Histoire de la classe ouvrière et du mouvement ouvrier français*, T. 1 « des origines à 1920 », ouv. coll. sous la dir. de C. Willard, Ed. Sociales, Paris, 1993.

MONIER R., « Le poids des charges sociales », *coll. Droit Social*, fascicule n°XXIV, 1944.

MONOD H., « Exposé au Conseil Supérieur de l'Assistance Publique », *Séance d'ouverture*, 13 juin 1888.

MORICEAU J.-M., « Un système de protection sociale efficace : exemple des vieux fermiers de l'Ile-de-France (XVIIe-début XIXe siècle) », in *Annales de démographie historique*, "Vieillir autrefois", éd. EHESS, 1985, pages 127 à 144.

MORMICHE P., ROBINE J.-M., « Estimation de l'espérance de vie sans incapacité en France en 1991 », *Solidarité Santé - Etudes statistiques*, n°1, janvier-mars 1994, pages 17 à 36.

NETTER F., « Les retraites en France avant le XXe siècle », *Droit Social*, n°6, juin 1963, pages 358 à 373.

NETTER F., « Les retraites en France au cours de la période 1895-1945 », *Droit Social*, n°9-10, sept.-oct. 1965, pages 448 à 455.

NETTER F., « Les assurances sociales, les accidents du travail et les allocations familiales au cours de la période 1939-1945 », Colloque sur l'histoire de la sécurité sociale, 1980.

NETTER F., « Capitalisation ou répartition. Etude des régimes de retraites », Colloque sur l'histoire de la sécurité sociale, *Actes du 111e Congrès National des sociétés savantes*, Poitiers, 1986, pages 121 à 131.

NIZARD A., BOURGOIN N., « Sur l'évolution de la mortalité au troisième âge et aux âges antérieurs », *Gérontologie et société*, n°71, décembre 1994, pages 42 à 65.

NOIRIEL G., *Les ouvriers dans la société française, XIXe - XXe siècle*, Ed. Du Seuil, coll. Points histoire, 1986.

NOIRIEL G., « Du « patronage » au « paternalisme » : la restructuration des formes de domination de la main d'oeuvre ouvrière dans l'industrie métallurgique française », *Le Mouvement Social*, n°144, juil.-sept. 1988, Paris, Les Editions Ouvrières, pages 17 à 35.

NOIRIEL G., « "Etat-Providence" et "colonisation du monde vécu" : l'exemple de la loi de 1910 sur les Retraites Ouvrières et Paysannes », *Prévenir*, n°19, 1989, pages 99 à 112.

OCDE, *L'avenir de la protection sociale*, Paris, 1983.

OCDE, *Dépenses sociales 1960-1990 - problèmes de croissance et de maîtrise*, Paris, 1985.

OCDE, *Le vieillissement démographique : conséquences pour la politique sociale*, Paris, 1988.

OCDE, *La réforme des régimes publics de pensions*, Paris, 1988.

OCDE, *Les politiques de santé et de retraite face aux contraintes économiques et démographiques*, Paris, 1988.

Office du Travail, *Les caisses patronales de retraites des établissements industriels*, Imprimerie Nationale, Paris, 1898.

OUZELATZ M., *L'épargne ouvrière*, Imprimerie J.H. Ed. Heitz, Strasbourg, 1925.

PAILLAT P., « Implications et conséquences de l'allongement de la vie humaine depuis le XVIIIe siècle », in A.-E. IMHOF, « *Le vieillissement* », Presses Universitaires de Lyon, 1982, pages 37 à 42.

PAILLAT P., « Les retraités et les retraites, soutiens de l'économie, un paradoxe stimulant », *Gérontologie et société*, n°50, 1989, pages 3 à 5.

PARODI M., *L'économie et la société française depuis 1945*, A. Colin, coll. U, 1981.

PASSET R., « Production, emploi, revenu : le divorce », *Futuribles*, n°131, avril 1989, pages 35 à 54.

PERRET B., *L'avenir du travail. Les démocraties face au chômage*, Ed. du Seuil, 1995.

PERRIN G., « Pour une théorie sociologique de la Sécurité sociale dans les sociétés industrielles », *Revue Française de Sociologie*, vol. VIII, n°3, juil.-sept. 1967, pages 299 à 324.

PERRIN G., « L'avenir de la protection sociale dans les pays industriels. Crises, défis et mutations des valeurs », *Futuribles*, n°92-93, oct.-nov. 1985, pages 28 à 52.

PERROT M., « Les classes populaires urbaines », in *Histoire économique et sociale de la France*, ouv. coll., tome IV, premier volume, PUF, 1979, pages 454 à 534.

PERROUX F., *L'économie du XXe siècle*, PUF, 1969.

PERROUX F., *Industrie et création collective*, tome 1, PUF, 1964.

PINOT R., « Les institutions sociales de la grande industrie », *Revue Politique et Parlementaire*, tome 118, 1924, pages 421 à 438.

PITROU A., « Le soutien familial dans la société urbaine », *Revue française de sociologie*, vol. XVIII, n°1, janvier-mars, 1977, pages 47 à 84.

PLESSIS A., *De la fête impériale au mur des fédérés*, Ed. du Seuil, 1973.

POIRIER DE LAVOUËR, *Des retraites des employés de chemins de fer*, thèse de doctorat, Rennes, Imprimerie du Journal de Rennes, 1913.

POUILLOT P.-J., *Le régime de retraites des ouvriers mineurs en France*, thèse de doctorat, Brenner et Cie, Paris, 1941.

POUSSOU J.-P., *La croissance des villes au XIXe siècle*, Deuxième éd., SEDES, coll. Regards sur l'histoire, 1992.

PROAL L., « Les suicides par misère à Paris », *Revue des Deux Mondes*, n°147, 1er mai 1898, Paris, pages 115 à 148.

PROCACCI G., *Gouverner la misère. La question sociale en France 1789-1848*, Ed. du Seuil, coll. « L'univers historique », 1993.

PROST A., « Jalons pour une histoire des retraites et des retraités, 1914-1939 », *Revue d'Histoire Moderne et Contemporaine*, tome XI, oct.-déc. 1964, pages 263 à 289.

PROST A., « Les conséquences de l'allongement de la durée de vie sur la transmission des patrimoines bourgeois en France depuis la fin du XIXe siècle », in A.-E. IMHOF, « *Le vieillissement* », Presses Universitaires de Lyon, 1982, pages 121 à 131.

RAY J.-C., DUPUIS J.-M., GAZIER B., *Analyse économique des politiques sociales*, PUF, Economica, 1988.

REDAY-MULVEY G., « Vers un allongement de la vie professionnelle ? », *Futuribles*, n°170, novembre 1992, pages 39 à 64.

REIMAT A., « Epargne libre et assistance : les limites de la prise en charge de la vieillesse de 1850 à 1930 », *Economie 1993*, Presses Universitaires de Perpignan, pages 123 à 147.

REIMAT A., SCHILLING L., « Histoire quantitative de la mutualité française, 1852-1928 : premières formes institutionnelles de prise en charge des risques santé et vieillesse », Communication au *Eleventh International Economic History Congress*, Milan, septembre 1994.

REIMAT A., « Dynamique économique et sociale et production de nouveaux modes de gestion de la vieillesse en France de 1850 à 1945 », Communication au colloque *Economie historique. Bilan et perspectives*, Paris, 1 et 2 décembre 1994.

REIMAT A., « L'Etat et les retraites : les limites de la prise en charge de la vieillesse de 1850 à 1914 », in *Les retraites - Genèse, acteurs, enjeux*, ouv. coll. sous la dir. de B. COCHEME et F. LEGROS, A. Colin, 1995, pages 31 à 48.

RENARD D., « Assistance publique et bienfaisance privée, 1885-1914 », *Politiques et management public*, n°2, juin 1987, pages 102 à 128.

REYNAUD E., « Qu'entend-on par fonds de retraite ? », *Problèmes économiques*, n°2438, 20 septembre 1995, pages 19 à 22.

RICARDO, *Principes de l'Economie Politique et de l'Impôt*, 1817, trad. fr., Calmann-Lévy, 1970.

RIOUX J.-P., *La Révolution industrielle, 1780-1880*, Ed. du Seuil, 1971.

ApROBERTS L., « Les retraites complémentaires : vers une définition des termes », *Problèmes économiques*, n°2438, 20 septembre 1995, pages 1 à 18.

ROBINE J.-M., MORMICHE P., « L'espérance de vie sans incapacité augmente », *Insée Première*, n°281, octobre 1993.

ROBINE J.-M., MORMICHE P., CAMBOIS E., « L'évolution de l'espérance de vie sans incapacité à 65 ans », *Gérontologie et société*, n°71, décembre 1994, pages 66 à 84.

ROSANVALLON P., *La crise de l'Etat-Providence*, Ed. du Seuil, coll. Points politique, 1981.

ROSANVALLON P., *L'Etat en France de 1789 à nos jours*, Ed. du Seuil, coll. "l'Univers historique", 1990.

ROSIER B., DOCKES P., *Rythmes économiques, crise et changement social. Une perspective historique*, La Découverte/Maspéro, coll. « Economie critique », 1983.

SAILLARD Y., « Les hypothèses de long terme dans la prospective des systèmes de retraites », *Solidarité Santé - Etudes statistiques*, n°3, juil.-sept. 1992, pages 67 à 73.

SAILLARD Y., « Le salaire indirect », in *Théorie de la régulation. L'état des savoirs*, ouv. coll. sous la dir. de R. Boyer et Y. Saillard, Ed. La Découverte, coll. « Recherches », 1995, pages 153 à 161.

SAINT-JOURS Y., « L'évolution de la Sécurité Sociale en France », in *Un siècle de sécurité sociale 1881-1981*, ouv. coll. édité par P.A. Köhler et H.F. Zacher, 1982, pages 135 à 205.

SALAIS R., BAVEREZ N., REYNAUD B., *L'invention du chômage*, PUF, coll. Economie en liberté, 1986.

SALY P., « La place de la fonction publique et des secteurs assimilés dans l'organisation du régime des retraites en France avant la loi de 1910 », *Actes du 117e Congrès National des Sociétés Savantes*, Paris, 1994, pages 233 à 242.

SAUVY A., *Théorie générale de la population*, vol. II, La vie des populations, PUF, 1966.

SAUVY A., *La machine et le chômage. Le progrès technique et l'emploi*, Dunod, 1980.

SCHALLER F., *Un aspect du nouveau courant social ; de la charité privée aux droits économiques et sociaux du citoyen*, thèse sciences sociales, Ed. de la Braconnière, Neuchâtel, 1950.

SCHMID G., « Le plein emploi est-il encore possible ? Les marchés "transitoires" en tant que nouvelle stratégie dans les politiques d'emploi », *Travail et emploi*, n°65, 1995, pages 5 à 17.

SEGALEN M., « La révolution industrielle : du prolétaire au bourgeois » in *Histoire de la famille*, tome 2, « Le choc des modernités », ouv. coll., A. Colin, Paris, 1986, pages 375 à 406.

SELLIER F., *Dynamique des besoins sociaux*, Ed. ouvrières, Paris, 1970.

SIMIAND F., *Les fluctuations économiques à longue période et la crise mondiale*, Paris, Alcan, 1932.

SIMIAND F., « Méthode historique et science sociale », in M. MARGAIRAZ (éd.), *Histoire économique XVIIIe-XXe siècle*, Larousse, coll. Textes à l'appui, pages 27 à 35 (initialement paru dans « *Revue de synthèse historique* », 1903, tome VI).

SIMON D., « Le patronat face aux assurances sociales : 1920-1930 », *Le mouvement social*, oct.-déc. 1986, n°137, pages 7 à 27.

SORLIN P., *La société française, 1840-1914*, tome I, Arthaud, coll. "Sociétés contemporaines", 1969.

Statistique Générale de la France, *Salaires et coût de l'existence à diverses époques, jusqu'en 1910*, Paris, Imprimerie Nationale, 1911.

SUE R., *Vers une société du temps libre ?*, PUF, coll « Sociologie d'aujourd'hui », 1982.

SURAULT P., « Vieillissement, activité et financement des retraites », *Gérontologie et Société*, n°50, 1989, pages 21 à 25.

THELOT C., « Paysans, ruraux, cultivateurs, actifs agricoles », in *La société française au XIXe siècle*, ouv. coll. sous la dir. de J. DUPAQUIER et D. KESSLER, Fayard, 1992, pages 63 à 81.

THERY H., *Les activités d'utilité sociale des retraités et des personnes âgées*, Rapport présenté au Conseil Économique et Social, 1993.

TOUTAIN J.-C., « Le P.I.B. de la France de 1789 à 1982 », *Economies et Sociétés*, série « Histoire quantitative de l'économie française », tome XXI, n°5, mai 1987.

TOUTAIN J.-C., « La production agricole de la France de 1810 à 1990 : départements et régions », *Economies et Sociétés*, série « Histoire quantitative de l'économie française », tome I, n° 17, n°11-12, 1992.

TOUTAIN J.-C., « Comparaison entre les différentes évaluations du produit intérieur brut de la France de 1815 à 1938 ou L'histoire économique quantitative a-t-elle un sens ? », *Revue économique*, n°4, juillet 1996.

TREMPE R., *Les mineurs de Carmaux, 1848-1914*, tome I, Les Editions Ouvrières, Paris, 1971.

TREMPE R., « Travail à la mine et vieillissement des mineurs au XIXe siècle », *Le Mouvement Social*, n°124, juil.-sept. 1983, pages 131 à 152.

TREMPE R., « Les salariés et les ouvriers dans la société française », in *La France ouvrière*, ouv. coll. sous la dir. de C. WILLARD, tome 1, Ed. Sociales, 1993, pages 221 à 267.

TROUILLOT P., *L'assistance aux vieillards et la loi du 14 juillet 1905*, thèse droit, Caen, C. Valin, 1907.

TROYANSKY D. G., *Miroirs de la vieillesse ... en France au siècle des lumières*, ESHEL, coll. Histoire, 1992 (publié sous le titre original "*Old Age in the Old Regime : Image and Experience in Eighteeenth-Century France*", Cornell University Press, New York, 1989).

VAN PARIJS P., « Peut-on justifier une allocation universelle ? », *Futuribles*, n°144, juin 1990, pages 29 à 42.

VEDRENNE-VILLENEUVE E., « L'inégalité sociale devant la mort dans la première moitié du XIXe siècle », *Population*, oct.-déc. 1961, n°4, pages 665 à 698.

VERCELLONE C., « L'approche en termes de régulation : richesse et difficultés », in *Ecole de la régulation et critique de la raison économique*, ouv. coll., L'Harmattan, coll. « futur antérieur », 1994, pages 5 à 46.

VERGER D., « Les inégalités de niveau de vie : essai de prise en compte de la production domestique », Communication au *XLIVe congrès annuel de l'Association française de Science Economique*, session « Analyse économique du vieillissement », 22 septembre 1995.

VERLEY P., « Histoire économique et théorie économique », in *Théorie de la régulation. L'état des savoirs*, ouv. coll. sous la dir. de R. Boyer et Y. Saillard, Ed. La Découverte, coll. « Recherches », 1995, pages 521 à 529.

VERNIERE L., « Les retraites pourront-elles être financées après l'an 2000 ? », *Economie et statistique*, n°233, juin, 1990, pages 19 à 27.

VIELCANNET F., « L'introduction inéluctable des fonds de pension », *Problèmes économiques*, n°2438, 20 septembre 1995, pages 22 à 24.

VILLE-CHABROLLE (de) M., « La concentration des entreprises en France avant et depuis la guerre, d'après les recensements généraux de mars 1906, 1921 et 1926 », *Bulletin de la Statistique générale de la France et du service d'observation des prix*, tome XXII, oct.-sept. 1933, Paris.

VILLENEUVE-BARGEMONT (de) A., *Economie politique chrétienne, ou Recherches sur le paupérisme*, Paris, 1834.

VILLERME L.-R., *Tableau de l'état physique et moral des ouvriers employés dans les manufactures de coton, de laine et de soie*, Paris, 1840, 2 vol.

VOLOVITCH P., « 904,5 milliards de francs de prestations liées à la retraite », *Solidarité Santé - Etudes statistiques*, n°4, oct.-déc. 1994, pages 23 à 31.

VOLOVITCH P., « Le financement public de la protection sociale : un financement minoritaire qui progresse », *Solidarité santé - Etudes statistiques*, n°4, oct.-déc. 1995, pages 73 à 81.

WALKER A., « Vieillissement de la population et sécurité sociale », in *L'événement européen*, février, n°5, 1989, Ed. du Seuil, pages 81 à 93.

WATTEVILLE (de) M., *Rapport sur la situation du paupérisme en France*, Paris, 1888.

ZELDIN T., *Histoire des passions françaises, 1848-1945*, tome I et tome V, Ed. du Seuil, coll. Histoire, 1978.

SOURCES STATISTIQUES

Assistance

- Statistique Générale de la France :

Etablissements de bienfaisance de 1815 à 1841, 1843.

Statistique de l'assistance publique de 1842 à 1853, 1858.

Statistique de l'assistance publique de 1854 à 1861, 1858.

Statistique annuelle de 1871 à 1889 : 19 vol., 1874 à 1892.

Statistique annuelle de 1890 à 1892 : 1 vol., 1895.

Statistique annuelle de 1893 à 1898 : 6 vol., 1896 à 1900.

(A partir de 1899, la statistique annuelle des institutions d'assistance fait l'objet d'un volume séparé)

- Statistique Générale de la France, Statistique annuelle des institutions d'assistance :

- années 1899 et 1900, 1 vol., 1902.
- de 1901 à 1913, 13 vol., 1914.
- de 1914 à 1919, 1 vol., 1922.
- années 1920 et 1921, 1 vol., 1923.
- années 1822 et 1923, 2 vol., 1924 et 1925.
- années 1924 à 1932, 9 vol., 1927 à 1935.
- année 1933, 1 vol., 1936.
- années 1934 à 1936, 1 vol., 1941.
- années 1937 à 1939, 1 vol., 1946.

- Insée (Paris, Imprimerie nationale), Statistique des institutions d'assistance

- années 1940 à 1942, 1 vol., 1947.
- années 1943 à 1944, 1 vol., 1949.
- années 1945 à 1948, 1 vol., 1956.
- années 1949 à 1954, 1 vol., 1958.

M. GARDEN, D. DESSERTINE, O. FAURE, « Analyse quantitative de l'économie française : santé publique, hospitalisation et assistance », 1800-1940, *Rapport MRT*, n°81E0634, Lyon.

H. ULMER, « Les institutions publiques d'assistance en France de 1872 à 1923 », *Bulletin de la Statistique Générale de la France et du service d'observation des prix*, janvier, 1926, pages 197 à 222.

Caisse Nationale des Retraites

Ministère du Travail et de la prévoyance sociale, Recueil de documents sur la prévoyance sociale, *Caisse Nationale des Retraites pour la Vieillesse, législation et réglementation*, Berger-Levrault, Paris, 1911.

« *Rapports sur les opérations de la Caisse Nationales des Retraites* », Rapports annuels présentant toutes les statistiques relatives à la Caisse des retraites, années 1890 à 1910.

Statistique Générale de la France : « annuaires statistiques », diverses années.

Sociétés de secours mutuels

« *Rapports à l'Empereur sur la situation des sociétés de secours mutuels* », Commission Supérieure d'Encouragement et de surveillance des sociétés de secours mutuels, Paris, Imprimerie Nationale, années 1862 à 1868 incluses, rapports annuels.

« *Rapport sur les opérations des Sociétés de secours mutuels pendant l'année ...* », Ministère de l'Intérieur, Paris, années 1853 à 1859 et 1871 à 1912, Imprimerie administrative, rapports annuels.

« *Rapports sur les opérations des sociétés de secours mutuels* », Ministère de l'hygiène et de la prévoyance sociale, Paris, années 1920 à 1928, rapports annuels.

« *Rapports sur les opérations des sociétés de secours mutuels* », Ministère du travail et de la prévoyance sociale, Paris, années 1929 à 1934, rapports annuels.

Pensions civiles et militaires

INSEE, « Annuaire statistique, résumé rétrospectif », Paris, Imprimerie Nationale, 1952, pages 296 à 301.

INSEE, « Annuaire Rétrospectif de la France, séries longues 1948-1988 », Paris, 1990, page 184.

R. RIVET, « La statistique des fonctionnaires en France et en divers pays », *Bulletin de la Statistique Générale de la France et du service d'observation des prix*, oct.-déc., 1932, pages 95 à 140.

R. RIVET, « Note sur l'évolution de la dette viagère », *Bulletin de la Statistique Générale de la France et du service d'observation des prix*, avril-juin, 1938, pages 445 à 485.

Régime de retraite des mineurs

O. KELLER, « Statistique des caisses de secours pour les mineurs et des autres institutions de prévoyance ayant fonctionné dans les houilles en 1882 », *Annales des mines*, 1882, pages 321 à 399.

Ministère de la prévoyance sociale, *Recueil de documents sur la prévoyance sociale. Les retraites et les caisses de secours des ouvriers mineurs*, Paris, Berger-Levrault, 1909.

Ministère des travaux publics : *Statistique de l'Industrie Minérale* (statistique annuelle).

Caisses de retraites des compagnies de chemins de fer

Ministère des Travaux publics, des postes et des télégraphes, « *Statistique des chemins de fer français au 31 décembre* ... », Intérêt Général, Melun, Imprimerie administrative, diverses années.

Retraites Ouvrières et Paysannes

Ministère du Travail, *Rapport sur l'application de la loi des Retraites Ouvrières et Paysannes en 1921 et 1922*, Présenté à M. le Président de la République par M. J. Godart, Ministre du travail, Paris, Imprimerie Nationale, 1924.

Ministère du Travail, *Rapport sur l'application de la loi des Retraites Ouvrières et Paysannes en 1923 et 1924*, Présenté à M. le Président de la République par M. A. Fallières, Ministre du travail, Paris, Imprimerie Nationale, 1926.

P. SALY, « Les flux financiers induits par les retraites ouvrières et paysannes 1910-1930 », in *De la charité médiévale à la sécurité sociale*, ouv. coll. ss la dir. d'A. GUESLIN et P. GUILLAUME, Les Eds. Ouvrières, 1992, pages 279 à 285.

Assurances sociales

« France : rapport sur l'application de la loi du 30 avril 1930 sur les Assurances sociales », *Bulletin de la Statistique Générale de la France et du service d'observation des prix*, tome XXIII, Fascicule III, avril-juin 1934, pages 460 à 466.

A. GUIONNET, « Situation financière des assurances sociales de 1930 à 1950 », *Bulletin d'Histoire de la Sécurité sociale*, Comité d'Histoire de la Sécurité Sociale, n°28, Juillet, 1993, pages 3 à 52.

INSEE, *Annuaire statistique de la France, résumé rétrospectif*, Paris, Imprimerie Nationale, 1966, pages 442 à 454.

« Le bilan des Assurances Sociales depuis leur création (régime du commerce et de l'industrie) », *Revue Française du Travail*, n°1, avril 1946, pages 74 à 80.

P. SALY, « Les avoirs de capitalisation des assurances sociales et le plan Marquet », *Actes du 114e congrès national des sociétés savantes*, Comité d'Histoire de la Sécurité sociale, Paris, 1990.

INDEX DES AUTEURS CITES

LISTE DES GRAPHIQUES

LISTE DES TABLEAUX

TABLE DES MATIERES

CHAPITRE 4
DE LA VIEILLESSE OUVRIERE AUX RETRAITES OUVRIERES : LES PREMIERS REGIMES DE RETRAITES

CHAPITRE 5
EMERGENCE D'UN NOUVEAU MODELE ? LES ASSURANCES SOCIALES 153

www.ingramcontent.com/pod-product-compliance
Lightning Source LLC
LaVergne TN
LVHW050630051026
849532LV00002B/337